走鋼索的律師

The Moral Compass of the American Lawyer

Truth, Justice, Power, and Greed

理查・席川、卡羅・朗佛(Richard A. Zitrin, Carol M. Langford)——著
陳岳辰——譯

五南圖書出版公司 印行

推薦序

身為「律師」和身為「人」這兩個角色道德標準的兩難

台北律師公會理事長 劉志鵬律師

這幾年間律師倫理逐漸成為台灣法學界的關心的焦點，律師高考計畫將之列為考試科目，若干大學法學院陸續將律師倫理列為授課課程，而坊間有關律師倫理的翻譯書籍也陸續出籠，此外，民間司法改革基金會也投入人力物力，選了幾本美國、德國及日本有關律師倫理的書籍，委請法學教授督促翻譯，看起來律師倫理即將成為台灣法學界的新顯學。

以筆者這樣已過五十歲的中年律師而言，在律師執業生涯之初期，律師倫理是一個陌生的詞彙，怎麼說呢？

七〇年代就讀大學法學系時，國家對於法律系學生之教育方針尚且在摸索中，法學教育到底要培養律師、法官或法學教授？很少人能說出一個準來，反正就是「有教無類」，因之，學校所開設之教學課程沒有方向感，教學方式流於呆板；在這種法學教育環境下，法學院沒想到應該為將來準備當律師之法律系學生安排律師倫理的課程（更準確地說，當時應該也沒有人能夠教授律師倫理課程吧），也就見怪不怪了。他方面，絕大多數的法律系學生，面對難如登天的律師考試，每天埋首苦讀唯恐不及，一旦幸運通過律師高考，躍過龍門，拜個資深律師為師傅，學習辦案技巧沒多久，就獨立執業去了。有幾人關心律師倫理是什麼？又有幾人知道律師倫理是什麼？

因為大學時期沒有人教學生如何當律師，所以，坦白地說，也很慚愧地說，筆者從一九八二年六月開始披上律師袍執業的第一天，才開始學習如何當律師。雖然依稀知道律師是一個講求高度倫理的行業，但在辦案時究竟應如何與當事人互動？開庭時如何與法官互動？平常又應如何與律師同道互動？全部都是透過觀察與揣摩前輩律師之舉止風範，點滴累積而來。還好，筆者一路承蒙好師傅的提點，幸未步入歧途。

律師界對於律師倫理的耕耘，始自於一九八三年中華民國律師公會全國聯合會所制定之律師倫理規範，嘗試在既有之律師法外，建立一套律師內部自有的倫理規則；之後，一九九九年台北律師公會彙整所處理倫理風紀案件，出版《倫理風紀案例選輯》；二〇〇八年中華民國律師公會全國聯合會集結歷年來重要的律師懲戒案例，出版《律師懲戒案例選輯》，為律師倫理建立本土化的教材。

多年來筆者一直期待有本生動、活潑又發人深省的律師倫理書籍，能夠與上述本土的律師倫理教材相互印證。觀本書兩位作者身為執業律師，並同時兼任舊金山法學院法律倫理課程的教授，可以說是實務及理論兼具；且本書之表現方式，係藉由各個活生生之案例，描繪案例主角律師們所面臨的倫理難題，透過流暢的中文翻譯，提供讀者深度思考之題材，是一本值得推薦的佳作。

本書內容主要在介紹美國獨有的法律及律師文化，如人身傷害律師不當招攬業務（soliciting）、律師試圖誤導陪審團的策略、或者大型律師事務所因日趨商業化，遠離原本應奉為圭臬之執業倫理等問題，這些問題雖未必完全發生於台灣，且因台美訴訟制度及實務有別，讀者未必見得能夠百分之百心領神會，然而，細究本書撰寫意旨，其核心仍在探討律師業的普世性議題，亦即律師環繞在當事人、司法機關及同儕之間的多重權利義務相互衝突產生的難題。更重要也是最容易被忽略的是，身為「律師」和身為「人」這兩個角色道德標準相互衝突時該如何自處。

筆者在拜讀本書時，數度掩書深思，假設自己是書中部同章節之案例律師，碰到類似之道德困境時，究竟應如何做出抉擇？深感當律師在倫理道德上之「難」。

正如本書所提，律師無時無刻面臨著道德困境，法律倫理領域的發展，不會讓困境消失，卻能讓律師瞭解問題的本質及可行的應對方法。律師平日對於律師倫理之認識與反省，應該可以提供解決道德困境的良方。

推薦序

不僅是道德困境，而且是法治難題

民間司法改革基金會董事長 黃瑞明律師

本書雖名為《走鋼索的律師》，但書中突顯的問題，其實並非祇是律師個人道德的抉擇，而是建立法治社會必須面對的難題。美國律師可以說是資本主義下民主法治社會的產物，然而人類社會進入民主法治的歷史不久，二十世紀後隨著各國法治社會的開展，許多問題漸次呈現，不同的社會曾經走過不同的道路，也都呈現不同的歷史經驗，而律師的道德困境也隨之有不同之面貌，但仍有許多共通之處。本書所提出的道德困境其實是許多國家之律師共同面對的困境。本書提出道德困境，但並沒有試圖對每一困境提出標準解答，正是因為這些問題不祇是道德抉擇，其實是法治難題。

以律師是否應竭盡心力為自己都不相信的客戶辯護這一道德困境為例，文中提到，如果認為律師不應自行審判當事人，因此應極力協助道德有瑕疵之當事人，「就好像第三帝國的軍人不需要自己下判斷，只要盡忠職守即可」（書中五十七頁）。然而第三帝國之經驗，反而卻也可以作為律師應竭盡心力為自己不喜歡的當事人辯護的歷史反證，因為當時德國律師服從於當局之政治見解，對政治不正確之被告，如猶太人及反納粹者，未能提供適當之辯護（著名的墨尼黑大學生散發反納粹傳單事件之審判，即為其中較著名之案例），其中最主要因素是律師之主觀投入，以自己之信念審判當事人之立場，因此未能盡力為當事人提供法庭上應有之辯護，終究成為律師界不名譽的歷史篇章。第三帝國的例子，可以讓對此道德困境提出不同出口者同時引用，可見要解答這些道德命題之吊詭與困難。

再就律師界最受批評的僅追求金錢利益，而罔顧社會公益的沉痾而言，本書提到「許多專家認為解決之道顯而易見：我們必須將法律視為專業，而非商業」（書中一一七頁）。律師在「專業」與「商業」之間如何取捨，原本就是律師界最困難的問題。美國自從恩隆案之後，曾立法加強律師應有保障大眾之義務，但受美國律師公會質疑有窒礙難行之處。而反觀我國，原本律師法明文規定律師不得兼營商業，便是強調律師之「專業」特色，但在商業化之潮流之下，於二〇〇二年修改律師法允許律師得兼營商業，為律師與商業合流提供基礎。該次修法是否妥當，容有仁智之辯，但由此例亦可見律師道德困境之爭議，亦有可能涉及立法之選擇。

當然，落實到道德面而言，如果社會中每個人都道德崇高，可能就不需要法律，不需要律師。但只要是人性是不完美的，社會中爭議存在，犯罪存在，律師就有存在的必要，在沒有更好的制度之前，本文所突顯的道德困境，仍將繼續考驗著社會，試煉著律師與社會的抉擇。

本書所描繪的美國律師道德困境，對國內的律師可以說心有同感，並可作為律師執業時之參考，但個人認為本書對於法務部以及從事偵審工作之法官與檢察官亦極有參考價值。長期以來律師業的主管機關即法務部對於律師業務之本質並未提出任何政策與方針，甚至對律師執業之倫理困境，並未充分理解，因此許多檢察官對律師業有錯誤理解。唯有對律師之道德困境有正確理解，律師、檢察官與法官在法庭上進行互動攻防始能掌握正確之界限，這部分將繼續影響往後律師法以及刑事、民事訴訟法之修改。就此而言，本書的分量不僅是律師執業之參考，甚至可能影響我國相關法政策之制定。是有深遠價值的。

國律師面對道德困境時想必也不會迷惘了。

同時也要感謝裘爾・泰吉，還有席川家的夏綠蒂、亞瑟以及伊莉莎白，他們四個人讀過我們每一份草稿，給予我們率真直接的回應，對我們的支持也始終如一，有了他們這本書變得更加完善。朵麗斯・歐泊也以她結合了感性與敏銳的編輯眼光一字不漏地幫筆者審查稿件，並不忘中肯實在地給我們建議。而作為筆者代理的費斯・漢林也有許多珍貴的點子，並且打從一開始就對筆者充滿信心。百靈譚（Ballantine）出版社編輯李歐娜・奈弗勒也非常支持我們，還提供許多意見給我們參考。

最後一定要特別感謝的是屬於米契集團的勒悉斯法律專業出版社（Lexis Law Publishing, the Michie Company）以及該單位李・弗魯柏先生首肯我們自由運用在第一本法律道德相關書籍之中醞釀的概念；另一位必須大加感激的是克勞德・皮勒，他既是律師也是朋友，更是最棒的研究助理，沒有他這本書根本不可能問世。

理查・席川＆卡羅・朗佛

一九九八年九月於加州舊金山

目次

導言

勇氣是律師最重要的特質，比能力、進取心等等更重要……勇氣不容偈限，也不因為時間而改變或失去意義。勇氣應當存乎心中、存乎各級司法機關、存乎所思所想之間。

——美國總統甘迺迪，一九六二年，於舊金山大學法律學院

孩子上學以後，薩賓娜・瓊斯進入一間醫療機構擔任護理助手。這間醫療機構由「如家」企業（Just Like Home, Inc.）營運，而她工作不久便發現一些令人憂心的狀況。瓊斯太太之前在其他類似單位有工作經驗，一般而言清潔是首要考量；在如家企業的這個機構裡，她負責的也是清理公共區域與各醫檢室，然而她卻只有一般家用的清掃用具，而非她所熟悉、符合嚴格國家標準的工業用品，甚至也會看見未經消毒的醫療器材散落在檢驗室各處。

由於她只是領鐘點費的員工，所以不願意惹事多說，一直到她認為與上級之間有良好關係後，才決定提出自己的意見。三天以後，她被開除了，還必須在警衛陪同之下才可以回去開啟置物櫃收拾個人物品。瓊斯太太又震驚又氣憤，於是聘請一位律師協助，律師對如家企業提出不當解雇控訴。

城市另一角有一位名叫蘿拉．伯納狄的律師，她任職於市內一間大型律師事務所，每週工作長達七十小時，希望優異的表現可以為她取得事務所合夥人的資格。如家企業是蘿拉手上最大的客戶，因此瓊斯提告後，也是由她代表企業來應付。蘿拉瞭解瓊斯案對於如家企業會有多棘手，她也知道如家企業為求方便而遊走法律邊緣，問題可不止清潔用具這麼簡單，另外她也看過企業內部備忘錄，所以知道瓊斯太太遭到開除，確實是因為她對於該企業草率處理環境衛生提出質疑所導致。

可是蘿拉在法學院所受到的教導，使她認為自身最主要的道德考量，應該是盡其可能為雇主著想。蘿拉知道自己還有如家企業在案情上占有優勢，因為瓊斯太太所聘用的律師正好出差去其他州，所以目前她沒有諮詢對象。另外瓊斯太太目前失業，所以根本沒有太多錢可以花在這樣一樁官司上，當然也沒有法律知識作為後盾。

蘿拉調查之後還發現瓊斯太太搬去城南八十英里外與姊姊同住，於是案前取證地點故意選在事務所的一個支部。想要出席，瓊斯太太必須搭火車至市中心，轉乘公車出城，換一班公車之後才能抵達，對一位有兩個孩子又暫時失業的母親而言，這段路途不只耗時也所費不貲。瓊斯太太致電蘿拉希望可以將地點更換事務所在城內的總部，蘿拉客氣婉拒。

她非常清楚，瓊斯太太十之八九不會出席，所以請了一位合格速記員在一旁準備。瓊斯太太當然沒有準時出現，蘿拉多等了十分鐘，要求速記員將此事記錄下來，並回到自己的辦公室，簽署了事先準備好的案件撤銷動議，依據的便是瓊斯太太缺席這一點。瓊斯太太再度對於司法體系感到氣餒，不過又打電話給蘿拉，希望針對撤銷動議做出回應，並表示要請其他律師處理。可是蘿拉依舊拒絕，法院聽取她所提出的動議後照准，於是瓊斯太太的案子在開始之前就已經輸了。

這是真實故事，不過幾個名字有所更動。律師界對於蘿拉所作所為會有矛盾觀點，多數律師可能認為她做的沒錯，畢竟書上也是這麼教的，本來就應該利用各種法律程序為客戶取得優勢，僅極少數律師會認為她有道德問題。然而在非律師的社會大眾眼中，這件事情大有蹊蹺，司法沒有得到伸張，反而受到打壓。

※　※　※

美國民眾長期以質疑、批判的眼光看待律師，一百五十年前亞伯拉罕·林肯便援引一個「隱約存在的大眾觀感」，也就是「律師必然不誠實」。但是時至今日，律師所思、所言、所行引發之爭議，也是歷史上的新高點。大眾懷疑：為什麼律師似乎都不在乎真相、不在乎司法的概念？許多人認為典型的美國律師就是不道德、或者不做道德判斷的一種人，也有許多人覺得司法制度已經無法保護一般人民的權益。以民調來看，社會對於律師的信心已經落到谷底。

許多法律道德的概念源自於管理人類各種事物的原則，可是距離喬治·夏斯伍德法官提出「法律專業者的目標與職責」約一百五十年後，卻有很多人懷疑律師的行為與一般道德觀念是否吻合。社會大眾心中的重要原則，如吐實、公正、憐憫、勇敢、發揚公義與道德等等，顯然與法律道德之間出現了落差。大眾希望司法系統可以找出真相，然而律師似乎總是從當事人的角度去扭曲真相；大眾希望司法系統可以維護正義，律師卻會詢問：「是誰的正義？」並聲稱自己的責任就是要將客戶認定的正義置於一切之上。

本書將要探討的，便是律師是否應該忽略真正的「真相」，只注重將「客戶認定的真相」灌輸給法官與陪審團。書中還會重新審視「當事人原則」（adversary theorem）這個從山繆·強森博士以至艾倫·德修維茨等法學家都背書過的觀念，是不是真的在律師「竭盡所能」服務當事人的同時，司法就會得到伸張呢？

在美國，律師每天處理各種事務時，都要面對職業道德原則的衝突，其中最顯著的便是必須在「無條件為當事人著想」和「依據當事人實際言行來判斷」之中做出抉擇，但除了這些容易看見的職業道德爭議之外也還有許多值得探究之處。道德的規則也與所謂道德標準息息相關，每個律師都必須決定自己如何在專業倫理和社會道德間取得平衡：「道德」是否到底代表律師「能力範圍可及」？是否代表客戶有不法行動時律師也得服務？律師若選擇「做對的事」，又是否可以承擔在事業上、財務上必須付出的代價，甚至是放棄這份工作？而個人的道德觀感，在律師的工作之中，又應該有多高的地位呢？

身為專業操守的教師與顧問，我們指導過成千上萬的法學院學生與律師，為其諮商者更是不計其數。在過程中，我們的確見到一些律師做出不符合職業操守、不符合社會道德、在我們眼中完全無法接受的行為。我們也看到許多執業者相信自己遵循最高的執業操守標準，卻未曾深思自己的行為對於客戶以及社會整體有何影響。此外，我們也見識過一些律師，他們的專業表現應獲得最高的讚譽。其實無論專業上或者一般價值中的道德標準，律師界操守良好者不知凡幾，其中一些人也將出現在本書中，只是通常大家的目光會聚焦在出了差錯的人身上，這些人可能因為貪心、可能欠缺足夠體認，所以就專業角度而言表現未盡人意。

然而在檢驗律師行為、判斷何種操守問題不見容於司法體制之前，不可避免也必須回顧司法系統本身究竟成敗之處為何，書中融合社會大眾之見解與筆者的觀點，並指出司法制度目前令人滿意的優點是什麼、問題重重需要大刀闊斧改革的缺失又是什麼。

本書各章都以如瓊斯太太和蘿拉·伯納狄的生動故事作為開場，這些故事都確有其事，為筆者歷年為律師提供諮商服務後整理而成。唯一例外則是第一章，故事與人物姓名經過改寫、更動，不僅保護無辜者，也求保護犯案者。這些故事的作用便是以實際案件、實際事證引導討論。所謂「真實強於虛構」的道理，在律師身上特別可以印證。

單元

1

真理、正義與美國律師

第一章 藏屍之祕：羅伯特．蓋洛及其律師

客戶義務與司法、社會責任間的恆常衝突，是律師倫理最大的難題。

——傑克．溫斯頓教授（美國地方法院法官）

一九七三年八月九日的傍晚，就在法蘭克．阿曼尼才剛就坐，準備與家人共進晚餐之際，電話鈴聲響起。這通電話不僅改變了他的下半生，也開啟了一段非比尋常的關係，多年後的阿曼尼依然分不清自己當時做的決定是對還是錯。打電話來的是羅伯特．蓋洛的太太。蓋洛前科累累：強姦罪定讞，虐童案起訴，並有連續殺人之嫌。就在當天上午紐約州史上規模最龐大的圍捕行動中，警方緝捕蓋洛到案，而蓋洛也在圍捕過程中身受重傷。現在，蓋洛躺在醫院病床上，情況危及，拒絕和他太太、他的律師法蘭克．阿曼尼之外的任何人交談。

紐約州的雪城，是阿曼尼工作和居住的地方，正北方的阿迪隆達克擁有美國最珍貴的自然寶藏。五百萬英畝的公園保留地，群山環繞，林相濃密，散落其中的大大小小湖泊澄澈靜謐，向來是大西北的旅遊休閒聖地。在阿迪隆達克，都市叢林的酷熱、擁擠和暴力都消失地無影無蹤。

一九七三年七月下旬的某天，對阿迪隆達克有著相同印象的一夥年輕人來到這度假勝地。菲利普·當姆布魯斯奇和三位好友，尼克·菲歐雷洛、大衛·符力曼、凱蘿·安·瑪莉瑙絲琦，在八號公路邊的一處林間空地紮營過夜。一覺醒來，抬頭看到的是身旁擺著一把來福槍的羅伯特·蓋洛。

蓋洛拎著綑繩，趕羊似的把四人趕到了樹林深處。他先命令尼克把大衛綁在樹幹上，接著又把三個人趕往林子更深處，接著叫菲利普把尼克綁起來。就在凱蘿·安依照同樣的順序綁好菲利普·當姆布魯斯奇之後，蓋洛帶凱蘿·安走到另一棵樹旁，也把她綁了起來。之後，蓋洛朝著菲利普的位置往回走。凱蘿·安事後回憶，她當時並不清楚到底發生了什麼事，但她確實聽到了菲利普的尖叫。利用空檔，凱蘿·安奮力掙脫繩索，急忙跑到林子的另一邊躲起來。

掙開捆綁的還有尼克，他立即潛回他們昨晚搭棚的營區，跳上車子求救去。沒多久，他領著一小隊的武裝人員回到現場，隨即展開搜尋。當他們發現大衛時，這個年輕的男孩正沒命似的在樹林裡狂奔，而他們找到凱蘿·安時，只見女孩靜靜呆坐在菲利普·當姆布魯斯奇的屍體旁。菲利普·當姆布魯斯奇胸部遭利刃反覆切割抽刺，致命傷無疑是狠狠刺穿心臟的那一刀。而蓋洛此時早已不見蹤影。

菲利普·當姆布魯斯奇的朋友很快就從警局的嫌犯資料檔案中指認出羅伯特·蓋洛。紐約州的警察對蓋洛並不陌生，紐約刑事警察局和州警立刻布下天羅地網，務必擒拿蓋洛歸案。警方之所以如此急切其來有自，因為他們知道，一旦讓蓋洛翻過八號公路遁入廣袤無疆的阿迪隆達克原野，那麼這個從小生長於斯、懂得利用地形的在地人，不啻如魚歸大海。警方動作這麼快更重要的原因，是擔心這頭歸山的惡虎會戕害到蘇珊·培茲的生命。

當姆布魯斯奇兇殺案後九天，距離事發地點五十公里的公路旁，警方發現了一名二十一歲的波士頓大學學生丹尼爾·波特的屍體。波特全身遭綁，身受利刃猛刺而死，傷口的分布與當姆布魯斯奇所承受的凌虐極為類似。波特的同伴蘇珊·培茲——來自伊利諾州斯科基，也同樣是波士頓大學學生卻失蹤了。羅伯特·蓋洛目前被警方列為頭號嫌犯。萬一蘇珊·培茲真的被蓋洛綁架，警方假如動作快一點，或許女孩還有一線生機。

❋ ❋ ❋

警方撥了通電話給法蘭克·阿曼尼，希望他能協尋蓋洛的下落。阿曼尼先前當過地方助理檢察官，現在自行開業，經營一家小型律師事務所，接過幾個刑事案件，不過還是以人身傷害賠償案件為主要的業務範圍。阿曼尼和蓋洛一年前首次接觸，那時蓋洛因一件輕微的汽車肇事傷害案，找上了阿曼尼求助。幾個月後，一九七二年十一月，蓋落跟阿曼尼又搭上了線，這回電話線的那一頭是地方監獄。蓋洛遭警方以兩項罪名控訴：一、涉嫌不當監禁一對在雪城大學就讀的年輕情侶；二、在他車上找到了非法持有大麻。

阿曼尼瞭解蓋洛當時仍處於上次所犯強姦罪刑的假釋期間，他也知道檢方都認為蓋洛在外的表現堪為所有假釋犯的表率。蓋洛在雪城的一家麵包店，找了份維修水電的工作，努力彌補之前對家裡的傷害，紐約州立犯罪委員會還曾把蓋洛當作展現假釋制度功效的宣傳範例。對於新惹上的麻煩，蓋洛信誓旦旦，表明絕對沒犯下任何非法勾當。而在那對年輕的大學生情侶坦承大麻是他們所有後，蓋洛的起訴案也就撤銷了。

才半年，蓋洛又惹出麻煩。警方指稱蓋洛強行擄走兩名年僅十歲和十一歲的女孩到雪城的偏僻郊外，替他手淫、口交。蓋洛和阿曼尼再度連線。當阿曼尼看到兩個女孩的證詞，他不相信十歲出頭的孩子能講出如此有條有理、詳盡確實的證詞出來，一定是警方在背後指使。就算沒出主意，羅織罪狀，警方也「太過熱心」，而他的客戶頂多實話實説，應該是沒説謊。阿曼尼同意接下案子，代表蓋洛進行抗辯。雖然如此，對蓋洛這個人，阿曼尼也開始起了疑心，當然他也懷疑警方辦案內容的可信度。

阿曼尼成功把蓋洛以保釋交保，蓋洛回到麵包店繼續工作。不過，當七月二十六日本案開庭審理那天，蓋洛竟傳喚不到，沒有出庭，檢方隨即發布拘票。三天後，傳出菲利普·當姆布魯斯奇被殺的消息。

警方致電阿曼尼告知當姆布魯斯奇凶案的同時，也將他們認為蓋洛可能與波特－培茲一案有所牽連的懷疑一併傳達。阿曼尼表示願意幫忙找到蓋洛，並説服他回來釐清案情。他甚至還上電視呼籲：「羅伯特，逃避對事情一點幫助都沒有。回來吧，我會和你站在一起，不會有事的。」

接下來的十天內，蓋洛在各地現身的傳言始終不斷，但警方對他的行蹤還是毫無頭緒。時間一天一天過去，蘇珊·培茲生還的機會日趨渺茫。終於，蓋洛在八月七日露出了破綻：從某休閒豪宅附設的停車場，偷走了一輛最新款式的龐帝克（Pontiac）跑車。他一路暢快向北，卻驚覺警方已將前路堵死。蓋洛毫不遲疑，狂踩油門，沿著高速公路的雙黃線筆直加速前衝，突破警方設下的路障，再次僥倖逃脫。不過，警方已經掌握到了他的行蹤。

兩天之後，在紐約州東北邊，警方出動大隊人馬在蓋洛妹妹住家後方的樹林，成功逼出東躲西藏的蓋洛。就在蓋洛試著避往近處的另一落樹叢，警方狙擊手的重裝來福槍瞄準後開槍，蓋洛倒地，大腿、背部和手臂中彈。由於傷勢嚴重，蓋洛被緊急送往布雷茲堡醫院救治。值此同時，他吩咐太太撥通電話給法蘭克．阿曼尼。

阿曼尼之前未曾接過替殺人犯辯護的案子，但他是代表蓋洛在先前的虐童案打官司的。在沒錢找律師替自己的謀殺案辯護的情況之下，蓋洛要求法庭指派阿曼尼擔任他的辯護律師，地方審判庭也同意了這項請求。然而，阿曼尼這個時候卻有點遲疑，他對蓋洛的人品言行打上了大大的一個問號，但這案子已成為新聞頭條，只要接了這件紐約州史上最駭人聽聞的刑事案，就等於站在閃閃發亮的聚光燈下，搖身一變成為社會的注意焦點，大大增加了曝光機會。混揉著各式複雜情緒，阿曼尼還是決定接下這份指派。

八月底，蓋洛的辯護團隊新加入了法蘭西斯．貝居，一位處理過多起地方棘手案件的刑事犯罪辯護高手。面對舉證歷歷的指控以及當事人的詭譎案底，阿曼尼和貝居兩位律師詳細考慮，認為脫罪的唯一辦法就是：以蓋洛犯有精神異常為由進行上訴。而要證實蓋洛的確精神異常，最理想的情況就是讓蓋洛自白包括當姆布魯斯奇在內的所有犯罪事實。兩位律師的算盤是這麼打的，只要蓋洛顯現得越畸形異常、越離經叛道，那麼他被判定為精神異常、無法自主控制行為的機會就將越高。

逮捕後三個星期，蓋洛依舊堅不吐實，佯稱不記得任何跟當姆布魯斯奇或波特－培茲等案的相關細節。不過，警方懷疑蓋洛牽涉其中的態度沒有鬆動。事經多年，本案的轉折點在法蘭克．阿曼尼腦海中依舊清晰如昨。那天，阿曼尼耍了點技倆，騙蓋洛將對他進行催眠，那麼下午貝居與他訪談時，所有遺忘的片段都將重回他的記憶拼圖。小把戲成功了，「催眠」突破蓋洛心防，力圖封鎖的記憶閘門敞開，蓋洛全盤托出。實際上，阿曼尼根本不會什麼催眠治療，他施展的「催眠」只是一般宴會上常見的餘興遊戲而已。終於，蓋洛親口承認是他殺了菲利普．當姆布魯斯奇，並且供出如何姦殺艾莉西雅．豪克——一名住在雪城，七月底通報失蹤的十六歲女孩——的詳細過程。貝居問什麼，蓋洛就答什麼，一五一十，毫不保留，只是貝居越問，脊椎越發涼。

蓋洛描述了整個過程。艾莉西雅．豪克在路旁舉手作勢要搭便車，蓋洛讓她上了車，然後一路開到雪城大學旁的山丘強暴。完事後，蓋洛強逼艾莉西雅走進大學附近的墓場，女孩見機想逃，蓋洛用刀子連續「教訓」了她幾下，最終失手殺了艾莉西雅。蓋洛也交代了屍體埋在墓場維修工寮邊的茂密灌木叢裡。

貝居不肯放鬆，繼續盤問，蓋洛開始一點一滴拼湊出丹尼爾．波特兇案和綁架蘇珊．培茲的事件全貌。蓋洛起先只模糊記得和波特扭打在一塊，沒多久感覺頭痛欲裂。他不記得有把波特圈捆在樹上，但最後想起他曾用刀子「教訓」了這個年輕人一遍又一遍。他之後逼迫蘇珊．培茲上車，一路北走，開了四小時後，抵達他雙親住家。蓋洛在附近搭了頂帳棚，並在旁側的林子捆住受害者手腳，多次性侵。而蓋洛準備回家看望父母或打算到他姨媽那過夜，他會先以繩子和水管把培茲綁緊，丟些食物飲水在她腳邊。過沒幾天，蓋洛押著培茲走到林外一處溪地，他小時候常在那戲水。忽然間，培茲撲了過去，試圖搶下蓋洛的佩刀逃跑。蓋洛對著貝居重述當時情景時，依舊大惑不解，他說他不懂為什麼女孩會有想逃的念頭，蓋洛回憶道：「我們聊天，聊得很愉快啊。」不過蘇珊．培茲撲了個空，突然蓋洛凶性大發，動手殺了培茲，把女孩的屍身扔到鄰近廢棄礦坑的通風口。

聽完蓋洛的自白，兩位律師開始頭痛，因為蓋洛供出了比他們想知道的更多內幕。聽完這段驚悚的犯罪歷程，事情還沒結束，阿曼尼和貝居現在必須決定要如何處理他們新有的資料。他們目前只是蓋洛在當姆布魯斯奇一案的辯護律師，但他倆現在知道也證實了地方檢察官先前對於蓋洛涉入波特—培茲兇案的懷疑成立，且獲得了多起新案的第一手資料，例如原先被列為翹家的艾莉西雅．豪克失蹤案。

這些最新資訊讓兩位律師陷入進退不能的困局。他們該不該把訊息上呈警方、地方檢察官？是不是至少要向法官通報？或者乾脆什麼都不說，管他是否會觸犯隱匿證據？詳加分析後，兩位律師有了答案，他們決定遵循律師客戶間的保密原則，不竄改、不透露客戶的任何事項，對於蓋洛的其他犯罪訊息一個子兒也不洩漏。確定了應對方針，兩位律師接下來要求羅伯特．蓋洛說出艾莉西雅．豪克和蘇珊．培茲的埋屍地點，以進一步蒐集證據，好證明他們的客戶的確是精神異常，得以作為在庭上辯護的支持根據。

阿曼尼和貝居開車到了上紐約州的一個偏僻小鎮麥維拉，蓋洛的雙親正是住在這裡。帶著手電筒和相機，他們倆爬上巴爾頓山，四處搜尋蓋洛描述的那處廢棄礦坑，幾度從坑道出口經過而不自知，直到感受到礦坑風井襲上陣陣陰風才發現。一人在上固定拉繩，一人掛在繩索的另一端，沿著風井慢慢往下，找出蘇珊．培茲藏屍處，拍照存檔。有趣的是，事後描述這段恐怖經驗時，到底是誰通過陰森暗長的風井進行拍照的，兩名律師卻有著不同說法。貝居接受《紐約時報》訪問時表示，探身拍照的是他，阿曼尼當時只是在上頭抓住他的腳。然而阿曼尼告訴一位傳記作家，他們倆那時各自卸下皮帶，將綁緊的兩條皮帶打成環，然後貝居留在上頭慢慢放他下風井，他自己則一手抓著皮帶，一手拿著照相機。

要找到艾莉西雅．豪克的遺體相較之下就困難多了。儘管豪克埋身的橡樹墓園就位在雪城的中心點，但墓園中灌木茂密叢聚，兩位律師的第一次冒進便搞得手腳上上下下布滿為荊棘枝條所劃開的傷口和割痕，狼狽不已。幾經失敗，兩人終於尋獲艾莉西雅．豪克無頭且已嚴重腐爛的屍骸，頭顱與軀體相距十呎之遙。為了能同時入照，貝居不得不把豪克的頭顱移到肩膀旁，才按下快門。

此刻，阿曼尼和貝居清楚瞭解蓋洛的自述一絲不假，而蓋洛是個邪惡瘋狂殺人魔的事實再也毫無疑問，這讓他們該如何應對這些檢警未知祕密的困局益發艱鉅。更棘手的是，他們已確實知道培茲、豪克兩人被埋屍的地點，也知道兩個女孩的家人此時心急如焚，正發狂似的尋找兩位心愛女兒。

阿曼尼和貝居依然選擇了沉默。蘇珊・培茲的父親從芝加哥大老遠飛到東岸，分別拜訪了兩位律師，懇求能提供一點關於女兒的下落，不過兩位律師堅決捍衛當事人祕密不受侵犯的立場絲毫沒有動搖，什麼也沒說。後來，艾莉西雅・豪克的父親幾次打算登門拜訪，阿曼尼乾脆直接拒絕，連見都不見。

但兩位律師實際上確實曾以一種間接迂迴的方式，和檢方提到了兩個女孩的屍體。阿曼尼和貝居希望能說服檢察官：一來他們的當事人精神異常；二來本案以認罪協商結束是對所有人最好的結果——當然，這也是他們的客戶所能有的最佳局面。假如法庭判決蓋洛精神異常而處以無罪抗辯，那蓋洛將被遣送到環境至少較監獄好太多的州立療養院監禁，同時接受治療。在心理狀態為由而技術性獲判無罪的情況下，一旦療養院的心理治療師判定精神障礙「痊癒」了，那蓋洛將來也有一絲希望獲得釋放。獲釋的機率雖然渺小，但遠比要再從監獄假釋外出的機會要高得多。

貝居和阿曼尼以三個論點來支持他們的立場。首先，只有精神錯亂的人才會做出跟蓋洛同樣的事；其次，漢彌爾郡只是個小鎮，若達成認罪協議可替這個紐約州最偏僻的小城省下數十萬的訴訟費；最後，兩位律師告訴地方檢察官，在認罪協商中，他們的當事人將釐清幾件還在追查的失蹤案件，也願意透露這幾名受害者遺骸的埋葬地點。

這是步險棋。兩名律師堅稱，由於受保密協定約束，他們無法說明是哪幾件警方還在追查的刑案。說得太多、說得太快，絕對違反保密原則，也會留下把柄，讓檢方尋線找出蓋洛其他犯罪證據，然後反將他們一軍。因此，儘管檢察官推測貝居和阿曼尼指的是培茲和豪克兩案，但他們除了猜還是只能猜。

然而，對這兩位律師更重要的課題是，他們到底要多「義無反顧」地替蓋洛這位客戶辯護？他們深知利用兩名受害女孩遺體的資訊交換檢方的認罪協議，就像高空走鋼索，一不留心的下場就是粉身碎骨。暗示蓋洛與其他重大案件有所牽扯，或許能說服檢察官他們的當事人精神方面出了問題，不過檢方可能訴諸他項罪案或者也將受害者屍體當作談判的籌碼。

兩位律師的如意算盤惹惱了雪城轄下漢彌爾郡與奧內達加郡兩地的地方檢察官。檢方認為拒絕洩漏當事人的機密自白內容是一回事，但是利用兩名受害女孩死亡的資訊——想想看著急等著知道女兒下落的家屬——來討價還價，又是另外一回事。檢方悍然拒絕協商。

一九七三年的秋冬時分，阿曼尼和貝居花了很長時間留在悅湖城，忙著出席庭前公聽會，搜查相關線索，不然就是進行出庭前準備。從雪城開車到悅湖城要整整兩個小時，阿曼尼和貝居因此打算在當地找個落腳處當作他們的分支辦公處。沒想到兩人早已成了小城居民眼中的過街老鼠，出乎他們意料之外，事情進展得十分不順利。歷經千辛萬苦，最後終於有間小旅館願意出租房間給他們辦公，不過旅館老闆卻因而受到多方責難，一大票之前交情不錯的朋友都斷了往來。

那年冬天，兩人在雪城的日子也沒好到哪裡去。阿曼尼酒灌得比平常兇，失眠的次數越來越多。事務所多次遭人入侵破壞，家中也不平靜，太太和女兒屢次接到來路不明的騷擾及恐嚇電話。這些干擾逼得阿曼尼只能東躲西藏。最後，他決定把手上兩名受害女孩屍骸的照片以及蓋洛的自白錄音帶統統銷毀，他很擔心這些關係重大的機密檔案會遭竊且被公諸於世。

時間就在提心吊膽中來到十二月。一名雪城大學學生在橡樹墓園的邊隅，發現了一具變形了的腐屍。經過牙齒鑑定，確認死者就是艾莉西雅・豪克。驗屍報告則指出，歹徒在勒斃受害者後，又以利刃連續猛刺屍身。兩個禮拜不到，幾個在麥維拉廢棄礦坑附近玩耍的小學生，發現了一支疑似人腳的東西，急忙通報老師。沒多久，就找到了蘇珊・培茲的屍體。驗屍報告表示，培茲生前前胸遭利刃連續抽刺，頭部受鈍物猛烈撞擊。警方正式將蓋洛列為兩起兇殺案的頭號嫌疑犯。

蓋洛一案終於進入司法程序，於一九七四年五月，悅湖城法院開庭。小城的空氣中蟄伏著一股高漲、騷動的情緒。冗長的陪審團徵選揭開了審理的序幕，人口不到五千人的漢彌爾郡，遴選作業審查了逾半數當地民眾。當中提出自己不適合擔任陪審員的理由主要有三。第一，五月是旅遊旺季，悅湖城當地以旅遊為業的居民擔心將無暇分身；其他的兩個理由則是個人與法官、地方檢察官有私交，以及個人已先入為主認定羅伯特．蓋洛有罪。

陪審團的遴選與組成歷時五個星期，相較之下，整個審理過程就迅速許多，兩個禮拜審理終結，檢察官四天內拍板定讞。法醫就菲利普．當姆布魯斯奇胸口的致命銼傷提出說明，並判斷死前曾遭凌虐。三位當姆布魯斯奇的朋友也出庭具陳遭蓋洛荼毒的經過，以及蓋洛當時若無其事、老謀深算的神態。

終於，被告方上場了。阿曼尼和貝居為了證明蓋洛精神異常，不僅要證實蓋洛患有心理疾病，還要證明他們的當事人亦蒙此所害，喪失「認知、瞭解其行為之性質和後果，以及對該行為對錯與否」的能力。貝居傳喚蓋洛，開始質詢。蓋洛坐著輪椅，傷勢未癒——事實上他左手和左腿的槍傷將永遠無法復原——停在證人席旁，自白作證。接下來，從他口中說出的是段超乎常人想像的驚恐故事。

光陰倒流，小男孩生活在農莊上飽受虐待的童年，一幕幕重現眼前。父親貪杯、暴躁，母親殘忍、動粗。蓋洛回憶道，從空中落下、抽在他身上的皮帶，另一頭是握在父親揮舞不休的手裡；蓋洛記得，父親大聲叱喝，命令他到牆角罰站，一站好幾個小時。這些都還不算最糟，更糟、也更叫人心酸的是，母親常常不分青紅皂白，無緣無故的打他出氣。蓋洛記得，五歲時，母親有次甚至抓了根準備當柴火燒的木柴，往他腦門狠狠敲下，年幼的他當場昏了過去。蓋洛記憶還在，他一調皮搗蛋，媽媽就逼他套上姊姊的燈籠褲，以為懲罰。蓋洛的自白中，值得注意的是，蓋洛始終不肯用正常的「他」和「她」來指稱自己的兄弟姊妹，每次都是用非人稱的「它」來稱謂。

蓋洛繼續說道，父母在他七、八歲時，將他送到鄰近的農場當約聘童工。那裡，沒有朋友，沒有同齡玩伴，一個人孤零零的。在四顧盡是遼闊蒼茫一片的環境下，長到十一、二歲的蓋洛，開始與動物發展出「親密關係」，對象包含了狗、牛、羊。

蓋洛待在農場工作到十五歲，然後家裡決定把他送到專門訓練障礙兒童的職業學校。十七歲，加入空軍，不過兩年多的服役生涯，因順手偷走了一台公用照相機和販賣色情圖片兩項違紀事件，日子泰半都在關禁閉中度過。退伍後，因主動挑釁、鬥毆，惹上麻煩，丟了工作。把他弄出監牢的律師，心存不軌，將蓋洛當做性奴隸般玩弄，強迫蓋洛替他手淫，喜歡玩些奇怪的花樣，如邊抽打蓋洛邊拍照。記不得正確時間，蓋洛結了婚，婚後沒多久，被控強姦一名婦女。蓋洛對天發誓，宣稱真的不記得是不是幹了這事。無論如何，蓋洛還是進了大牢，一關八年。

出獄後，又幹了幾起強姦案，蓋洛辯稱，犯案過程幾已不復記憶。殘留記憶中，印象最深刻的是辦案前必發作的劇烈頭痛，整顆頭如受重擊，腦壓高漲，頭就快要爆炸。在自白的最後，蓋洛終於回顧了幾起眾所矚目的案子：波特－培茲失蹤案、豪克姦殺案、當姆布魯斯奇凶殺案。在提到命喪他手裡的那兩名男大學生，他用了「它」，而不是「他」來稱呼。蓋洛在證詞裡，坦承犯下四起蓄意謀殺案、七宗強姦及性侵案。

蓋洛的告白著實令人吃驚，但更教人難以想像的是兩位律師隔天的大爆料。由於當事人已坦承犯罪，他們無須再有所顧慮。阿曼尼和貝居打破沉默，舉行記者會，公開表示他們早在一年前就清楚蓋洛在眾多案子中的涉嫌關係，也知道兩名受害女學生的埋屍地點。兩位律師無任何責任需要公開這一切，為什麼決定這麼做著實令人費解。

蓋洛一案在幾天內就完成審判。貝居和阿曼尼兩人殫精竭慮嘗試證明蓋洛的精神異常，而且異常的很厲害。他們找了數名心理治療師，從蓋洛童年早期的事件來解讀蓋洛的心理異常。心理醫師認為，蓋洛並不把自己當作是個「人」，而是像牛馬羊一樣，非人、毫無情感的動物，也因此，蓋洛順理成章地不把其他人當「人」看。其中一名心理醫師作證時提到，有回進行諮商治療過程中，他請蓋洛將他當成他父親，這名醫師說，接下來發生的是他執業生涯中最恐怖的經歷。他說，蓋洛當時一聽到這個指令，臉馬上脹紅，雙瞳擴大，抱怨耳邊傳來一陣陣震耳欲聾的尖銳聲響。「我得做掉它，爸」，蓋洛用力瞪著心理醫師說道。見情況不太對勁，醫師連忙安撫蓋洛情緒，讓他冷靜下來。

儘管阿曼尼和貝居在辯護中力陳了所有對羅伯特·蓋洛有利的說法和證據，但一九七四年六月二十六日，陪審團在不到兩個小時的討論之後，依舊駁回蓋洛的精神異常上訴，並做出一級謀殺罪的判決。

此時，公眾憤怒的對象從蓋洛轉移到了蓋洛的律師。地方大陪審團對兩名律師展開調查，最後以一、違反衛生條例：發現屍體卻隱瞞不報；二、未將屍體妥善安葬等兩項罪名，起訴貝居。貝居遭訴的關鍵，或許也是為什麼大陪審團不起訴阿曼尼的原因，正是貝居為了拍照而搬動了艾莉西雅．豪克的遺體。

不過這項起訴遭初審法庭飭回，理由是「審判的部分目的是為了找出事實真相，而也僅只是找出真相的一部分。」玄之又玄的文字遊戲。初審法庭認為，蓋洛的律師當得遵守替客戶保密的神聖使命，並大力讚揚法蘭西斯．貝居，稱他「全心全力捍衛客戶所應享的憲法保障，是司法從業人員的楷模。」

因不服審判法庭的裁決，檢察官決定再將貝居提起上訴，上訴法庭雖維持原判，不過這次不管是對貝居還是阿曼尼可都沒什麼好話。不像初審法庭的溫顏軟語，上訴法院對兩位律師的行徑完全不假辭色，嚴厲訓斥道，「身為律師，除善盡保密職責外，亦須維護人性道德的基本標準。」同樣有所不滿的還包括艾莉西雅．豪克的雙親，夫妻倆向紐約州的律師公會檢舉貝居和阿曼尼違反職業倫理。

豪克夫婦的倫理指控同樣不成立。律師倫理委員會的仲裁是這麼說的：「要妥善代表客戶進行辯護的前提是律師與當事人間的溝通管道暢通無阻，客戶必須毫無保留、誠實告知所有相關資訊，甚至是之前犯下的罪狀，而為了讓客戶無所顧忌、安心吐露，律師必得嚴守保密協定。」對於律師倫理委員會的解釋，艾莉西雅．豪克的父親幾年後在某次接受訪問中，下了這樣的結語，「我們向公會控告那兩名律師，卻忘了審理我們訴狀的也是律師，向律師控告律師，其實一夥都是自家人，大水怎麼衝得倒龍王廟？」

法蘭西斯．貝居和法蘭克．阿曼尼兩人毫髮無傷地從公訴罪中全身而退，不過在社會輿論那關，卻傷痕累累，敗下陣來。在眾人眼中，這兩位正是當前美國律師的典型代表，無情又無義。多年之後，法蘭克．阿曼尼接受公共電視特別節目專訪時，陳述了他和貝居當年內心的掙扎：「良知在一頭呼喊，『說吧，都抖出來吧，饒了這些受盡折磨的父母一馬吧』，但身為律師宣誓過的承諾和職責卻在心底的另一頭大聲反對。」被問到關於「一般倫理道德」時，阿曼尼回答，他那時曾試圖在理性——身為律師必須維持憲法保障，蓋洛這種混蛋也有權接受公正辯護——與情感——想想看假如受害的是我的孩子，假如我是那些不知女兒曝屍何地、傷痛欲絕的家長，我會希望嫌疑犯的律師做什麼——等相互拉拔的紛亂思緒中，理出一個最符合「最佳道德標準」的作法。提及這段痛苦的掙扎，阿曼尼顯得心力交瘁、沮喪不已，他告訴訪問他的記者弗列德．葛拉罕，「當上帝一點都不好玩。」

面對受害者家屬渴望水落石出的殷殷期盼，貝居和阿曼尼堅不吐實的決定讓兩人飽受煎熬。貝居告訴《紐約時報》，就在他下定決心保持沉默的那段時間，尤其是培茲先生從芝加哥來訪後的那幾晚，他都輾轉難眠。阿曼尼接著說道，他之所以拒絕與豪克先生會面，就是因為先前與培茲先生的會晤讓他心裡很難受。他害怕他會在一位悲傷的父親面前，不顧一切把他發誓決不洩漏的所有祕密說出。「實在沒把握，若和他見了面，還能不能控制得住自己。」阿曼尼在多年後透露，親哥哥於一九六二年一次執行空軍的偵查任務時失事，遺體迄今仍未尋獲。這件往事令決定守口如瓶的阿曼尼格外痛苦難受。

一路走來，兩位律師和認同他們論點的支持者始終援引憲法來捍衛立場，他們認為此舉看似無情，但絕對正確。足以說服紐約州民兩位律師行徑無誤的到底是哪條憲法法規呢？否決貝居起訴案的法庭回答如下：

> 輿論和媒體對於無罪開釋的結果爆發強烈不滿，咸認兩名律師應以妨礙司法或事後從犯罪論處。對一般民眾來說，此推斷合乎邏輯，然美國憲法致力維護每位公民的個人尊嚴，保證被告享有請律師替自己在法庭上辯護的權利，並嚴禁任何剝奪此項憲法保障的可能。

當弗列德．葛拉罕詢問，像蓋洛這樣的人渣配賦予如此崇高的保護與規範嗎？阿曼尼回答，倘使這條規則「將壞人屏除在外，那好人也可能被屏除於外。好人、壞人怎麼決定？什麼時候有例外？」這段話呼應了藍爾尼德．韓德法官的看法。在聯邦法庭執法超過半世紀，譽為紐約州有史以來最偉大的法官，韓德這位傳奇人物在他的演講和專書中一再強調，衡量一個法制社會的標準取決於其如何對待最不堪的案件。

不過，當艾莉西雅．豪克的姊姊辛蒂去信質問法蘭克．阿曼尼，在明知他們一家人深埋在哀痛的深淵中時，怎忍心依舊保持緘默？對此，阿曼尼好幾次打算提出解釋，但終究啞然無語。在接受公共電視訪談中，阿曼尼被問及關於受害者家屬感受的問題時，情緒幾近崩潰，「他們的痛苦是我造成的，我是凌遲他們的凶手！我說什麼都無法改變家屬心中認為我不可饒恕的指責，連我都不能說服我自己是可被饒恕的。」

※ ※ ※

很少人會面臨如法蘭西斯．貝居和法蘭克．阿曼尼這樣左右為難、不知如何是好的局面，一個職業倫理與社會道德兩相劇烈衝突的戰場。一邊是維護當事人權益的職責，絕不洩漏當事人祕密的誓言，得替當事人盡心盡力辯護的職業規範，另一邊是「倫理道德」和正義、公平、憐憫等人性基本價值。道義上，律師也有義務慰藉受害者家屬的傷痛，而不是讓他們更痛苦。

貝居和阿曼尼落實了他們的決定：保持緘默，不惜任何代價。「信託責任」是他們維護蓋洛這類人渣仍享有其基本權利的部分原因。

從同意接案的那刻起，律師就對當事人負有「信託責任」，盡忠，盡心，並守口如瓶。當然，「信託責任」不僅如此。「信託概念」最常見的定義是：當事人信賴律師，賦予其在處理事務上特殊身分的一種託付。因此，律師需將當事人的考量置於己身利益之上，永遠站在客戶這邊，為其爭取最大權益。

假如貝居和阿曼尼所言不虛，那這兩位律師的確把當事人的利益至於己身之上。為不洩漏羅伯特．蓋洛的駭人祕密，兩人遭逢巨大損害，不管是經濟上、情感上、或在名譽上。然而難題的另一端呢？難道信託責任就可讓律師背離實話實說、維護公理正義、「做對的事情」的準則？個人小我私益的爭奪和全體社會大眾公益的追求孰輕孰重？兩者間的平衡又該如何拿捏？

許多律師，甚至是大多數的律師，被問到這問題時，都會坦承，找出真相，調查到底發生了什麼事，並非是律師的工作。他們辯稱，真相往往難尋，況且他們的任務是從當事人的角度來重述事實，這也是信託責任所賦予的角色。有些律師也不諱言，事實的呈現可因當事人的要求而有所調整。而大部分的律師同意，釐清事實和查出真相的重責大任應落在法官、陪審團的身上。

老派傳統律師所持的觀點則是，透過「對抗過程」，在原告、被告兩邊各執己見，彼此攻詰質詢的過程中，真相才會水落石出。但很多人對此看法嗤之以鼻。如對抗的一方擁有雄厚資金和龐大的律師團，另一方往往僅能苟延殘喘，敗下陣來。美國民眾心目中真正的英雄是那種默默無聞但努力向上、掙出一片天的小人物，但在現實社會裡，這些「美國英雄」若遇上財大氣粗的財團，卯上龐大資產與大牌律師坐鎮的顧問團，恐也不得不低頭。有些人是這麼說的，決定真相的不是事實究竟為何，錢和權才是關鍵。

律師可能不認為提供事實真相是自己責任，但他們援用「法律擬制」的觀念，很樂意將自己視為追求正義的使者。這項法律概念指的是，正常情況下，正義應比真相更重要。下面就是一起基於憲法第五修正案「法律擬制」的例子。

某刑案嫌犯在經過二十四小時監禁，當中遭以恐嚇毒打，不准喝水，禁止上廁所，終於俯首認罪。然而法官認為，這份自白是經由不正當手段逼取而來的，決定不予採納。法官表示，身處如此情況，縱使是無辜的人也不得不招認自己有罪。不過，陪審團並不清楚嫌犯是在何種情況下招供的，也不會知道法官對自白書的評論，簡單來說就是陪審團對嫌犯認罪一事箇中曲折一無所知。一旦事情爆發引來爭議，警方證人可推得一乾二淨，便似被告從未招供一樣。

法律擬制背後的理論是這樣的：陪審團不一定能公正客觀地聽取被告招供。因為陪審團可能在不知道如何取得這份自白的情況下，全盤接受證詞，而受其影響，如某些陪審員會認為，在監禁一天後，沒人敢不乖乖招認，但也有人認為自白的可信度不高，而寧願採信看起來十分薄弱的情境證據。為避免冒險，法律擬制的理論認為，司法系統必須對被告負責。因此，法官必須從現有的紀錄裡抽絲剝繭，只能由「可被接納的證據」驗證被告有罪與否，而其他被判定可能偏袒任何一方的證據均不採認。

大多數的律師認為法律擬制的觀念十分合理，不過對一般大眾而言，卻有一籮筐的疑問。舉例來說，有些人質疑，為什麼法官不直接讓陪審團旁聽整個被告招供的過程，包括取證背景，然後由陪審團自行判斷供詞可不可信？有人則想瞭解案件的其他問題，如為什麼警方要如此殘忍對待被告？是因為其行徑令人髮指，還是罪行已鐵證如山？倘若罪證確鑿，那何須擔心罪犯招供的相關問題，又怎需在意證詞是在什麼情況下產生的？

換個方式說，就在律師和司法系統費盡心思替被告謀求正義的同時，全美的普羅大眾不禁懷疑：那社會公義呢？有越來越多的民眾覺得，正義公理被一群不昔代價，卻不問是非，盲目替當事人爭取利益的律師給糟蹋了。

當貝居和阿曼尼將自己視為追尋正義的使徒時，在大多數人眼中，他們卻只是兩個不顧真相、正義，將同情與倫常等人類根本價值棄之如敝屣的槍手。兩位律師則聲稱，他們那麼做非但合乎倫常規範，甚至還取得了最大利益，根據阿曼尼的說法，那時「當時情況下最高的道德利益」。兩位律師指的是蓋洛不堪回首的童年經歷及其精神異常的合法訴求，他們且辯稱，只有保障蓋洛隱私，才算盡了他們的信託責任，也才是真正維護憲法。不過，這種說法民眾聽不進去。

對社會大眾而言，對貝居、阿曼尼最客氣的批評是說他們見樹不見林，搞不清楚事情的輕重。他們倆一廂情願地維護一個犯下強姦和謀殺等重刑的罪犯，卻忘了整個社會更迫切的需要：伸張正義，犯人伏法，以及撫平受害者家屬的傷痛。

事情沒那麼簡單，否則為什麼還有律師做出跟這兩位同樣的決定？貝居和阿曼尼在家鄉成了過街老鼠，從前的朋友不再聯絡，騷擾電話沒有停過。阿曼尼的婚姻一度瀕臨破碎邊緣。有一次竟還在家裡發現了一枚土製未爆彈。阿曼尼也曾在外出吃早餐時，發現餐巾紙上有著這麼一行字：「隨時都可以讓你跟這個世界失去聯絡。那個專挑小孩下手的殺人魔最好逃不了制裁！」

兩名律師的工作卻遭逢更嚴重的打擊。從手下有四名律師，五位祕書，阿曼尼的事務所現在卻成了一人公司，唯一的祕書每星期只來三個下午，而州政府付給阿曼尼替蓋洛辯護的律師代表費則不到一萬美元。儘管面臨老客戶流失及兩次心臟病發的險境，阿曼尼仍勉力打起精神，重新開始小規模的執業。至於貝居，則徹底離開了法律圈。

若被問及這些爭議，貝居和阿曼尼想必會斬釘截鐵地回覆：見樹不見林的是社會大眾，不是他們兩個。兩位律師心中，蓋洛一案僅如林中一樹，他們著眼的樹林是國家的司法體制，是維護所有人權益的大原則——不管對象是可鄙如羅伯特．蓋洛或是善良的老百姓。這個案子裡可以看到，為維護那片「樹林」，多少人因此付出了代價——受害者家屬、紐約州悅湖小鎮的居民，以及兩位辯護律師。

兩位律師的觀點呼應了美國司法體制長久以來的主張：保護整體社會的最好辦法就是保護所有個人的權益。這回被視為「人渣」的蓋洛得到了體制的保護，下一回假若主角換成你，不管別人眼中的你是什麼，你都一樣享有體制規定的保護。

為了說得更清楚些，現在把焦點回到招供這件事上。很多人覺得，當被告明顯有罪，社會大眾無須擔心他是如何招供的。真是如此？我們真的可以接受由警方自行判斷嫌犯涉案程度，然後全權決定如何讓嫌犯招供？我們真的要讓警方對嫌犯為所欲為——二十四小時禁止飲食，不准上廁所，並以嚴刑逼嚇？即便真的有罪，警方也無權這麼對待被告。

現在我們拿羅伯特．蓋洛來做個假設性討論好了。被捕後第一天，身受槍傷，痛苦難耐。所有證據都指向蓋洛極可能涉案，所以當蓋洛一脫離險境，警方為逼他自白，決定不讓他進食，不讓他包紮換藥，不給止痛劑。假如蓋洛的權益不受保障，那我們又要如何對待下一個證據顯示涉案程度不那麼高的羅伯特．蓋洛？再下一個呢？回到法蘭克．阿曼尼先前提出的問題：「什麼時候有例外？」

在這個假設性的例子裡，假如法蘭克・阿曼尼和法蘭西斯・貝居抗議蓋洛是在這種情況下供出自白，他們是在維護他們當事人的基本人權。從另一個角度看，他們也是在維護社會上所有人的基本權益，希望其他公民不會受到跟他們當事人同樣不公平的對待，希望其他民眾免於遭逢通常只有在較不自由、較不民主國家才會發生的虐待事件。

藍爾尼德・韓德法官曾經說過：「寧可錯放百人，也不肯錯關一人。」當然，他說這句話的時空背景和現在已經大不相同。半個世紀前的美國，街上發生的罪案比現在少多了，司法制度也沒有現在累贅，民眾對司法的觀感也不那麼厭煩和不滿。藍爾尼德・韓德法官的警句格言在今日聽眾已經不多，美國人民寧願聽一位焦躁的受害者（雷諾・高德曼）父親在情緒不穩時的發言。當辛普森一案進入審查程序，弗瑞德・高德曼在記者會上高呼：「這算哪門子司法！」，這一喊美國民眾心有所感。對於連月來無止盡的出庭作證，無止盡的傳喚證人，高德曼先生和社會大眾越來越不耐煩，他們不滿，為什麼過了這麼久時間，被告和受害者依然不是審判的重點。

多數律師，包括法蘭克・阿曼尼和法蘭西斯・貝居，都能理解高德曼先生的心聲。但他們會說，這樣的看法只會讓我們的司法體制分崩離析，壞處遠超乎我們想像。是否真的要交由一般美國百姓來決定嫌犯有罪與否、審判所花時間是不是太長、辯護理由是不是太扯？如果一切都要訴諸民意，那麼是不是下次的判決就看看《今日美國報》的民意調查結果來決定，或乾脆大家按按互動電視上的按鈕，得票數高的就無罪開釋（或有罪定讞）就好了？

尾聲：羅伯特．蓋洛的逃亡終點

羅伯特．蓋洛的無期徒刑一開始是在戒備森嚴的達那摩拉州立監獄，他之前的強姦罪也是在此服刑。他不斷向獄方抗告，他個人槍傷嚴重，只能倚靠輪椅活動，應該轉到專門關閉年老殘弱受刑犯的費雪基爾，一個只有中度警備的監禁中心。他還附上了一張控告達那摩拉州立監獄的訴狀，作為加強他的反應。在一九七八年，蓋洛心想事成，終於轉到了費雪基爾。

一九七八年九月八日的晚上，在熄燈後，羅伯特．蓋洛爬下床，把一個塞填了碎布的人形布偶放到帆布床上，抓了台收音機，拿起他兒子偷帶進來給他的手槍，跳過那將他隔離在自由世界之外、高達十四英呎的柵欄，消失在監禁中心旁的茂密樹林。那是他的世界，悠遊如回山的老虎。左腿和左臂的確不如以往那麼利索，但也絕不是個只能坐在輪椅上行動的殘障人士，那只是做給獄方看的假象。羅伯特．蓋洛，一個熟知如何在叢林維生和藏匿的連續殺人強姦犯，又再一次的逍遙法外。

就像一九七三年一樣，警方頭一批聯絡的人裡面就有法蘭克．阿曼尼，警方請阿曼尼提供任何能夠逮捕他前客戶的線索。儘管律師和當事人間的保密協定不因辯護的結束而終止，但根據他多年後告訴他傳記作者的說法，阿曼尼這回不再沉默。他回想起他跟蓋洛在布雷茲堡醫院裡談話時，蓋洛曾提過他如何躲避警方追查，然後一五一十全告訴了警方。蓋洛通常這樣做的：先躲在監獄旁，讓追緝小組超越他的所在，留在警網之後而非警網之前；靠著帶出來的收音機掌握警方的舉動和封鎖範圍；伏匿在灌木叢深處等待，等到警方覺得已經搜索完畢、撤往下一個地方追查時，才從容離開。

警方依據阿曼尼的建議，加強費雪基爾四周的搜索。到了第三天黃昏時刻，一組偵查小隊發現了藏在灌木叢底的蓋洛。蓋洛先動手，開槍打傷了偵查小隊的先遣探員，但隨即在警方強大的火網下倒地不起。由於他前任律師透露給警方的祕密資訊，羅伯特．蓋洛終於就地正法。

第二章 為有罪者喉舌的日子

知其有罪還為其辯護即為無義無恥，愧對上帝與人類！

——一八四〇年，倫敦《泰晤士報》讀者投書因查爾斯·菲利普
知道當事人犯下殺人案依舊為當事人激烈辯護

維護體制並非維護正義，知其有罪而為其言亦非正義僅為雄辯。

——一九九五年加州大學法學院學生
針對O·J·辛普森一案所做評論

律師最常聽見的兩個問題：「你也相信被告有罪，為什麼還可以幫他打官司？甚至還願意幫他脫罪？」瑞奇·瑞袞斯基礎上這樣的問題不知幾百遍，無論在朋友的雞尾酒會上、參加孩子的足球賽，總之走到哪裡，只要不在法庭，都可能會有人這麼問。對瑞奇而言，答案很清楚，可是還有其他許多律師面對這種問題會渾身不自在，也無法像瑞奇這樣工作。

賽蒙・「瑞奇」・瑞袞斯基是一位傑出的刑事辯護律師，服務地點在一處河畔的大城。雖然他原則上以私人執業為主，而非任職於公家單位，可是除了法庭指派的案件以外，瑞奇卻願意額外接下這些所謂的義務案件。這類案件當然報酬並不高，可是在瑞奇心中，這工作比起為一些酒駕的有錢人、或者侵占公款的職員辯護來得有意義。他常常說：義務案件「是刑事辯護的根本」。

但是這類案件有時並不輕鬆，例如科克・哈普曼的案子就是一例。法庭指派瑞奇代表哈普曼，他犯下了三起虐童導致重傷的案件，起訴書中陳述哈普曼數度毆打女友羅威娜・蘇的三歲兒子，並曾有一次將男孩摔往公寓牆壁，導致腦部受創。蘇也遭到同樣罪名起訴，可是負責本案的檢察官也清楚表示：她認為哈普曼才是實際行兇者，而蘇則只是共犯、教唆犯。

瑞奇與哈普曼第一次見面，地點是在監獄的會談室，哈普曼當時否認自己有犯行，不過自陳的事件經過就包含許多矛盾之處。瑞奇認為他絕對有罪，只是不能肯定。此外，瑞奇對於這樣的罪行深感厭惡，以前有許多被告在他心中印象並不差，但瑞奇卻覺得哈普曼是個頤指氣使、很愛大呼小叫的人。然而瑞奇知道這個案子真上了法庭也還尚有可為，原因之一是檢方找來的證人屬於言行古怪的一類，尤其聲稱實際看見哈普曼「將那孩子摔來摔去」的主要證人更是如此；瑞奇有辦法推翻這些證人在法庭上的公信力。

開庭前的和解會上，檢察官向瑞奇表示：假如哈普曼願意針對起訴之一認罪並接受七年徒刑，那麼她就撤回另外兩件起訴，可是哈普曼本人對瑞奇表示堅持要上法庭。檢察官認定實際行兇者一定是哈普曼，對蘇開出了較為優厚的條件：倘若蘇願意作證看見哈普曼動手，那麼便可以將刑期轉為長期觀護。不過即便蘇始終否認自己有動手打孩子，檢察署方面的政策卻要求她必須承認起訴書上所列的任何一條罪名——結果等於承認她動了手，而且是蓄意造成孩子重傷。

瑞奇私下也認同檢察官的評斷，實際動手打人的應該是哈普曼，蘇只是個弱女子，根本無力阻止。可是瑞奇也看到一個癥結——要是蘇真的答應為檢方作證，但同時又必須針對毆打孩童一事認罪，則演變成可以合理懷疑實際動手的人是蘇，而不是哈普曼。

找到這樣一個進攻優勢對於柯克．哈普曼自然是個好消息，但瑞奇則沒辦法因此心安，因為他面對幾個困難的職業道德議題：他自己也認為被告有罪，那麼出庭時要付出多大的努力？這個罪行非常惡劣，但是否應該為此改變態度？對羅威娜．蘇進行交叉質詢時，瑞奇該使出多少的功力？他相信蘇的說法，那麼還必須無所不用其極地套她的話嗎？他到底該盡多大力量去使陪審團認定當事人無罪呢？

開庭前一天晚上，瑞奇與被告一起討論案情，這時候哈普曼卻忽然自白了。他承認自己在盛怒之下將孩子朝牆壁摔過去，也承認自己有好幾次「狠狠地揍了那小子一頓」。翌日清晨，瑞奇前往法庭途中思索自己當下的處境。哈普曼對他坦承一切後使他想了很多，可是他是否該因此調整自己的辯護策略？柯克．哈普曼或許真的是個混蛋，但瑞奇也答應過要竭盡全力幫助他。

＊　＊　＊

社會大眾時常將刑事辯護律師當成英雄人物，但多半是因為他們替世界維護了正義。培瑞．梅森算是虛構人物中赫赫有名的律師，他技巧高超，但奇妙的是他總是能碰上蒙受不白之冤的可憐人。這樣的律師能夠處理哈普曼的案子嗎？恐怕不行，不過這位路見不平拔刀相助的大律師本來就不存在在現實社會中。相比之下，頗受爭議的影集「一級謀殺」（Murder One）首集便出現了一位泰迪．霍夫曼，縱使顯得厭世而城府極深，他卻直截了當地表示自己一直都為有罪者辯護。

現實生活之中也有不少大名鼎鼎的律師成為眾矢之的。克萊倫斯．丹諾碰到的當事人將近一半有罪，也因此不止一次有人認為他幫這些人辯護可以說是道德淪喪，而他的代表作便是為利波、羅布兩個確實犯下殺人案的罪犯。

即便是神聖不可侵犯的人物也得淌進這渾水中。亞伯拉罕．林肯擔任律師時，最有名的案件就是替「杜夫」．阿姆斯壯辯護，他在本案中以年曆證明檢方的主證人根本不可能依靠月光看見被告行兇，因為案發時間月亮早已西沉。這個故事通常都會省去一個重點：「杜夫」．阿姆斯壯十之八九真的有罪。

現實是刑事辯護律師一旦上了法庭，工作就是盡全力使陪審團認為當事人無罪。社會大眾會問的是：「為什麼要幫真的有罪的人脱罪？」這在經驗豐富的刑事辯護律師而言已經是個老掉牙的問題，從事這份工作的第一天就會碰上了，而答案就存在於這個領域的所學之中。

「為有罪者辯護」這個話題在現階段相當熱門，但事實上爭議絕非一天兩天。一八四〇年，查爾斯．菲利普在英國是首屈一指的高等法庭律師，但使大眾嘩然並登上頭條的原因則是他全力以赴為一名他明知有罪的被告辯護。整件事情對菲利普也沒什麼好處，換來的只是許多人不以為然，甚至連倫敦主教都表示他的行為「是近期令人憂心關注的事件」。那位主教還前往上議院發表一份「倫敦人民連署」的陳情書，表示菲利普這麼做與上帝的旨意背道而馳。

當前社會爭議不外如是。司法界傳統認為這便是當事人制度的實現，而世界各國大半也都在某種程度上採用當事人為主的模式，也就是涉案各方都有律師作為代表；不過美國的體制包含了非常強烈的「當事人原則」，此原則要求律師不需接納當事人的觀點，只要為其辯護即可。此原則的根本在於無論一個人多不受大眾接納，依舊有權請律師作為代表，而將律師個人的價值觀與當事人分離，則律師不需為當事人做過的事情負責，也就可以全力為當事人服務。這是美國當事人原則的核心，在此原則下律師的職責並不是呈現出真相，而是呈現出所服務客戶的故事，理論上當兩造都有律師依據規則行事，真理自然就會浮現。

當事人原則也是法學院課程中重要的一環，在指導年輕學子何為「律師思維」的同時，也必須使他們親身體驗如何就某個法律爭議從對立角度展現同等程度的信念與技巧。幾乎每個法學院都會舉辦模擬法庭競賽，學生一天代表甲方、但另一天就必須代表乙方，而贏家是無論個人信念為何，在哪一方都能表現優異的人。

但也並非所有法律界的人都接受古典理論，幾年前有一位名為傑洛．波斯提瑪的法學教授，他主張律師也應該有「道德原則」，並且認知自己行為的「道德成本」，並且批判律師不應將自我疏離於客戶的觀點外，每位律師都應該為自己的言行承擔道德責任。

既保持道德，又能在當事人確實有罪的情況下保持必須的活力、熱情，這樣的事情是否有可能？許多人認為不行，但也有人會提醒大家：還未判決有罪前，任何人都應視為無罪。還有一些人指出美國司法制度的另一項主張：應支持劣勢者。加州有一項法規便是：「律師之職責……（不可）因個人之考量拒絕無法自我辯護或受壓迫者之主張。」

身為法學教授也是王牌律師的麥可·泰格也曾經舉起這面大旗。他同意為改名遷居美國的約翰·丹詹朱辯護，丹詹朱遭控便是波藍崔布林卡集中營內外號「恐怖艾凡」，負責處決八十五萬名猶太人的納粹軍官。後來以色列法庭裁定丹詹朱並非該名軍官，但審判過程也確認了丹詹朱曾在集中營工作，卻隱匿不報。

有趣之處在於既是泰格教授對手也是好友，任教於紐約赫福斯崔法學院的門羅·弗里曼曾經透露：泰格以前的信念是律師接下案件之前應先問自己兩個問題，其一是「我是否願意將自己所學所知所長奉獻給這樣一位當事人？」另一是「我進入法學院的理由是不是為了幫助傷害別人的當事人？」弗里曼教授當時戲稱這是「公眾正義的重擔」，可是泰格對此的回應卻是拒絕接受此種責任，並表示這種理論「有害」。泰格也認為自己不需要解釋為什麼替某一個當事人進行辯護，而他後來也同樣為奧克拉荷馬市爆炸案嫌犯泰瑞·尼可斯擔任辯護律師。

安東尼·葛瑞芬也因為同樣的理由在一九九三年決定為三K黨分部「德州騎士會」的「大

龍」（幫會領袖外號）擔任辯護律師。德州政府希望強行獲得德州騎士會的成員名單，而葛瑞芬不僅身為非裔美國公民，同時還擔任全國有色人種權益促進會的首席顧問。他清楚表示自己不齒於當事人，但在同年接受《紐約時報》採訪時卻也表示德州政府「對每個組織都採取這種態度，其中包括有色人種權益促進會，也包括黑人政治團體黑豹黨，這是『我們』所不樂見的。」

此外葛瑞芬的法庭策略，也是援引當年有色人種權益促進會對抗阿拉巴馬州政府時，由最高法院所奠定的判例。在該案件中，有色人種權益促進會成功阻止州政府取得會員名單，因為最高法院認為一個組織有權將其資料當成隱私。

全國有色人種權益促進會裡面，葛瑞芬的同儕都認為他不應該同時代表三K黨進行辯護，卻又擔任會內的顧問，因此後來權促會解除了他的職位，並且在開庭期間發表所謂「法庭之友」公開聲明，強調有色人種權促會支持德州政府的立場，且主張三十五年前權促會獲勝的判例不可用在此案上。

然而最後無論在法庭內或法庭外，葛瑞芬都獲得最後勝利。一九九四年德州最高法院依據憲法第一修正案決定認同葛瑞芬的論點，葛瑞芬也獲得以前最高法院法官威廉·布瑞南為名的律師獎項；布瑞南法官始終支持言論自由。更重要的是葛瑞芬在黑人社群中的地位也獲得平反，進入了有色人種權促會的姊妹組織，也就是權促會的法律辯護基金會。

打從一開始，葛瑞芬就認為自己的決定沒有錯。「我們的身分是律師，不是上帝。」他接受《紐約時報》訪問時是這麼說的：「如果律師因為一個人不受歡迎、受人憎恨就退縮，那麼司法制度將會徹底崩壞。」

葛瑞芬認為律師並非上帝的說法與許多法學學者觀點一致，這些學者認為優秀律師最需避免的行為便是對當事人進行審判。自從山繆．強森的時代開始，這樣的論點便一直流傳。

包斯威爾：但要您支持您認為是錯誤的事情，對此您有什麼看法？

強森：法官宣判之前，你並不知道到底是對還是錯……就算你說的話不能說服你自己，也不一定不能說服法官。如果可以說服法官，那就必須請問，為什麼不是你來宣判，而是他呢？審判是法官的事情，律師就算認為一件事情是錯的，也不可以過度自信，而是應該盡自己所能為當事人服務，然後看看法官怎麼說。

質疑強森博士這種觀點的聲浪在現代水漲船高，但是多數刑事辯護律師沒有辦法一邊審判自己的客戶，一邊又為他們進行辯護。代表犯下刑事案件的被告出庭是一件嚴肅且艱難的工作，律師時常是唯一一個站在被告這邊的人。更不用說，這些被告常常都會否認自己涉案，即便律師假定、或者強烈懷疑被告有罪，大多情形下也沒辦法確認哪一位當事人真的「做了」那件事、哪一位當事人又是說實話。許多刑事辯護律師都偶爾會問自己：「我有資格審判這個人嗎？」絕大多數時候，律師會否定這一點，然後繼續埋首工作中，拿出最有效的辯護來取得陪審團信任。

多數人很難接受律師可以也應該盡力幫助自己都不相信的客戶，也就是他們確定或者深信有罪的人。有些人甚至將律師不應審判當事人這個觀點做了個比喻，就好像第三帝國的軍人不需要自己下判斷，只要盡忠職守即可。但大眾依舊想要知道法律上的技巧在超越哪一個臨界點之後應當停止，遵守程序與抽象的「法律」在何處應當回歸普世的真實、正義、規矩。

在此舉出一個針對律師操守的有名案例，出自一九八七年密西根律師公會的職業道德評論。這篇文章描繪出大眾觀點與法律系統間對於「正確」、「道德」的定義有何差異，主題也同樣是律師若知道當事人有犯罪，是否仍應在法庭上提出本質為真的證據，以此誤導陪審團認為當事人並未犯罪。

案件的真相如下：被告因搶劫遭受起訴，受害人指認出被告，但卻告訴警方案發時間是晚上十點半，這個時間並不正確，事實上搶案發生在晚間八點半。被害人之所以犯下這錯誤，可能是因為她的手錶也被搶走了，或者是因為她有短暫失去意識，但警方不察，於是在筆錄上留下錯誤的時間。

被告發現筆錄上的時間錯誤以後，私下對律師坦承自己確實行搶，但時間是八點半，不是十點半。他搶劫以後便到了常去的酒吧，裡頭有一些朋友，加上酒保都可以證明他從晚間九點十五分之後便一直待在那裡，這比受害者所說的時間還早了一個鐘頭。受害者與警方都無從得知這個狀況，那麼當遭搶的人在法庭以錯誤資訊提出證詞時，辯護律師應當以什麼方式處理所謂的「不在場證明」？

密西根律師公會的道德委員會給了清楚明白的答案：「把握良機！」該委員會認為當事人原則要求辯護律師應在法律容許範圍內盡全力協助當事人。

這也就是當事人原則的核心觀念——律師與當事人之間的關係高過一切，如此一來當事人才可以對律師開誠布公。如果反其道而行，長期下來「被告（可能）都不願意透露太多給律師知道，而律師也就無法進行有效的辯護。」此外該委員會指出刑罰也有輕重不同，並且呼應強森博士所謂不應審判當事人的說法：「刑事辯護律師前去監獄的會面室，目的並不是為被告進行一場單人審判。」

那麼為當事人盡全力的原則與尋找真相之間的關係是什麼？「辯護律師的職責並非為檢方釐清不足的資訊」那篇文章做出結語：「更不是忽視可以使當事人無罪且本質為真的證據……雖然這樣的精神或許會在上述的特定情況中對社會造成遺憾結果，但整體而言辯護律師秉持此態度，才可以使刑法體系達成憲法原本之期望……」

該文亦提到：「（律師的道德規範）禁止律師使用偽證，但是請說出實話的證人出席則毫無問題可言……被告當時的確與證人在同一地點，這段證詞沒有作假。造成被告可以使用這段證詞的原因，是受害者無法提供正確案發時間。」

密西根律師公會的職業道德評論文提供一項清楚的訊息：所謂「真理」並非刑事辯護律師的考量，甚至也不是刑事司法體系的考量。被告確實犯罪，但這件事情次於律師為當事人盡全力的原則。這種觀點在許多人眼中可能代表正義不彰，因此當美國人民關注瑞奇等人有什麼行為時，其實更應該從根本面去檢討刑事司法系統是否應將保護犯罪者優先於將其定罪。

支持現行制度者目光不停留於個體層面，他們認為這是基於憲法的基本保障，也是人權宣言中的基礎觀念：每個人都有權得到有效法律協助，並以合宜的法律程序對待。從這些基礎保障衍生出的司法體系已經運作數百年，其中最為人所知也最重要的一項政策就是在認定某人有罪之前，聯邦政府必須先能提出證明，不可只依據合理懷疑便定罪。這是美國對於證據的高度要求，因為懷疑很容易，但證明卻不簡單。

刑事辯護律師發誓為其當事人善盡職責，也據此來理解自身工作：他們的目標就是在職業道德容許的範圍之內，引起陪審團生出懷疑。或者換個角度看，真理並不在於被告是否真的犯了罪，而在於政府是不是也能夠善盡職責，證明犯罪事實。

歷史上有許多事件可以支持這樣的法學標準。桂格·威廉·潘恩主張並非所有人都應加入英國教會，於是在往昔英國被視為異端、數度入獄，甚至有一次陪審團已經決議他無罪，卻遭法官要求重審，法官並且威脅陪審團若不改變其決議則將一起入監服刑。後來潘恩逃往美洲，並且建立了賓州殖民地。美洲在一七三五年還是殖民時代，約翰·彼得·曾格遭控刑事誹謗罪，原因是他發行的報紙強烈抨擊紐約總督。曾格當時想請律師都很難，因為政府不斷將他請的律師給撤銷執照，最後他只好從費城找來安德魯·漢彌爾頓，漢彌爾頓以人人皆享有言論自由說服陪審團，於是曾格獲判無罪。

當然，哈普曼那樣的人與潘恩、曾格這類遭到司法壓迫的無辜受害者本質並不相同，可是法界人士認為若要保護潘恩、曾格這一類人，也就同樣必須保護柯克．哈普曼這樣的人，因為任何人都必須在同樣公正的程序中享有同樣的自由與權利，除非能夠在合理懷疑之上證實確有犯案一事。支持這種制度的人認為，如果社會上最糟糕的一群人也能得到保障，那麼正義才是真正得到伸張，縱放少數有罪者算是交換保障「必須」權益的小小代價。

也有一些律師是從社會經濟角度來聲援此種主張。多數人會同意無論一個人有多少財產，享有的權利應該平等，可是社會上依舊存在不平等的現象，而刑事司法體系並不例外。刑事被告多半都很窮困，非裔美國公民持續在國內監獄占有最高比例，而無數研究也顯示出小自輕傷害大至謀殺案，黑人遭求處的刑期都較白人為重。美國的司法系統中，就執法層面對於弱勢團體整體來說，以及特別針對黑人而言，偏見始終未曾消弭。羅尼．金一案完全印證這一點，而若就制度面沒辦法提供清楚的基本保障，種族之間的不平等將會每況愈下。

如瑞奇．瑞裘斯基這類人會以較白話的方式形容自己的所做所為。「為了考驗檢方舉證是否屬實，才會需要我這樣的人。」這是一位刑事辯護律師告訴我們的話：「我的經驗很多、做得很好，但如果我只是做做樣子的話，哪有辦法考驗到檢方？我們的司法系統很像嘉年華會上表演的壯漢，台詞就是『全力打我一拳啊』，要是我不用出最厲害的招數，整個制度就沒有意義了。」

我們訪談過許多公家與私人的刑事辯護律師，綜合大家意見之後大致如此：「注意，我們碰上的客戶，大半是一輩子都沒什麼機會的人哪。他們家裡窮、受的教育差、跟親戚間關係也不好。我是唯一一個會站在他那邊的人，至少我應該給他們一點尊敬跟尊嚴吧？要是我不替他們喉舌，又有誰會呢？另一邊有的是政府的力量，包括檢察官、警方、警官各種權力，我們這邊呢？一個沒錢沒膽的混蛋，還有我。」

另外則是：「運用公權力跟濫用公權力只是一線之隔，有些檢察官替證人做『預備』的方式是叫他們一字一句地照著說，然後警察會說謊，當然不是全部，但有一些會。警方還會放假證據，也不是每個案子都會這樣，但就是有這種例子。警方作假通常也不是為了要陷害無辜民眾，而是因為被告真的有罪，可是檢方需要在法庭有戲可唱。但這個理由，不能使濫用公權力合理化。」

「請各位明白，」律師的心聲是：「我不是在袒護我的當事人，當然這是在法庭外。其實我跟大家一樣，都擔心一些危險分子可以逍遙法外，我也不知道如果我的當事人被控謀殺、結果無罪，然後居然又殺人，那時候我該做何反應。會有人問我，既然我知道當事人有罪，為什麼不乾脆抽身？但是制度可不是這樣走的，法官不會僅僅『因為』我的當事人真的有犯案，就准我丟下這個官司不管。更何況這樣有什麼好處呢？讓其他混蛋接手，間接鼓勵當事人想出更漂亮的謊話？」

「面對一個平常自己不想同處一室的人，還要為他豁盡全力，這是非常辛苦的事情。可是一個當事人交給我，我也同意了，在我答應的那一刻，我就不能被一般大眾的心理影響，必須將自己的絕活拿出來。」

這些理由拿到現實生活又如何？律師該如何替一位刑事被告進行辯護，尤其律師自己不相信被告其實清白的話？

首先，律師手上有很多資源。用以考驗公權力證據的各種技巧在校內的專題討論、訓練活動都經過不斷磨練，也在各大研討會上反覆獲得關注。常見技巧之一便是將矛頭轉向除了被告以外的任何人，即便是無法肯定的對象也無所謂（因此有時也戲稱這招為「人不是我殺的」）。律師懂得使用各種法律與職業操守容許下的技巧，在法庭呈現出合理懷疑。

知道當事人有罪的律師，就職業倫理不可要求當事人站上證人席聲稱自己無罪，否則就是偽證。然而，謬辯（false defense）可以在不公然說謊的狀況下成功，比方說本質為真的證據能夠造成誤導，之前密西根律師公會已經提出例子。而由於檢方必須有超越合理懷疑的鐵證，因此辯方律師可以主張間接證據不足以證明有罪，或者證人、科學證據等等並未符合嚴苛的檢驗標準。

一位律師是不是真的使出全力，通常可以由兩件事來判斷：律師是否針對已經會說實話的證人進行交叉質詢，以及律師是否對陪審團提出已知為假的論述。即便證人說的都是真話，對證人進行激烈的交叉質詢仍有價值，這一點美國最高法院也曾表示贊同。一九六七年韋德案時，大法官拜倫．懷特曾經這麼說：

> （辯）方並無……義務伸張或呈現真相。我國司法系統賦予他們不同任務。辯方律師必

須……無論當事人是否有罪都竭力為其辯護……如果律師可以造成證人困惑，即便該證人所言屬實，又或者律師可造成證人處於劣勢、態度猶豫不確定，這些都是辯護律師的正常行為。為避免冤枉無辜人民，司法體系容許辯護律師考驗公權力所提出之證據，他可無所不用其極，無需考量自己所知所想……以此觀之，我國採行修訂後之當事人體制，並將此重任交予值得敬佩之辯護律師，法院贊同甚或要求辯護律師之行不須與探求真相有必然之相關。

前美國最高法院首席大法官華倫．伯格態度保守，對刑事被告絕無好感，曾針對嚴厲的交叉質詢發表如下意見：「一位律師絕對不可在任何之情況下……在法庭上作假」但是他話鋒一轉，認為辯護律師也必須以「所有合法手段來考驗檢方所謂之真相」，就算證人說了實話也一樣。

就上面的摘要來看，這個論點似乎可圈可點，然而真的進了法庭其實天下大亂。舉例來說，老年人是最容易遭竊、遭搶、甚至也常淪為性侵對象——但要老人家提出證詞，卻也最難起作用。琳達．菲斯坦長期擔任曼哈頓地檢署性犯罪局局長，幾年前接受《紐約時報》訪問時便表示：辯方律師非常喜歡強調年邁證人的記憶可能不正確，並且「會問許多極為瑣碎的問題，只求引導出『我不知道』、『我不記得』這種答案」利用這些小錯誤來「營造證人記憶有誤、思慮因上了年紀而過於遲鈍的印象。」於是造成二度傷害，第一次傷害是施暴者所造成，但第二次卻是辯方律師在交叉質詢時態度過於嚴苛所導致。

「有效的交叉質詢」如一個極端案例，發生在一九一一年著名的歷史事件「三角牌女襯衫工廠大火」的災後審判庭上。那場火災奪走一百位勞工性命，多數都是遭受剝削的移民女性，工作環境極其惡劣，事發時困在火場中根本不可能脫身。

赫赫有名的刑事辯護律師麥克斯．史都爾代表工廠資方出庭，他將焦點鎖定在一位生還的年輕女性員工，但這位員工只會說一點點英語。由於她難以用英語表達，檢察官便要她事前反覆練習講稿，以求她在法庭上的證詞可以包括所有必備的「要素」。當時法律容許史都爾律師一再要求證人重述自己的故事，那位女性生還者說了幾次，一字不差，結果史都爾卻因此證明證人的證詞根本是死背而來，於是檢方所有證據的公信力都大打折扣，工廠負責人也因此獲判無罪。

這是伯格大法官心目中的「所有合法手段來考驗檢方所謂之真相」嗎？有沒有過分了些？如果律師事前知道被告真的有罪，又要怎樣去平衡呢？

幾年以前在一份新的法律職業道德期刊創刊號上，著名的刑法教授哈瑞．蘇賓撰文分析自己之前在法學院帶領實習時所碰上的一樁案件，回顧當時的職業操守表現。當事人因涉嫌強暴遭到起訴，但他已經對蘇賓教授坦承犯案，提出的不在場證明也是假的。蘇賓教授據此分析該如何為當事人進行辯護：

（我）遭遇的問題並非當事人的口供不實，而是那段敘述並不可信……因此若想勝訴，我們需要的是比起不在場證明更高明的東西，同時也必須避免製造偽證。因此，實際出庭時不能讓當事人站上證人席……

有兩種方法可以運用。首先是質疑是否錯認對象……（但）這個策略看來奏效機會很低。（中略）承認當事人有做那件事看來比較可行……勝訴的條件是我們使陪審團懷疑女方是否確因遭到逼迫才與當事人性交。而這個懷疑的基礎論點是女方與被告之前就認識，她還自願進入被告居住的公寓內……

這個策略的運用，重心放在對於原告的交叉質詢，加上對陪審團提出論述，說明為什麼女方聲稱被告以暴力逼迫這件事情並不可信。我可以從她的證詞中找出最會引人疑竇之處來強調……（如）她自稱遭竊的手錶始終下落不明，身上沒有暴力毆打傷痕，附近沒有人聽見尖叫或掙扎打鬥聲。

蘇賓教授當時並沒有實際驗證自己這番抗辯詞是否有效，因為後來檢方提出認罪辯訴協議（**plea bargain**），以降低刑責作為交換。但多年後他回顧當時景況，重新檢討了自己的判斷：「律師辯護時，是否可以採用明知為假的辯護手段去維護當事人？」

蘇賓引用了三種律師為求勝訴會使用的手段，這三種方法都有可能「完全與事實大相逕庭」。首先，可以針對檢方派出來所言屬實的證人進行交叉質詢，降低該名證人的可信度。再者，辯方也可以提供證據，證據本身並非偽造，但卻可以損害檢方提出實證的效果，或者是構成謬辯要素。第三則是將上述兩種方法混合運用。「這些合法扭曲真相的技巧受到許多專家、權威的認同，」蘇賓文中感嘆：「(但)坦白說，我看不出社會觀感真認為這些行為可取。」

他繼而提出一套新的專業倫理標準給律師做參考。「律師若不僅止於合理懷疑層面，而是確知檢方所提控訴為真，則辯護時不應……利用證據……或論述……意圖駁倒辯方之立場。」

蘇賓以先前自身參與的官司為例，若重新來過，他會將自己辯護律師的身分定位為「監督者」。他可以挑戰檢方證據的合法性，例如警方是否有搜索票，也可以挑戰檢方提出的證據是否超越合理懷疑的水準。但是他在結論表示：「我不會（對被害者）進行交叉質詢，因為我沒有信心基礎使我去懷疑她的證詞有假，或懷疑她的品行不端，我已經『知道』她所說的的確就是事件發生經過。」

目前美國國內各級司法單位尚未採取蘇賓教授提出的這套專業操守觀念，大部分法學學者依舊認為這種作法會導致憲法第五、第六修正案的原則失效，使當事人無法得到有效法律協助、經過合宜程序審判，也有一些認為蘇賓的想法太過偏離主流。但蘇賓本人堅稱他無法捍衛「法界中人擅自畫下的那道界線，將偽證與利用真實證據進行誤導的『假』證據分成了兩件不同的事情。」

門羅·弗里曼教授是美國國內名聲與著作都最廣為人知的法職道德專家，他與蘇賓一樣，懷疑為什麼職業操守準則可以同時禁止使用偽證，卻又同時准許、甚至要求律師去質詢說真話的人。弗里曼的觀察是交叉質詢比偽證還要惡劣：「兩種作法都是律師為了要使有罪者脫身，兩種作法都是律師刻意誤導使人無法找出真相。但是要人做偽證時，律師並不需要針鋒相對；換做是質詢證人時，律師必須採取主動、高壓的態度，以自己受過的專業訓練、運用專業技巧去一對一地攻擊已經遭到當事人傷害的被害者。換句話說，律師親身、直接增加了被害者的痛苦。簡而言之，委婉的說法是『考驗檢方證據的真實性』，實際上律師是對陪審團、對整個社會說了最惡毒的謊言。」

認定交叉質詢是「好事」，但不管後果的人自然會攻訐這種說法。但弗里曼與蘇賓不同之處在於他是當事人主義的忠實信徒，所以終究做出這樣的結論：律師必須對一位無辜的受害者進行最深入的交叉質詢，否則律師還有兩個選擇，一則是對當事人說謊，「建立出律師本人並不打算履行的信任關係」，另一則是「選擇性忽略」當事人的陳述——也就是「別跟我說太多，免得你認罪了，那我不會幫你」。然而辯護律師依據憲法所做的誓言，弗里曼認為兩種額外選擇都不對。

蘇賓教授的論點與最高法院對於合宜法律程序的期許都同樣是崇高的理想，卻不是可以用於實際執業時的方案。用半桶水、要熱不熱的態度去替當事人辯護會非常困難，尤其律師需要維護當事人由憲法賦予的權益時更是如此，何況證據不會每次都在外殼上標明「真」或「假」。身兼律師與法學教授兩種身分的約翰．米契爾投書喬治城法學院的《倫理學報》，也就是刊載了蘇賓教授文章的期刊，他表示蘇賓的想法有實務困難，並以一個結辯為例，試圖同時滿足辯護的需求，也同時避免任何造假問題。

米契爾假設自己為一個年輕婦女辯護，那位小姐在商店順手牽羊偷了聖誕樹上的星星飾品，想要離開商店時在門口被店經理攔住，而且星星就抓在手中。被攔阻時，小姐痛哭流涕，而經理想將她先帶去警衛室，店內相機展列區卻發生火警，於是店經理先跑去那邊幫忙。五分鐘後經理回到門口，小姐還站在原地，進入警衛室以後，經理要求小姐將口袋中東西都掏出來，結果她身上沒有其他商品，卻有一張十美元鈔票，而星星裝飾價值才一美元七九分而已。這個假想的當事人也對米契爾招認了。「（星星）好漂亮……我本來想買下來，可是我也想給媽媽做一頓特別的聖誕大餐，錢不夠啊……可是星星……我光想像就覺得媽媽看到樹上有這顆星星會開心得不得了。」

米契爾也提出自己將會如何進行辯護。「我不會將自己知道是真的事情弄成假的，也不會說一些假話當作是真的。身為辯護律師，其實我不需要證明當時實際狀況是什麼……所以我也不會聲稱當事人走到商店門口時，心中沒有犯意（我知道那是假的）。」米契爾說他將以下面這段話來抗辯：

檢方指控我的當事人偷了一個聖誕樹裝飾……說不定是真的，可是我們都不在現場。但我們知道她當時帶了十美元在身上，絕對足夠買下這樣一個飾品……而且她根本沒有掩飾她的行為，要來商店時她將這個星星拿在手裡，其實很多人都在無意中做過這種事。所以，搞不好她根本沒有要偷東西。她被攔下來以後大哭，也許是因為深感歉咎，說不定她真的想偷東西。但是呢……後來放她一個人，她也沒有跑走……說不定她根本沒要偷東西。重點是：看過這麼多證據以後，各位心裡還是在想「也許她想偷、也許她不想偷」，問題是這件事情是在第一個證人說話之前就存在各位心中了吧。檢方有舉證的義務，但現在他們根本沒有確切的證據，沒有任何超過合理懷疑之外的東西，只有也許這個、也許那個罷了。

米契爾這個辯護策略主要是對證據旁敲側擊，以求「引起懷疑，並進而說服陪審團思考當事人有罪之外的『可能性』」。他在文中表示蘇賓教授恐怕還是會認為這是「謬辯」，因為辯護律師一開始就知道其他可能性不存在。

至於這個策略的可行性呢？多數辯護律師會認為這種作法不到位，無論是蘇賓教授的「監督者」論點或者米契爾提出的「也許有、也許沒有」策略，都像是舉起寫著「有罪」的牌子，畫上一個箭頭瞄準當事人。蘇賓與米契爾都將律師定位在「引起合理懷疑」的角色，但大多數刑事辯護律師都認為只有全力應戰、直接駁倒檢方的論點，才有可能挑起這種懷疑，旁敲側擊不會有用。以聖誕樹星星的案子而言，我們接觸到的律師可能會這麼說：

「陪審團諸位，請仔細思考檢方用以起訴瑪莎小姐的證據。首先，她走出商店時將星星拿在手中，不是在口袋、不是在皮包，是在她的手上。她根本沒有把星星藏起來，連這樣的企圖都沒有，其實她就是因為這樣才會被逮到——因為她把東西拿在手裡就要走出去，誰都看得見。這可不是偷東西的手法，是一個人忘記自己拿了東西才會有的狀況。各位之中應該也有人曾經心不在焉拿了商品沒結帳就想離開吧？這件事情不就只是如此而已？」

「再來，店經理為了滅火，將瑪莎小姐留在原地長達五分鐘整，瑪莎這時怎麼反應？她當時離開的話，沒有人能奈她何，店經理根本還沒問她姓名。可是逃走是有罪的人才會做的事情，瑪莎坐在那兒一直等到經理回來，這是一個心中坦蕩的人才會有的作法，她知道自己根本沒做錯什麼。」再來還會討論到被告身上有錢、當下大哭等等。

在很多人眼中這樣的辯論稿已經算是說謊了。法官會對陪審團說律師的辯詞只是辯詞，並不算是證據，可是辯詞是不是就可以無止盡地意圖誤導陪審團呢？回答這個問題之前，先回頭看看柯克．哈普曼的案子如何收尾。

尾聲：柯克．哈普曼案

瑞奇．瑞裘斯基還是在這樁官司火力全開，對羅威娜進行交叉質詢時有以下的關鍵對話。

瑞裘斯基（以下簡稱瑞）：蘇小姐，這是妳所簽署的領罪書嗎？

證人（以下簡稱證）：是。

瑞：妳看過上面指控的罪狀嗎？
證：有。
瑞：所以妳也承認裡面有一條是這麼寫的，「親自造成重傷害」？
證：不，我沒有打他。
瑞：我的問題是妳有沒有看到這一條，就在這裡（他指著文件），有看到嗎？
證：有。
瑞：而且妳也簽名了？最下面這裡是妳的簽名嗎？
證：是我的簽名。
瑞：那妳不就真的有打自己的孩子嗎？
證：（哭著說）我沒有。
瑞：但妳在這份文件上承認了啊？
證：我沒辦法，我沒辦法。我不這樣說，他們就不讓我領罪。
瑞：所以妳是為了領罪才這樣說？
證：沒錯。
瑞：領罪的話妳可以接受觀護，不需要入獄，對不對？
證：我只是想要事情趕快結束。
瑞：可是譚小姐（檢察官）確實承諾過，只要妳認罪然後出庭作證，她就幫妳改成觀護？

證：對。

瑞：那麼，蘇小姐，妳的意思就是說妳簽署這份文件、表示自己有毆打小孩，其實是在說謊？

證：我不是說謊，是她們說我一定得簽。

瑞：蘇小姐，我問的不是「她們」要妳怎麼做，而是妳自己在這份文件上承認了什麼事情。妳確實承認了這一條（指著文件），這一句話代表妳確實親自毆打了自己的小孩？

證：（哭著說）對。

瑞：不過妳現在說這份文件的內容並不全然是真的？

證：沒錯。

瑞：所以妳現在希望陪審團會相信妳說自己沒有打小孩，雖然妳在八天前才在同樣的法庭，在法官見證下，發誓自己確實打了小孩？

譚檢察官：抗議，庭上，爭議性問題。

法官：抗議成立。

瑞奇在結辯中說：「陪審團諸位，你們認為一位母親沒有真的動手打小孩，還會願意承認這種事情嗎？你們認識哪一位母親會撒下這麼殘酷的謊言？本案之中，除了羅威娜．蘇的證詞以外，沒有任何證據證明柯克．哈普曼有毆打孩童，但是蘇小姐卻是個騙子，她承認為了保全自己而對法庭說謊。」

最後柯克・哈普曼的罪刑只有較輕的魯莽傷人（reckless endangerment）成立，必須在郡級監獄待一年。案件結束後，瑞奇・瑞袞斯基也為自己的策略辯駁：「我的責任是要為當事人全力辯護，在我看來，在合法範圍內，『全力』沒有辦法再分等級了。全力就是全力，沒什麼好說。不管是幫柯克、還是幫一個我比較喜歡的傢伙、一個罪比較輕的人，我都一樣是『全力』，換成是跟柯克不同，根本沒犯罪的人還是一樣。因為法律對每個案件都是相同的：檢方不能提出超過合理懷疑的有效證據證明被告有罪，那麼被告就無罪。」

「我的工作底線就是要督促檢方」他說：「是真正的督促。檢察官也會用各種招數以求勝訴，那是因為我也全力以赴，他們覺得有挑戰。在多數官司裡頭，我的存在是執法單位之所以工作、而且將工作做好的理由，他們必須努力才可以在我用盡所有方法後還是將被告定罪。他們的對手不能只是『虛晃幾招』，一定要『用盡全力』。」

瑞奇・瑞袞斯基所言不假，打折扣的交叉質詢以及所謂合理懷疑實際上沒用，只是使被告看似罪刑確定。司法系統對於瑞奇等辯護律師的要求就是作為當事人的代理者，為他們「喉舌」，即便當事人明顯有罪也一樣。因此，更重要的問題並不在於瑞奇替有罪者辯護後提出什麼解釋，而在於制度本身——這個制度是兩百多年前開國元老所制定的大憲章，他們再有想像力也不會知道今日美國的國情。這樣的制度是否依舊能在二十一世紀美國運作得宜呢？

大眾很自然會有一種傾向，以幾樁登上頭條的大案當成基準，用以評量這個體制，例如辛普森案、丹．懷特案中的「甜點抗辯」（twinkie defense），以及一些實屬少見的冤案等。然而要進行更精確的評量，則應該觀察整個系統的運作情況，研究監獄人數會發現有增無減，可見得犯罪者真的都遭到逮捕、起訴、判刑，檢方要完成證明有罪的義務在多數案件中並無太大困難，「當事人原則」最後並沒有導致大量有罪者透過狡詐的法律伎倆得以脫身。

那麼，瑞奇．瑞裘斯基的行為是否有其「道德成本」？他會認為這種成本與道德上的益處相互抵銷。首先，他發過誓要保護當事人，而他也的確是當事人與世界抗衡的唯一寄託。再者，當他可以保護當事人時，則社會整體更大的利益得到保障，若反其道而行，則代表我們走了回頭路，選擇專制或暴民政體。

世界上如瑞奇．瑞裘斯基這樣代表窮人、弱勢者的律師，會自比為哈波．李在一九六〇年所著的小說《梅崗城故事》主角亞惕．芬鶘。這位律師的當事人遭受誣告，也受到小鎮上所有人敵視，可是他依舊盡其全力進行辯護，確保正義不倒。的確可以看到一些共通點：亞惕．芬鶘對於被告的清白也並非完全有信心，而他之所以願意代表被告，是因為被告在亞惕稱之為家的南方小鎮上，只是個遭到歧視的窮苦黑人，如果亞惕不出面，也沒有人會願意替他說話。亞惕成為英雄人物，並不只因為他的當事人確實無辜，而是因為亞惕願意挺身對抗整個體制，雖然孤軍作戰卻依舊全力以赴。

但是面對那些並非弱勢的當事人——有錢的黑道、哥倫比亞的大藥廠之類，又該如何是好？許多刑事辯護律師會為自己願意接受的客戶畫出一條底線，有些人可以接受到強暴犯，有些人可能可以協助遭人指控為恐怖分子的反墮胎人士或者變節的警察，而也有許多律師願意接受惡名昭彰的黑道或者大藥廠之類。但是律師必然會指出一件事：選擇只存在於要不要接下案子的那一刻，因為一旦答應了，那他們就不會在意「遭指控」、「惡名昭彰」之類的形容詞是否確實代表「犯罪」。

近期社會大眾對於如瑞奇這樣的律師發出許多不平之鳴，但是若易地而為，民眾也希望、甚至堅持要找到一個瑞奇．瑞裘斯基，一個不會先行審判他們的律師，一個不會依據個人好惡決定出多少力的律師。沒有人希望自己的律師會因為自己真的有犯罪，就打算在審理過程中敷衍了事，每個人都希望自己的律師可以用盡辦法去駁倒檢方。依據美國憲法與司法體制的規定，每個人也都享有這些權利。

單元 2

權力與濫權，抑或「只是盡忠職守」

「當事人原則」在刑案的歷史很容易向上追溯。十六、十七世紀時英國的星法院對於被告加以威脅恫嚇，並且嚴格限制相關權利；辯護律師提出的動議如果遭到公權認定為瑣碎小事，自己也可能入獄。這樣的體制，自然不可能使律師竭盡所能進行辯護。一六八八年光榮革命後，星法院不復存在，可是殖民地政府除了漸受人民厭惡，也時常打壓遭控違逆王權的人。因此，新生的美國憲法理所當然會對於受到起訴者提供大量保護。

詹姆斯．麥迪遜認為美國權利法案「是一項社會契約……保障人民的自由。」他身為權利法案的主要推手，將對於人民的保護化為實體。這些保障受到憲法認可，也成為憲法前十項修正案的內容，其中第五、第六修正案最廣為人所知：一個人不需自證其罪，人人皆有權接受陪審團公正審判、請證人出席，並與原告對質，一罪不兩罰，且皆可享有「正當法律程序」對待。

這些權利之中，最重要的一項莫過於被告可以「取得律師為其辯護」。一九三二年阿拉巴馬州政府控告鮑威爾一案，最高法院更進一步將此權利定義為「有效且實質的」律師協助。在美國憲法規定下，若律師不接受當事人原則並積極為被告抗辯，則想要提供有效且實質的協助難度極高、幾近不可能；然而，積極辯護這個概念卻也沿用到民事官司上，這個現象的成因無人能確定，但確有此事則殆無疑問，因為民事律師提出積極辯護論點的頻率並不比刑事律師來得低。

詹姆斯．麥迪遜於一七八九年前往首屆美國國會公布權利法案時，便特別針對濫權一事提出警告。他認為在當時，新國家的人民需要比起在英國治理時更多的法定保護，權利宣告侷限於「對於王權設立屏障」。但是就新國家本身，麥迪遜憂心的卻不是政府公權力，而是個人權利由於公民力量而大增，他稱其為「公眾權力」。麥迪遜的觀點中，權利法案特別重要的原因就在於「容許自由的範圍應從最大危險來考量，最大的危險也就是占有最大權力者」。

民事訴訟界，「最大權力」時常是跨城、跨國的大集團去為另一個跨城、跨國的大集團的情況，此處所指的便是現代美國各大律師事務所，這些律師集團無論國內外，各個地方的官司都能處理。

第三章 權力、傲慢、適者生存

依據我國的事證開示制度，律師的角色不是確立真相，而是以所有道德容許之手段伸張客戶之權益……（造成）延宕與矛盾，不僅是律師之權利，亦是其義務。

——美國最高法院首席大法官威廉・倫奎斯特
於一九八五年華特控訴美國輻射生還者協會案

事證開示並不是一個只看最後結果而罔顧道德倫理的競賽。

——美國地方法院法官葛拉迪斯・凱斯勒
於一九九六年李查森控訴加州聯合油品公司案

艾絲培蘭薩・德荷斯十分雀躍，她剛剛接獲消息，「巴特勒、艾爾斯、瑞思與辛格聯合事務所」，也就是當地就起訴法方面最頂尖的律師事務所，居然願意為她打官司。這五年她在希爾曼油業公司過得相當糟，到這時候才覺得人生還有些希望。她知道上司的行為是性騷擾，也確定至少一次、甚至有兩次升遷機會就是因為上司作梗所以報銷，但她也識時務，知道要對希爾曼油業這樣一間大公司提出性騷擾與性別歧視訴訟非常不容易。見過律師之後，她心中尚存的那些不安終於一掃而空。薇拉·瑞思毫不諱言這場訴訟中會發生的狀況有哪些：辯方律師會挖她隱私，但相對地跟他們要什麼資料他們都會搪塞推託，雙方就算能和解也一定是在上法庭前最後一刻。瑞思說的已經夠慘了，但實際狀況卻是更惡劣。

市內另一角，哈葛瑞夫、迪蒙、伍佛德聯合律師事務所是一間旗下有兩百二十五名律師的大公司，他們將代表希爾曼油業處理德荷斯這個案件。民事訴訟部門的資深合夥人克蘭西·蓋瑞特接下了這案件，他要與公司新聘請的律師葛雷格·基姆進行午餐會，而蓋瑞特心裡很明白，如果德荷斯願意堅持到最後，她一定可以勝訴，因為他很清楚德荷斯那位主管性好拈花惹草，蓋瑞特已經幫那位主管處理過兩次這種問題了。但蓋瑞特可也不打算這麼早就打退堂鼓，至少現在可以幫希爾曼油業做點功課——老律師戲稱是「說教」，不過這番話可以幫助新人葛雷格快速進入狀況。

用餐時，蓋瑞特描述了一個「真正的民事律師」如何做辯護。「葛雷格啊」他的忠告如下：「公司的政策就是絕不洩漏資料給對手，所以你要懂得一本正經地說你不懂對方跟你討什麼東西，你可以提出抗議，『太模糊、太籠統、太廣泛、太狹隘』，不管你怎麼說，只要達成目的就好，對方鬥不過我們最好。還有，你不用太擔心法庭開罰，反正罰金客戶會包辦，何況大部分法官不會開超過一千美元的罰單。」

接下來，蓋瑞特又解釋了如何主動出擊。「有句話說『最好的防禦就是攻擊』，最好的辯護也一樣。我們一定要把對手給嚇跑，所以得用一個我叫做『自作自受』的辯護策略。你去查原告的性生活狀況，看看有沒有機會可以說是她『投懷送抱』，假如她不是那種女人，那就看看她有沒有做過心理諮商，總之要讓人覺得她也沒多高尚。換句話說，你得把德荷斯的一切資訊都挖出來，而且是不擇手段；去查她的個人資料，最好能找到那些她聽了會寧願忘記一切的事情，當然別忘了病歷一定要查。」

葛雷格聽了，想知道這類案子和解的機率高不高，蓋瑞特則說多半都會和解，可是事務所會「堅持到進法院之前才開口談和解」。他也利用這個機會解釋個人的訴訟哲學：「我們的工作就是要保護客戶，可不能把他們的錢隨隨便便拿去施捨給那些沒本事的人。打官司就是消耗戰，我們事務所有的是資源，何況客戶也會支援我們，只要我們每個案子都把對手逼到角落，一點餘地都不留、一點破綻都不給，十之八九他們自己會退縮，剩下那一兩個就算鬧上法庭也未必比較有勝算，加上別忘記我們可以上訴。」

午餐結帳時，蓋瑞特不忘提醒葛雷格：他會負責本案之中大部分事證開示的工作——這包括回應對方請求查閱資料，以及對於德荷斯的一連串調查。「你要為我爭光啊」蓋瑞特說：「讓大家看看你的本事吧。」葛雷格離開舊東家就是希望累積實際的訴訟經驗，現在也非常興奮終於有機會一展身手了。

※ ※ ※

民事案件中，積極辯護最主要的戰場是在事證開示這一塊領域。事證開示也就是開庭之前，針對對手進行資料蒐集文書蒐集的準備工作——許多律師認為成敗在這階段已經見分曉了。多數民事案件以和解收場，但和解條件則端看兩方可以拿出什麼資料、詳盡到什麼程度，而事證開示更重要的一個層面就是容易演變成消耗戰，弱勢方的耐力會被強勢方一點一滴消耗完，演變成這種局面時，資訊戰也不再是關注焦點。民事訴訟演變成消耗戰，多半（但不總是）是因為較有勢力的一方，也就是本身有錢且客戶更有錢的大型律師事務所以積極辯護為名而展開。

大多數案件中，這樣的鬥爭不為一般人所見，只是律師彼此間的文書往來、事務所內會議室聽取證詞的過程、甚或是在空無一人的法庭上由法官裁定兩造律師對於事證開示的爭端。這個過程在法律專業的出版物上會有許多相關報導，但僅有極少數會出現在主流媒體間。

事證開示容易引起雙方衝突的部分包括針對案件、雙方當事人、證據所提出的書面及口頭訊問，雙方對於文件提出的動議及要求，以及證人發誓必須回答的取證程序。基本原則是雙方都可以取得「能夠合理引導出法庭將接受之證據」的資訊，然而這樣的規則時常受到踐踏，律師以各種方式進行拖延、否認、混淆、拒絕，不肯提供資訊、甚至銷毀相關文件，抑或是朝對方進行人身攻擊。

可以肯定的是：許多律師看不起這種事證戰，認為此種行徑並不專業。「案件本身是如何就是如何」一位西岸有名的律師對年輕律師的提點說：「你不能改變事實，也不能改變規則，所以對方問什麼，你就應該答什麼。」但更多律師則認為當事人原則使他們可以合理對所謂的規則做最嚴苛的考驗，而且除非絕對必要則不需透露任何訊息，他們認為這就是客戶的期望。

華盛頓特區一位民事律師馬克．東羅夫於一九八九年撰文投書專攻法界新聞的《國家法律日報》，文章標題為〈勝訴才是王道！〉（Winning is Everything！）這句話為上述觀點下了最佳註解。他還批判了不齒於此種強硬手段的律師：「心裡知道自己對、對手錯也許可以快活一下，但是這樣並不會打贏官司。」東羅夫進而提醒執業律師，雖然大家都不喜歡「可恥的勝利」，但結論是「只要在規則之內，替客戶獲得勝訴才是唯一要緊的事情。」在文章結尾，他拿出著名美式足球教練文斯．隆巴迪的名言稍加更動後，成了漂亮的口號：「以勝訴為目標。這是所有，也是唯一！」

東羅夫言行合一。一九九四年美國航空一架班機行經北卡羅萊納州夏洛特城一帶，遭遇風暴不幸墜機，機上五十二位乘客中有三十七名罹難。搭乘該班機者許多是休假軍人與其配偶，趁著七月四日美國國慶的低廉票價而來。這件官司纏訟三年以後才進入法庭，能夠耗時這麼久就是東羅夫的高明之處，他一路不斷阻礙對方的事證蒐集，直到鬧進最高法院。最後東羅夫敗訴了，可是他卻已經替美國航空爭取到大量寶貴時間。

喬瑟夫．安德森是審理本案的聯邦政府法官，他對於這種情形非常不滿，也對東羅夫加以訓斥、罰金，並在一九九七年初請美國聯邦調查局介入，懷疑他以不當手段干涉證人。「我絕不容許有人在我的法庭上企圖恫嚇證人！」安德森會這麼說，原因在於原告請來北西航空的駕駛員擔任專家證人，但他卻得知有人以電子郵件方式對這位證人的人格操守進行組織性的攻訐行動。至於美國航空，根據《國家法律日報》的報導，「顯然將以任何手段規避賠償責任。」

拖延加上混淆視聽的手法，會使許多法官忿忿不平，至少在此種行為被逮到時絕對如此。一九八〇年代末到一九九〇年代初，鈴木汽車公司接獲數百樁客訴，指責他們的「武士」款越野車設計有缺失，因此容易翻覆。喬治亞州薩凡納市有一次翻車案進入訴訟程序，原告方提出要求，希望代表鈴木公司的辯護律師可以提供資料，確認通用汽車公司是否曾經因為安全因素拒絕在美國經銷這款越野車。鈴木公司請來亞特蘭大的律師裘·弗利曼則聲稱鈴木公司根本「不知道通用汽車公司曾經針對這款汽車做出不代為行銷之決定。」

可是原告方律師卻證實弗利曼說謊，因為他們經過傳訊，得到通用汽車內部文書，通用公司與鈴木公司的通聯紀錄顯示通用汽車確實拒絕行銷此車款，並特別指出原因是安全問題。聯邦法官艾凡·伊登菲還發現另外一件事：為鈴木公司統一處理武士車款翻車申訴、也在薩凡納一案中提供諮詢的加州大型律師事務所——「克洛斯比、賀飛、洛奇、梅聯合律師事務所」——居然有一名律師根本就知道這些往來書信存在。

該事務所高階主管賀飛告訴兩位法律記者說這個案子就是「名符其實的事證發現戰，屬於典型的對抗程序」。後來在薩凡納市法庭上，鈴木方的律師又主張之前通用汽車所關注的其實與目前案件所討論的車款略有不同，但法官卻不買帳：「無論被告以何種手段試圖避免蓄意說謊，行為結果卻一樣是天大的謊言。」法官說他們這叫「粉飾太平」，還說這只是「模糊真相的手法之一」。伊登菲法官對弗利曼以及事務所的兩名律師科以罰金，並下令鈴木公司與律師必須負擔原告方蒐集資料的成本，高達二十萬美元之多。

倘若混淆視聽同時又加上竄改或者毀壞相關資料，那就完全找不出理由可以辯解。在一件華盛頓特區聯邦法庭的異常死亡申訴案件中，加州聯合油品公司遭指控其生產清潔劑中含苯過量，加州聯合油品公司於一九九五年回覆書面質詢時表示其產品內含苯量絕不超過 11 PPM，但依據德州伯蒙特市該公司旗下煉油廠測試，結果卻是 2100 PPM，高出兩百倍左右。負責辯護的律師未將伯蒙特廠的測試文件納入交給原告的報告中，還將這個錯誤歸咎於其助理，聲稱這是獨立事件。然而審理法官葛拉迪斯・凱斯勒卻痛斥這種說法：

> （本）庭完全無法相信一位有七年工作經驗、且參與二十件以上苯中毒案的資深法務助理人員會冒險犯下竄改文書、隱瞞資訊、對法庭訊問謊報的重罪，除非她有理由相信，自己的行為受到上司默許甚至批准。

由於該助理事實上根本沒有降職，也沒有受到正式譴責，反倒還升等了，凱斯勒法官語重心長說：「事證開示並不是一個只看最後結果而罔顧道德倫理的競賽。」

化工業巨頭杜邦也曾至少在佛州、夏威夷州、喬治亞州三地被起訴其殺菌劑產品「苯菌靈」（Benlate）其中含有除草劑成分，且因為該公司及其律師隱瞞可證明此事的測試報告。一位佛州法官在一九九六年行文表示杜邦公司刻意混亂文件標示、不準時交件、甚至毀壞文書的情形是「駭人聽聞」；同年稍晚夏威夷也有一位法官批評杜邦公司的法律部門以及他們聘請的華盛頓特區「克羅威與莫林聯合律師事務所」濫用訴訟技巧且行為不當，並以隱瞞測驗報告資料為由科處一百五十萬美元高額罰金。

而亞特蘭大法官羅伯．艾略特則採取了更進一步的行動。他在一九九三年主持杜邦與一群農人間的官司審判，那群農人認為自己使用杜邦的苯菌靈以後農作物也遭到損害。經過六星期審理過程，在宣判前夕，農人擔心自己會敗訴，於是選擇和解。但他們另闢蹊徑，起訴杜邦及亞特蘭大為杜邦服務的律師事務所「奧斯頓與柏德」保留證據，因為被告方不肯提供在那群農人土地上進行的測驗報告，否則便可以證明苯菌靈含有除草劑；這份報告他們依法有權取得，如果在訴訟過程中能夠得到資料，他們認為自己絕對不會和解。

經過一個星期的聽證過程，艾略特法官發現杜邦與律師的確串通起來，以不當方式對農人詮釋測試結果，並認為這是他所見過最惡劣的事證開示權濫用案例，所以對杜邦與該事務所求處一億一千四百萬美元的鉅額罰金，但表示若杜邦願意在各大報上刊登公開道歉啟事承認其行為錯誤，則可免除一億美元。然而，杜邦拒絕這個選擇，並且繼續上訴；接受上訴的聯邦法院雖然取消了艾略特法官設下的罰金，但對於杜邦與其律師卻絕對不是好消息，原因在於聯邦法院認為「杜邦和該事務所可能涉及刑法」，因此需要更合宜的法律程序處理。這樣的指控事關重大，一位法官裘爾．杜比納痛陳「適任的美國律師」應會考慮對杜邦、奧斯頓與柏德事務所展開刑事調查。

律師自己對於隱藏相關文件、就相關問題撒謊而無須負責，又有怎樣的看法？他們可以這麼做的原因之一在於當事人原則，將此原則無限上綱後，造成一些律師相信自己只要是為客戶服務則動機都屬正當，且行為沒有明顯觸法、被逮到的機會很低，那就值得冒險。這樣的態度與近二十年來美國司法實務層面的轉變有很大關係：大型律師事務所在規模與勢力上都突飛猛進，越大越強勢的事務所也就越加偏狹傲慢，濫用事證開示權的問題在這類事務所中根深蒂固，裡頭的員工承擔的責任、受到的大眾監督都少。更重要的是，律師事務所的定位趨向企業體時，價值觀會遠離原本應奉為圭臬的職業道德基本概念。

本章及其他章節中提到不少濫用事證開示權的例子，但此現象有多少程度可以歸因於美國律師事務所的「集團化」，卻也無法加以量化，只能確認其間存在確實相關性。美國兩大法律專業刊物之一，《國家法律新聞》（*National Law Journal*）自一九七〇年代起開始公布前幾大律師事務所的詳細數字資料，而在一九八〇年代中期，另一大刊物《美國律師》（*American Lawyers*）也開始為這些事務所進行排名，依據的是每位合夥人的平均獲利。此後原本安於合理收益的律師事務所開始彼此較勁，追求更大的規模、更多的利潤、甚至是更加國際化，原本只負責企業交易部分的事務所，也會設置訴訟部以求全方位服務。一九八〇年代經濟衰退，許多事務所在過度擴張之後必須全力留住客源，因此掏得出錢要求一定得勝訴的大客戶，可以向事務所施壓，要求事務所無所不用其極也要把工作辦妥。

時至一九九〇年代中期，彼此競爭、追求更大更強的趨勢再度重現，於是律師事務所更是將業務範圍擴大到任何有需求的客戶，業界併購也蔚為風潮。以前初出茅廬的律師可以期待自已在同一間事務所工作到老，但現在則難上加難，因為併購與「水平轉移」——也就是合夥人與各級律師從一間公司跳槽到另外一間，負責特定業務的部門全體一起跳槽到出價最高的新東家——這類職場現象破壞所謂「企業忠誠」，而所謂忠誠對象則變成大客戶。種種因素加起來，結果是事務所一面競爭拉攏客戶，一面不斷擴張規模。

一九六〇年代早期僅少數事務所旗下有超過五十位律師，可是三十年以後，同樣規模的事務所已經高過五百家。一九七八年時，美國僅一家事務所僱用超過三百位律師，兩百位以上律師的也才十五家，可是一九九六年，兩百位律師以上的事務所已經有一百六十一間。七〇年代，前百大事務所之中，多數都只在一個大城有單一的辦公室，偶有分部也都侷限在同一州中；但到了一九九七年，當時最大的貝克與麥肯錫聯合事務所在美國境內就有九個辦公室，境外則高達四十七處之多，在沙烏地阿拉伯、越南、以致於哈薩克都有駐派員工，另外還有三十間事務所不僅有超過五百位服務律師，也有十個以上的外國分支。

理所當然，本章節中所提及的律師事務所也都是在《國家法律新聞》上了前兩百名的大事務所。「奧斯頓與柏德」有三百八十九位律師，「克羅威與莫林」有兩百三十八位，「克洛斯比、賀飛、洛奇、梅聯合事務所」相較少了點，僅有一百九十五位。杜邦和「奧斯頓與柏德」事務所針對喬治亞法庭發布的制裁令欲提起上訴時，找了有五百零五位律師的大事務所「柯克蘭與艾里斯」。

美國各律師事務所規模版圖擴張時，權力也更加集中，導致許多人認為法律專業已死。而各大事務所不將事證開示當作解決爭端的手段，卻希望以此牟利，更加深了此種印象。以下故事在各大法界出版品以及網際網路上都時常可見：一位打算加入私人執業的企業律師對大型事務所的資深合夥人提及此事，並表示自己可以將和解技巧導入事務所中，因此避免長達數年的無謂事證戰，卻沒想到那位事務所的合夥人清楚明白地表示這是一個很糟糕的點子，一旦免了事證戰，那麼事務所最主要的搖錢樹就倒了。

事證戰也不是大型事務所唯一彰顯存在感的場合，依據長期以來的倫理準則，客戶聘用律師時，也等於聘用這位律師背後的整間事務所；但是事務所越來越大也越來越國際化，於是也大有可能承接到法定利益彼此衝突的兩造。無論任何國家，都認為依據倫理標準，一間律師事務所不應同時代表利益衝突的客戶，除非這些客戶全數同意此事。這一條規則根本無法阻止事務所拉攏大客戶，反而促使事務所以各種方式施壓，要求客戶簽署同意書，也鼓勵事務所去遊說律師公會就利益條款開啟特例，如企業間交易、不動產轉移、資產計畫、娛樂法等——每一間事務所都針對自己所涉及的業務希望可以跳脫現行法規，但卻主張這些法規適用於任何其他領域。

一九八〇年代中期，美國國內最大的律師組織「美國律師公會」開始研究一個問題：法律是否能夠以專業型態而非產業型態存續？美國律師公會公布數項報告，其中包括一項一九九六年專業精神委員會的調查，調查中指出有幾項「重大趨勢」造成了專業精神萎靡，例如「觀察發現對抗過程冗贅」是其一，再來是法律商業化的情形導致律師認為自身行為無法「與個人價值觀或生涯目標一致」，還有「傳統認為律師應服務社會的觀念已經轉變」。

勞倫斯·佛克斯是所謂大型聯合事務所的一位高階主管，他任職於雇有兩百二十三位律師的「雋克、彼多、瑞施聯合事務所」，並且在一九九六至一九九七年間擔任美國律師公會的職業道德委員會主席。佛克斯一直以來都反對法界的割喉戰，也不樂見隨之而來的專業素養低落問題，他形容此問題時這樣描述：以往的事務所「是如學院一般聚集投身此道的專業人才之處」，但如今卻已經「企業化之後，老實說，就失去了靈魂。」

律師事務所在語意鑽牛角尖、開始進行消耗戰時，其靈魂就岌岌可危；面對事務所荒誕的行為居然獲得律師公會的支持，且該事務所絲毫不為所動也未受到國家最高層級法院的懲罰，可說法律制度的靈魂也受到了威脅。

「波戈與蓋茲」是美國西北一間頂尖的法律事務所，相當擅長這類強硬的訴訟手法。該事務所旗下有超過兩百名律師，自然也是全國名列前茅的法律顧問公司。一九八六年，這間事務所代表著名藥廠費森氏（Fisons）處理一樁案件，案情為三歲女孩珍妮佛因過量茶鹼而受到永久性大腦傷害，這種藥物是費森氏藥廠出產的氨茶鹼止喘口服液（Somophyllin）主成分之一。父母不僅對藥廠提出告訴，也將開此處方的小兒科醫師一併提告。茶鹼若是由受到病毒侵襲的孩童吸收——也就是珍妮佛的情況——則具有高度毒性，費森氏藥廠知道此事，但小兒科醫師從未獲得藥廠警告，因此根本不知情，於是醫師針對費森氏提出反訴，表示若自己事先知情，則根本不可能開這種藥給她。

在事證開示階段，代表珍妮佛這方的律師提出要求，希望費森氏藥廠提供「所有與警告醫師相關的文件，小自以『親愛的醫師』開頭的一類一般，大至針對氨茶鹼口服液向醫界全體加以說明的文書」；代表醫師的律師也要求費森氏提出「任何貴公司對醫師說明茶鹼在兒童身上具毒性一事」的信件。波戈與蓋茲聯合律師事務所查出有兩項文件符合原告要求：其一是一九八一年一封「親愛的醫師」信，主題是「茶鹼與病毒感染」，這封信寄給全國兩千個醫師，然而其中並不包括珍妮佛那位醫生。另外，一九八五年費森氏藥廠有一項備忘錄，內容是警告「茶鹼中毒『疫情』擴大」。不過最後事務所建議藥廠，兩項文件都祕而不宣比較好。

官司打到最後，由於醫生無法取得證據證明費森氏藥廠誤導他，於是他與珍妮佛的父母先行和解，但雙方都繼續與費森氏藥廠纏鬥四年。一九九〇年三月，該小兒科醫師的律師忽然收到一封信，無名氏將一九八一年那封「親愛的醫師」信的副本送到他手上。過了一個月，由於這封信逆轉了情勢，費森氏與珍妮佛的父母以六百九十萬美元和解，同時由於小兒科醫師那邊一直沒有撤回他對於藥廠的控訴，如今更是對於這種欺瞞行徑怒火難消，於是又對費森氏與事務所展開控訴，認為他們不僅違法藏匿文件，也傷害了醫師名譽。

但真正不可思議的是，波戈與蓋茲事務所並沒有承認行為錯誤，反而振振有詞辯解起來。他們認為自己的立場是將相關回應侷限於「與費森氏藥廠商標有關的部分」，也就是只有與氨茶鹼口服液有關才需要提出文件說明，而對方的要求則是廣義的茶鹼。至於那一封「親愛的醫師」信，事務所則表示他們認為就原告方的要求字面解釋，應當是「在美國食品暨藥物管理局要求，對所有醫師發出的警告信」，而不是任何一封以「親愛的醫師」開頭的信都包括在內。如此顛倒是非的說法後來被追蹤報導記者史都華・泰勒指稱為「見不得人、私欲薰心的文字遊戲」，本質而言的確可笑，然而大眾卻不得不嚴肅看待。

審判結果，費森氏藥廠必須賠償小兒科醫師一百萬美元，法官還特別額外判了四十五萬美元給醫師負擔訴訟費。可是法官卻不願意以濫用事證開示權對波戈與蓋茲律師事務所求處罰金，原因是該事務所的行為「與當地社區和該州律師公會之慣例與訴訟通則相吻合」。或許法官是因為事務所出具了一份由十四位專家簽署的支持聲明，而且其中有一位可能算是全國最知名的律師道德專家傑弗瑞・海札德，有兩位是華盛頓州律師公會前主席，也有法庭當地律師公會的重要人物，這些人全都表示該事務所的作法並無不妥。

普吉灣大學一位法律倫理教授的論點與這些專家一致：「『執業者』將事證開示當作當事人制度的一環，而非例外……偏頗、狹隘、依據字面進行解釋，這些在我看來都該習以為常，是可想而知的事情。」而波戈與蓋茲事務所外聘的顧問也說：「有經驗的律師都會用一些招數閃躲對方攻擊。」為事務所背書的十四位專家之中，有三位還主張依據積極抗辯的原則，該事務所本來就不該提供任何資料。

但上訴後，華盛頓州最高法院卻做了個大逆轉，否定了之前法院針對事證開示不處分的裁定。首席大法官詹姆士・安德森寫道：「顯然，該醫生無論以任何方式，都不可能取得相關文件。」於是本案送回去重審，並要求審判時應對事務所加以嚴懲，「以求嚇阻本案及其他律師」再度採取此種行動。

一州的最高法院竟然為事證開示而如此重懲一間律師事務所，「很多人嚇得屁滾尿流。」在華盛頓州任教的法學教授羅伯．愛隆森這樣形容，他也是本案中唯二支持醫師方的專家之一。後來事務所開出三十二萬五千美元的條件給小兒科醫生，並且公開道歉、承認疏失，內容提到日後將會「確保波戈與蓋茲律師事務所內每一位律師都瞭解相關規定……不只在字面，也要在精神上落實。」或許這件事情嚇壞了一些律師，但恐怕絕非波戈與蓋茲事務所裡的人，即便主管階層表示將費森氏案的結果送交所內所有訴訟律師看過，還強制所有律師進修課程，距離本案不到兩年，這間事務所卻再次惹上麻煩。

這次波戈與蓋茲聯合律師事務所代表美國速霸陸（Subaru）汽車，案件內容是駕駛人控訴該公司「捷速帝」（Justy）車款若遭到後方衝撞，駕駛座椅背有可能忽然坍倒，並導致開車者受重傷。聯邦法官勞伯．布萊安認為該事務所混淆視聽又刻意妨礙審理進程，「提供之答案顯為不實」。原告方有一次要求他們提供美國公路安全署的相關紀錄，以瞭解當該車款受到後方以時速三十英里的「力道」衝撞時，駕駛座會出現何種倒塌情況，但波戈與蓋茲事務所的回應竟是此要求「模糊、混亂而難以分辨……尤其『時速三十英里』是『加速度』而非『力道』，由於此種術語混淆狀況，恕難提供任何具意義之資料。」布萊安法官直指此說法是「律師耍嘴皮子」，強制要求該事務所為原告方負擔律師費用。

為何該事務所會一犯再犯？因為先前費森氏藥廠一案中，雖然有不明人士將鐵證如山交給原告方，但波戈與蓋茲事務所仍舊差一點就全身而退，所以很難推算出他們這樣做過多少次，又有多少次有被抓到。再加上就算是費森氏藥廠這個案件，或許事務所的名聲有些折損，但是公司財務可是漂亮得很，三十二萬五千美元與他們所收受的費用相比完全不值一提。此外，事後公司內部有相關備忘錄與教育訓練，但員工卻也都看得到事實是處理費森氏藥廠的兩位律師在公司裡頭地位依舊屹立不搖，較年輕的一位還升等為合夥人階級。

根據道德守則，律師不得「以不法手段阻止另一方取得證據，或者以不法手段竄改、銷毀、隱藏可能具有證據效力（之任何物品）」。許多地方法院、州立法院，以致於聯邦法院都有相關要求，但卻沒有任何明文規定羅列出事證開示過程發生怎樣的狀況叫做權力濫用。加上這些規定只算是紙老虎，沒有金錢以外的懲罰辦法，律師還認為東窗事發的機會微乎其微，怎麼可能輕言放棄？

律師界依舊有人主張執業者必須對客戶負責，因此事證開示時應以最狹隘的定義詮釋對方的要求，且阻礙對方進行事證開示也應視為積極辯護的一環，可是積極辯護這個觀念其實已經不是道德守則中的重點。一九七〇年代，美國律師公會首次通過的模範準則之中有一條是「律師應在法律許可範圍內積極代表客戶權益」，「積極」這個詞在整篇準則中一共出現九次，大都是期許律師有積極的行為。

可是到了一九八三年，美國律師公會已經通過了內容截然不同的模範準則，稱之為「專業行為之模範準則」。這套準則在超過四十州的律師業界成為制定規則的主要依據，可是「積極」一詞僅出現三次，且有兩次是期望律師要平衡積極與其他義務的對等分量。新準則中並不要求律師「積極辯護」，而是要律師「謹言慎行」，相關的敘述是：「律師對於當事人的利益要有承諾與奉獻，代表當事人進行辯護時態度應積極，但律師毋須追求當事人全面性的優勢地位。」話雖如此，許多律師、甚至是法庭長官都還不忘針對「積極辯護」發表論述。

某些律師認為此兩難問題的唯一出路就是制定一套「明文規定」，其中不需明訂律師可有何種行為，但對可接受的作法必須加以定義。目前許多行政區已經發展出這樣一套規範，然而規範的本質就是參考作用，如果規範具備法律效力，則成為大家必須遵守的規定。有了規定，律師心裡或許比較好過，但是律師自身希望做出的行為、或者「聲稱」希望做出的行為，與他們所謂「對於客戶更高的責任」之間，也必然會出現矛盾。有一位律師在線上與同業進行討論時就表示：「要是客戶要求你做一件『不當』但是卻也不顯然『不道德』的事情，算是很過分嗎？我們要指著規定給他看，告訴他律師不可以耍手段？」

就實際層面來看，行為分寸是律師個別必須在心中做判斷的事情。有一位也是美國名列前茅大事務所的合夥人便告訴我們：他原則上不使用「焦土戰術」這類圖謀不軌的事證開示技巧，因為他相信客戶的長期利益——特別是在收費部分——在他面對合理的要求便以合理方式回應時才會達到高點。如果他的客戶堅持要「耍手段」，那他們也等於是達成某種「共識」，所以案子會交給事務所內其他律師接手。

有一個更好的解決方案是以力對力，由司法機關來進行論點制裁（issue sanction）。若法官覺得其中一造濫用事證開示權的情況過於嚴重，則可以加以制裁，遭到論點制裁的一方將會受到法官限制其論點。舉例而言，先前所述華盛頓特區的加州聯合油業案，法官便裁定被告不可在法庭聲稱自己的產品含苯量低，而原告方則依舊可以呈現證據來證明加州聯合油業意圖竄改、隱匿化驗資料這件事。喬治亞州鈴木汽車「武士」車款的案件中，最後也裁定鈴木公司必須為設計問題負責，該公司可抗辯部分僅止於設計問題造成的損害有多大。這項制裁非常極端，由美國最高法院所授權，鈴木公司上訴時依舊有效。

相較於僅只有罰金的制裁令，論點制裁比較有效，原因在於這直接影響審判結果，對於企圖隱匿證據的一方相當不利。多數法官並不願意祭出這樣激烈的手段，可是除非法庭中人肯採取行動，而不只是口頭抱怨，否則對於事證開示濫權根本無法造成嚇阻。事證開示攸關龐大利益，對於服務企業的事務所說也是主要獲利來源，罰金就算高達幾萬或幾十萬美元，事務所或者大企業還是一樣只當作是營運成本而已，即便該企業的營運方式不對或不道德。

就許多人看來，事證開示濫用問題大概就屬混淆視聽、欺瞞不實、甚而毀壞文件等為最糟，但也有許多人知道這些手段不過是個開頭，碰上了狂妄自大的人，消耗戰可能演變為人身攻擊戰。

A・H・羅賓士公司生產的「達康盾」（Dalkon Shield）子宮內避孕器會造成婦女骨盆腔嚴重發炎甚至因此死亡，若產下孩子也有嚴重先天缺陷，而未達生產期的胚胎流產數字也高得破紀錄。很多女性後來都認為，一旦使用這種子宮內避孕器，根本代表以後都沒辦法懷孕了；可是一九七〇至一九九〇年代間，羅賓士公司還是與數萬名投訴的女性展開論戰。

早在一九七〇年代中期，相關的事證調查令已經發布，可是一直到一九八四年二月，都還有一位明尼蘇達州的聯邦行政官表示：「A・H・羅賓士公司周圍有一堵難以穿越的牆。」聖保羅市聯邦法官下令，任何有關達康盾的資料都禁止予以損毀，但卻無法阻止一位舊金山律師的行為。那位律師代表羅賓士公司處理超過百件訴訟案，他將二十箱相關文件帶到一九八三年在印第安納州購置的新居，全數銷毀以後過幾個月再度搬遷。

代表羅賓士公司的律師團真正的火力用在毫無建設性且不知所為何來的人身攻擊。一位愛荷華州的母親已經被迫摘除卵巢與子宮，卻受對方質問婚前的性生活狀況，都是在她使用達康盾之前十年的事情了。另有一位女性在交叉質詢中，遭羅賓士的律師詢問其內褲跨下部位的布料是什麼材質，該女士回答問題之前便說律師的提問「比較像是猥褻電話」。一名居住在波士頓的女子則被問到她是否從事口交或肛交、使用情趣用品，頻率又有多高。一九八四年，明尼蘇達州聯邦法官麥爾斯・洛德痛斥此種行為，公開指責羅賓士公司的總裁、研發部主管與代表律師團：

> （這些）女性出面指控貴公司，而貴公司攻擊她們的人品，逼問她們如何發生性行為、與誰

發生性行為，貴公司此舉破壞了這些女性同胞的家庭、名聲與事業，目的只是恫嚇她們，希望她們放棄控訴。貴公司在法庭上探討的問題，與貴公司在她們體內植入殺人機器這件事實，兩者毫無關係可言。

※ ※ ※

最有效的人身攻擊手法大概就屬SLAPP了，此技術由兩位丹佛大學的學者加以命名，其中一位是社會學教授潘妮洛普．卡南，另外一位是法律教授喬治．普潤。SLAPP的全名是「策略控訴公眾參與」，這種官司的目標就是阻止一般民眾上法庭討公道、向政府機關索賠、或者單純阻止民眾進行抗議或者公開發表其訴求。

兩位丹佛學者描述了SLAPP的常見性質：通常起訴方本身財源雄厚、追求的也是鉅額利潤，但被告則通常是資源有限者，但訴訟本身就設定成需要挹注大量資金才有辦法進行辯護。官司內容通常是毀壞商譽或者干預商業行為，而目標多半直接鎖定被告的言論自由權。這樣的訴訟幾乎沒有實質意義，約有八成到八成半最後都訴訟失敗，可是卻已經造成嚴重的傷害，一方面被告必須花費大量時間金錢，另一方面對於被告及社會整體的言論自由造成極為負面的效應。

SLAPP有另一個特徵，不過並非所有這類型官司都具備，也就是原告方會表示「如果被告願意道歉並且收回前言」，則訴訟將會取消。知名品牌Guess? 的法律代表就發表過這樣的宣言，該公司還為此聘請到丹尼爾·派綽伽利這樣的大牌律師，他也就是在O·J·辛普森案中，替弗瑞德·高德曼服務的律師。**Guess?** 公司是位於洛杉磯的牛仔服飾大廠，該公司指控兩批婦女公開批評其勞工政策，而根據洛杉磯當地的記者史提夫·羅威利說法，**Guess?** 公司有如「見縫插針」般喜於興訟，尤以其商譽受損時態度最顯著。上述一案的部分成因竟是一次在聖塔莫尼卡區書店內闢室舉辦的讀書會，參與者有三十人，幾位女性成員發表了自己的作品，其中有一首詩觸及三角牌女襯衫工廠大火案，在場還有一位加州大學社會學教授主張 **Guess?** 公司的勞工應該成立工會。這場官司目前尚未做成判決。

有趣的是，**Guess?** 公司卻沒有起訴《財富》雜誌，該雜誌一九九六年也曾經撰文猛烈抨擊 **Guess?** 公司威脅員工、賄賂美國國稅局官員、甚至販售史奴比襯衫仿冒品。《財富》雜誌本身也是龐大事業體，想以 **SLAPP** 對付自然困難許多。

特殊的房地產專案，尤其是新建物與掩埋場這種案子，也時常引發 **SLAPP**：

- 羅德島環境管理部徵求大眾對於地下水道管理法的意見，於是南西·許·弗雷明去函該單位表示新法規將會容許她家附近的私人掩埋場繼續污染水源。該掩埋場公司堅持弗雷明太太必須將信件撤回，她拒絕以後便遭該公司起訴，理由是毀壞商譽及妨害經營。弗雷明太太原本是台灣公民，經歸化成為美國人，但她記得自己讀過的美國歷史，於是回信給該公司的律師，引述憲法第一修正案賦予她對政府訴願的權利，「而我所做的便是請政府關閉貴公司的掩埋場，並且清理貴公司客戶傾倒的垃圾。」一審法院拒絕撤銷對她的告訴，可是弗雷明太太上訴到羅德島最高法院，結果此案不成立。

- 一家明尼蘇達州土地開發公司控告兩名明尼阿波里斯市婦女，因為她們在自家門口立了牌子批評該公司，希望可以保護一片濕地不受人為開發。土地開發公司將這兩位婦女描述為某種運動的領袖，可是遭明尼阿波里斯《明星論壇報》（*Star Tribune*）戲稱為「立牌惡名雙女組」的兩人卻否認此事，也拒絕指認聲援她們的人，以免波及更多人。「發生這種事情真是可怕」其中一位說：「我可不覺得自己有這麼危險。」這件官司目前也還在進行。
- 一九八八年卡羅萊納州索立德公司（Solite Corporation）開始燃燒煤炭以外的有毒廢棄物。瓊安·愛蒙是一位自稱「小鄉村老阿嬤」的年長婦女，她注意到自己種植的蔬菜上覆蓋一層髒東西，其他鄰居的農作物也一樣。她公開提出索立德公司燃燒廢棄物，但該公司便對她展開一連串法律程序，高峰是一九九七年索立德希望取得強制令可以禁止該婦女繼續公開發表對於索立德排放氣體的意見。最後法院不願意發出強制令，愛蒙女士依舊發表高論：「我們只是鄉下人，很不習慣碰上這種狀況，但如果非得有個人出面承擔，那就讓我來。」

SLAPP的影響也能超出地方性爭議與地方政策，加上事證開示權濫用問題，會使目標對象陷入雙重惡夢之中。汽車安全中心是一個由瑞夫．奈達協同消費者聯盟一起成立的非營利單位，中心一直認為通用汽車公司生產的貨車會將油箱安裝在兩側，這是一種危險的設計，因為如果貨車由側面受到衝撞，則很可能引發爆炸。汽車安全中心聽說通用汽車計畫將車輛起火的資料都藏起來，依據中心主任克列倫斯．迪特洛說法，在計畫中該公司想聘請私人事務所的年輕律師，這群暱稱為「救火寶寶」的年輕人負責幫通用汽車找出所有相關文件，並且加以銷毀或掩埋。通用汽車一位工程師遭到錄影，在影帶中他說看見六個大資料櫃的文書都送去「剁成碎片」；另外汽車安全中心也獲得一個「救火寶寶」的情報，那年輕律師向同事吹噓自己所作所為。消失的文件之中包括通用汽車公司董事會數分鐘片段，那是該公司初次討論這種油箱設計的時刻。

汽車安全中心將此事公諸於世，迪特洛敦請司法部進行調查，本質上與前述弗雷明太太一樣，是對政府提出請願。但通用汽車以SLAPP反擊，迪特洛、奈達跟汽車安全中心都成為被告，然而通用汽車瞭解不可以自己的名義提出告訴，否則便必須接受該中心請求遞交各種文件，所以他們外聘顧問，由尤金．葛雷斯出面控告汽車安全中心，這位律師據說也就是「救火寶寶」計畫的負責人。這種情況使被告很難應付，通用汽車公司不是案件的原告，所以一般的事證開示沒有用，而汽車安全中心試圖從葛雷斯取得文件時，葛雷斯卻又可以拒絕，理由是通用汽車公司與他有「律師與委託人」的優先關係，可以保持機密文件不外洩。

之後這場SLAPP也成為消耗戰，葛雷斯與通用汽車各自有律師以各種方式應戰。取證會上光是他們這邊就常有四名律師出席：葛雷斯的律師、通用汽車法律部的律師、通用汽車的外聘律師，通用汽車還可以為取證對象再外聘一個律師。最後這個案子是保險公司出面解決，因為保險公司對兩造都有相關理賠政策，可是迪特洛、奈達、汽車安全中心卻已經花了七十萬美元的訴訟費用。

目前美國已經有十幾州加入反SLAPP的陣線，以立法手段保護SLAPP的受害者，卡南與普潤教授甚至擬定一份條例章程給大家當作範本參考。反SLAPP法較強勢的州內，SLAPP受害者可以在審理初期、法律費用還不會太過離譜時就提出動議，強制進行SLAPP的一方提出證據證實自己有勝訴可能性。此外還有律師專擅反SLAPP動議，例如加州奧克蘭市的馬克．戈多維茲曾經為客戶與加州山達基教會一路往上打到最高法院，最後還是勝訴。

反SLAPP立法，以及法庭對於何者是或不是SLAPP的定義解釋，目前都還在草創階段。紐約州律師麥可·史卓克原先參與擬定反SLAPP法的草稿，後來卻認為「SLAPP淪為富有被告可以駁倒財務弱勢原告的另一項工具」。加州屬於反SLAPP立法較強勢的一州，但有些律師有苦說不出，因為巨擘與市井小民都一樣可以聲稱自己是SLAPP受害者，原本應該是一道防線的概念，如今又成了傷人利器。

道德準則對於提出SLAPP的律師也沒有辦法提供太多約束，雖然律師理當不可提出「瑣碎無益」的爭訟，可是實際上卻沒有相關規範。反SLAPP法可以透過對於提出SLAPP的律師加以制裁來強化，這會是一個正確方向，同時立法者必須在反SLAPP上多費心神，才可以使需要獲得言論自由保護的人、需要向政府針對公眾事務加以請願訴願的人真正受益。

針對SLAPP加以規範所遭遇的問題，也就是想要解決各種濫權問題時會遇上的困境。荷包夠深的律師或雇主總是無所不用其極找出辦司法制度的漏洞，唯一阻止這種行徑的辦法就是懲罰夠重，使他們認為獲得的好處可能比不上巨大風險，不過當前的司法系統還沒有傳達出這樣的訊息給這些人。

尾聲：德荷斯一案結果

克蘭西・蓋瑞特和葛雷格・基姆趁午餐時討論艾絲培蘭薩・德荷斯的案子，然後過了三年，雙方終於在開庭前夕達成和解。艾絲培蘭薩拿到比預期中更多的和解金，可是她卻不知道這一切是否值得。在過程中，她覺得代表希爾曼油業公司的律師葛雷格・基姆非常下流，一連七天進行取證，問了許多極其私密的問題，就算換做是她的醫師來問也一樣令人不自在。但是薇拉・瑞思請她回答問題，並且堅持下去；如果不是薇拉這麼要求，她可能一兩年前已經放棄了。艾絲培蘭薩之所以撐下去，是因為她的律師還沒有放棄，而且薇拉三次前往上訴法院，要求希爾曼油業提供相關文件，三次也都獲得勝訴。只不過，倘若一切從頭，艾絲培蘭薩不知道自己還肯不肯經歷一次。

至於葛雷格．基姆，在本案和解之後很快晉升為合夥人。德荷斯很厲害，但那是因為她找到了高明的律師，擋下了他的攻擊手段；其他幾樁案子裡，原告一樣十拿九穩，但葛雷格就是可以磨光對方意志力，使原告願意收了一點和解金就撤退。這三年下來，他明白克蘭西．蓋瑞特所謂「消耗戰」是什麼意思，而且他很愛這樣的訴訟模式，他喜歡競爭、喜歡勝利，享受對方拿了些錢就退縮和解時，自己可以感受到的力量。克蘭西．蓋瑞特教出一個好徒弟。

第四章 拿槍指著年輕律師的頭

許多律師覺得自己有類似已婚者遭毆打後的心理症狀，他們一直受到事務所合夥人的毆打，但是卻把一切歸咎給自己，然後回去討更多打。

——一九九四年，匿名律師如此回應《美國律師》的職業調查

每個算過時間的律師就知道以鐘點計費創造出多巨大的訛詐機會。

——威廉．羅斯教授，其研究顯示律師自陳有嚴重的不道德收費情形

進入「史文森與迪路嘉」聯合律師事務所的十八個月來，邱雪蓉覺得日子過得很辛苦，現在還要處理雷諾那椿案子。任職於此的第二年起，她就時常思索自己為什麼會進入這間事務所，這並不是一個很差的環境，所內民事訴訟與房地產部分有堅強陣容，業務觸角伸展至環保部分時，便從環保署的地方顧問辦公室將雪蓉挖角過來。邱雪蓉在環保署工作三年，跳槽到這裡以後幾乎立刻變成有害物質與毒物侵權方面的駐所專家。

起初雪蓉對於進入這間事務所工作滿懷期待。薪水相當優渥，每年八萬五千美元，遠比環

保署的給薪要高，如果每年收費時數超過一千九百五十小時，還有年度獎金一萬美元。可是，一開始事務所信誓旦旦地說自己為環保議題的兩方人士服務，事實上邱雪蓉九成時間用於為遭控破壞環境的大企業辯護，僅有一成時間用在對環境有利的事務上；此外，她所辯護的對象，有不少都是之前在環保署時透過她所起訴的公司。另外事務所設下最低收費時數，雪蓉以前從來沒這樣努力工作，但她第一年卻還是低於最低標準一百小時之多。

第二年她終於勉強可以達成進度，這多虧了一位以前在法學院的朋友、同時也是在事務所工作六年的資深合夥人比利．弗來登。比利讓雪蓉明白在律師事務所工作該有什麼心態調整，首先就是絕對不要拒絕新案件。「看起來沒有一直很忙是最糟糕的事情，因為那就是事務所請妳來的原因，他們希望看到妳很忙。」

比利還教導邱雪蓉何謂「收費的藝術」，也就是一些「內行人的技巧」，這些辦法可以幫助律師達到收費時數的低標。他告訴雪蓉怎樣才能將所有花在案件上的時間都納入收費中：「要是我洗澡的時候也在思考瓊斯那件案子怎麼打，那這些時間也就可以收費，名目是『擬定案件策略』、『評估法庭策略』之類的，我都是這麼寫。」他還說書面研究都可以收費兩次，只要在更新備忘錄、意見書同時當作自己是從頭來過即可。「客戶要的是我們的專業，妳的專業就是環保法規，妳做的每一件事情都有價值。要是妳第一次花了十個鐘頭去研究一個特定的問題，同樣的內容妳對第二個客戶只收五小時的錢，他們已經賺到了，所以就算妳只花半小時就整理好也沒差。」

後來事務所內一位地產業務的合夥人蕊吉娜．德恩前來請邱雪蓉針對環境問題加以協助，雪蓉毫不猶豫地答應，因為她記得比利說過的原則：「要積極工作」，還有他不斷強調的告誡：「絕不對合夥人說不。」蕊吉娜手上最大的客戶是雷諾不動產公司，公司股權大半都掌握在董事長喬治．雷諾手中。雷諾擁有一棟大樓，以三年合約租給一間公司，而該公司大量使用一種叫做「妥賽克」（Thorsac）的化學藥劑；之後這間公司破產，雷諾便想要將大樓出售。目前有一位買主，可是雷諾不願意提及妥賽克這件事，以免買家心生退意，因為妥賽克雖然不是法定毒物，卻也被一些人認定是有毒廢棄物。蕊吉娜想請邱雪蓉幫忙的事情，就是針對妥賽克做一份研究，並以備忘錄方式呈現此物是否有毒。

邱雪蓉研究這種物質以後，得到清楚的結論：妥賽克確實是有毒廢棄物，雖然州政府尚未明文公告，但只要環保署進行調查，一定也會得到同樣結果。雪蓉找到四份研究，其中有兩份清楚指出妥賽克具有何種毒性，另外一份因為是早期研究所以沒有明確結論，剩下的一份則根本是該化學藥劑製造商所贊助的報告。

她將這些發現寫成備忘錄，告訴蕊吉娜：事務所應當建議雷諾將妥賽克問題告知買方，而蕊吉娜卻要求她隔天與雷諾親自見面。邱雪蓉將這件事情也仔細說給雷諾聽，並提醒他不告知買主有毒廢棄物的事項，會導致他吃上民事及刑事官司，可是雷諾卻直截了當表明自己立場。

「我都知道」他沒好氣地說：「但是妳能肯定以後會怎樣嗎？聽我說，我要把這房子賣掉，也已經有人等著接手，所以我要妳在這上頭說妥賽克無害。我在妳們這裡花了那麼多錢，要是我失去這個買主，我以後就不來了。不要浪費時間，快點把東西寫好。」

雷諾離開以後，雪蓉對蕊吉娜表示疑惑，但蕊吉娜並不接受她的觀點。「雷諾已經付給我們四百萬美元了，他現在要把大樓賣掉。」

「這我知道，蕊吉娜。可是我不知道怎麼證明妥賽克是無害物質啊？」

「隨便。」蕊吉娜回答：「才四份研究報告根本證明不了什麼，何況州政府也沒有明文說這東西有問題。如果妳手邊只有這些資料，那寫點東西說妥賽克目前不是有害物質根本無所謂，還有，妳得在這裡簽名，妳才是在環保署工作過的專家，我可不是。我們找妳來就是為了這種事情啊。」

太棒了，邱雪蓉不禁心想：我好不容易搞定收費時數，終於有個案子可以讓我喘口氣，結果居然要我為一個我完全受不了的客戶寫一封假的意見函。

＊　＊　＊

典型的美國律師相信當事人原則的內涵就是事務所會接受任何需要服務的人，而事務所內律師一旦接下案件，就會盡全力代表其客戶。

一九七五年，一群法律學生包圍華盛頓特區律師界第一把交椅，也就是洛伊德．卡特勒的辦公室。卡特勒替通用汽車進行國會遊說，成功延遲了汽車安全相關法規的通過時間，學生因此抗議。有些律師挺身出面為卡特勒辯駁，其中之一是賽蒙．瑞夫肯，他是紐約高知名度事務所的主管，同時也是奉當事人原則為圭臬的代表。「『你為什麼可以代表這個、可以代表那個』，這是我常常被人問的問題。」他對紐約市律師公會演講時提到：「各位應當明白，有些原則永遠不會改變。也許今天客戶是密西西比的農夫，明天是底特律那邊的億萬富豪，可是以當事人進行主義的觀點來看，原則都一樣。」

瑞夫肯對抗議學生加以強烈抨擊：「要是他們真的學通了當事人進行主義的精神，就會知道自己現在的行為，違反了他們未來進入職場以後的中心原則……（他們）不體諒這是代表當事人的過程，這個過程的目的就是使律師既不需要、也沒有全力去審判客戶，如此一來律師才可以更有效地為當事人辯護。」

一九九〇年代，卡特勒與其所在的「威爾墨、卡特勒與皮克瑞」聯合事務所二度登上新聞媒體，起因是當時卡特勒已經成為華盛頓特區資歷頗深的政治人物，他答應擔任柯林頓總統進入白宮擔任幕僚，前任官員已經因為涉入白水案而下台。但不久之後，卡特勒事務所卻又接下了一個比通用汽車公司更富爭議性的客戶：包含瑞士信貸集團在內，數家瑞士銀行捲入集體訴訟中，原因在於這些銀行不肯依契約給付金錢給納粹屠殺倖存者。其中瑞士信貸集團的情況尤其嚴重，遭到多人指控他們盜取集中營受難者原先持有的黃金。此行為自然備受譴責，但是卡特勒事務所卻不假思索便接受了瑞士信貸集團以及另外兩間銀行的委託，該事務所的「新業務」委員會也同意此事，最後這三個新客戶只是單純出現在事務所內流通於律師間的定期「新業務資訊」備忘錄上。

紐約另外一間「克拉法特、史瓦恩與穆爾聯合律師事務所」以承接了瑞士信貸集團作為客戶，但卻忍痛表示他們只負責提供諮詢。這間事務所約有一千名員工，其中大概三分之一是猶太裔，即便公司高層堅持將只為瑞士信貸提供策略規劃與行動方針建議，還是有十二位律師，而且都是尚未成為合夥人的新律師，以書面備忘錄質疑這項決定。事務所內負責本案的合夥人後來表示，提出抗議的律師「強烈認為該銀行行為不當，可謂人類記憶之中最惡劣之行徑，因此事務所不應代表該銀行進行辯護」，但是事務所並不接受這些反彈聲浪，而且隨著案件而來的大量事務依舊一天一天進行，這些事情不可能由合夥人處理，一定是底下的律師負責。

外人無法臆測以上兩間大事務所到底源於什麼動機選擇接下這樣飽受公眾指責的客戶，可是任何人，無論是瑞士信貸集團或者行徑最囂張的刑事犯，都一樣有權請人辯護。但與一般刑犯不同之處在於：瑞士信貸集團有本錢找到最好的律師幫忙打官司，而接觸本案的律師也與刑事辯護律師有所不同，他們在大型事務所工作，根本無權干預事務所接下什麼客戶。

顯而易見的事實就是：大型律師事務所已經將業績擺在第一，將律師專業擺在第二。這些事務所代表有錢有勢的客戶去國會遊說與大眾利益相違背的政策時，其實律師的舉動「出自於個人抉擇，而不是專業義務」，紐約市民選民政專員馬克．葛林如是說。這句話是一九七五年，他抨擊卡特勒事務所時所寫，當時的他尚是個與瑞夫．奈達一起調查貪污腐敗的「奈達突擊隊員」（Nader Raider），但已認為如卡特勒之流的律師應當「捫心自問對於大眾會有何影響」，且堅信律師對於自己給予這種客戶的協助應負起道德責任。他的想法到了今天想必沒有改變。

亦有其他律師對於上述兩間大事務所代表瑞士信貸集團同樣感到不解。「我不需要因為客人肯付錢，就非得停在路邊啊。」知名法學者威廉．昆斯勒的門徒羅納德．庫比表示律師與計程車司機應該有所區隔。

庫比並不是唯一出言反對的法界中人。《美國律師》的線上服務「諮詢專線」中，全國各地都有律師參與這場盛大討論，其中一位表示律師接受案件時，「自己應當要能完全認同才行」，他還引述史蒂芬．文森．貝內筆下著名故事：丹尼爾．韋伯斯特答應替傑貝茲．史東在惡魔面前辯護，可是卻發現原來當他想要保住史東的靈魂，其實就會失去自己的靈魂。門羅．弗里曼教授也指出，社會大眾會讚譽為弱勢者挺身而出的律師，但同時也應該替「秉持良心而拒絕客戶的律師加以喝采」。

華盛頓特區另有一間律師事務所採取了與卡特勒那邊截然不同的內部政策。「艾倫特、佛克斯、金納、普拉金、卡恩」聯合事務所也曾經考慮要為一間歐洲保險公司進行辯護，該公司也遭指控不願給付壽險理賠給大屠殺時死亡者的親屬。原告表示他們依據契約向該公司申請理賠，但保險公司卻以各種理由推託，例如無法提出正本的壽險契約、無法提供確實的死亡證明等，可是考量集中營的情況，這些事情原本就不可能辦到。但該事務所沒有選擇站在客戶這一邊，而是舉行了全所同仁皆可自由出席的會議，會議中自然有激烈辯論，但高階主管組成的委員會最後無異議地拒絕這個案件。

這種開會討論的方式本身或許不稀奇，但在律師事務所這個業界中非常罕見。依照目前美國大型事務所的營運方式，只要有客戶，通常不管用走的、用爬的、追到門口也要想辦法做成生意，一切都是為了事務所的收益。但根據《美國律師》與《國家法律新聞》的報導，前述的克拉法特事務所有三百七十名律師，近年算是名列前茅的單位，每年每位合夥人獲得的毛利有兩百五十萬美元之多，每位合夥人平均營利也超過一百萬；至於有兩百五十名律師的卡特勒事務所，每位合夥人一年毛利高於一百萬美元，淨利也在五十萬美元以上。

「我很肯定這些大型事務所的律師少賺個百分之五根本不構成問題。」前任美國律師公會主席，現在擔任佛州大事務所「卡頓·菲爾德」資深合夥人的小威廉·瑞奇·史密斯如此評論。他在律師公會時，主持了一個委員會，並在一九九六年發表研究，希望可以振興法律界的專業精神。

律師事務所內，各種雜務與跑腿工作都是由僱用的律師員工進行。這些年輕人一方面算是相當幸運，薪資異常優渥，才二十四、二十五歲，如果進入紐約市克拉法特的事務所，年收入就有八萬五千美元，去了華盛頓特區卡特勒的事務所，當地物價稍低，但一樣有七萬四千美元。可是相對的代價是這些年輕律師無法掌控自己的生活，許多新進人員覺得自己處於兩種最糟糕的狀態，一方面他們無權決定自己將為誰辯護，但另一方面他們即便討厭客戶，也清楚知道自己應該豁盡全力維護客戶權益。

這點與刑事辯護律師的處境一樣，年輕律師接下案件以後，必須以最積極的方式為客戶服務，或者說至少要積極到讓事務所合夥人滿意才行。紐約大學教授史提芬·基勒斯是專業倫理方面的權威，他曾經描述新進律師要在職場存活，必須要做些什麼事情：「律師學到的就是只要在合法範圍內，不會招致紀律或其他方面制裁，那就要放手去做，因為積極辯護就是這個意思……客戶有自主權，法律賦予他達成個人目的的權利……但律師自己的道德觀呢？在許多大事務所內，一旦律師接下了某個客戶，個人就不存在了。」

所以邱雪蓉評估自己該如何為雷諾寫意見函時，這些問題都必須考慮進去。她不得不想想自己還有四萬美元的學生貸款尚未償清，加上有兩個還沒長大的孩子要扶養；在這種種因素交織下，想做出所謂正確的選擇，真的令人卻步。

雪蓉面對的最大壓力，同時也是大事務所內新進律師最常面對的問題，就是收費時數。以邱雪蓉為例，依據事務所規定她一年必須要有一千九百五十小時向客戶索費，也就是說教育研討、業務開發等無法收費的工作都不算在內。雪蓉年薪是七萬五千美元，事務所給她設定的鐘點費是一百五十美元，乘上她應有的收費時數，代表她可以為事務所賺進三十萬美元。扣除健保、福利以及相關人事成本，邱雪蓉無疑是一株搖錢樹。

收費時數制度問世時，其實是一種改革，法律事務所藉此彰顯自身專業價值，也幫助客戶瞭解自己付款的原因。直到一九六〇年代，美國律師發出的帳單上常常都只簡單列出金額，例如「專業諮詢費用：五百美元」或者是「史密斯對瓊斯案文件準備費：一千五百美元」之類。客戶多半也就照著帳單付費，不會過問太多，有幾個州的律師公會還會建議特定服務收取依照一致費率計價，但美國最高法院在一九七五年認因觸犯反托拉斯法而禁止此種收費方式。

隨著六〇年代消費者意識漸漸抬頭，客戶也希望知道自己為什麼付錢，同時五〇、六〇年代開始使用自動會計系統，後來也有電腦輔助計費，所以法律事務所可以依據案件名稱、花費時間、工作種類，以及負責該案件或者處理該事務的律師姓名做各種分類。事務所此時察覺到，只要給每位律師一個固定的費率，並依此計算他們在各項工作上使用的時間，就可以很容易整理出案件收取的費用有多少，而且客戶也能一目了然知道自己的錢用在什麼地方。

但是依時計價的優點在制度遭到濫用後相形失色，當年所謂的「改革」如今成了剝削客戶的利器。事證開示戰不斷拖延、成為無止盡的消耗戰時，律師就有更多鐘點可以收錢；三十年前同樣一樁案子可能兩星期能夠結束，現在卻要花上四個月，律師也因此可以累積出六位數、七位數的帳目。事務所對此祭出「積極辯護的根基」作為解釋，且依據《美國律師公會期刊》一九九五年文章所載：「倘若鐘點收費算是多數法律事務所的財務引擎，積極辯護這個義務……就成了油門。」華盛頓特區一位不願具名的律師對其下屬說過：「想要在這間事務所出人頭地，你就得學著點……收錢，還是收錢，有機會就要繼續收錢。」阿拉巴馬州坎博蘭法學院教授威廉·羅斯的說法則是：律師都養成了「累積收費時數的癖好。」

想找出比較極端的例子去證實律師收費有問題很簡單，其實反倒是令人難以置信的超收案例太多了，要從中選擇比較困難一點。近期最有名的一次例子可能要屬韋布斯特·赫貝爾，他之前是阿肯色斯州律師公會倫理委員會主席，並且在小岩城歷史悠久的洛斯法律事務所擔任合夥人，並於柯林頓任內成為美國司法部第三高官，但最後卻身陷囹圄。赫貝爾因竊取客戶及事務所三十九萬四千美元的罪名遭到判刑，原因就是他在收費時數中加上了根本沒有工作的鐘點，還將私人花費——包括在「維多利亞的祕密」內衣專賣店以及在皮件行的消費——都算進了工作開銷中。

但赫貝爾絕不是唯一。另有一個相當引人側目的案例：某位在芝加哥當地大型事務所工作的資深律師，一連四年下來，平均每年的收費時數高達五千九百四十一小時。換句話說，他必須要一年三百六十五天不休息，且每天工作長達十六小時二十分鐘。該律師聲稱自己四年來沒有任何一天休假，但一位律師總得來回於事務所、參加會議、與客戶聯繫拓展業務等，不可能將自己工作的每一秒鐘都加以計費。在費城執業很長一段時間後，現在擔任教職的卡爾．波格斯針對這個案例加以計算，發現如果這位律師符合「一般慣例」，那最多也只有百分之七十的時間真的能向客戶收費，「而且這位律師必須每天工作二十三點三小時，全年無休，剩下來的時間剛好可以在住家跟事務所間來回，但是他不可以進家門。」那間事務所的合夥人一直對此悶不吭聲，直到不明人士將該律師的收費單據交給記者，整件事情才爆發出來。

超收問題也不是僅限於大型事務所內，堪薩斯一間小型事務所中的律師，據傳也曾經在一連十天的期間中，對該州勞工賠償基金會收起每天三十三小時鐘點費。還有一位審計專家調查以後，抓到南加州一個律師居然對客戶收取過一天五十個鐘頭的費用，紐奧良還有事務所一直以來都對只有一句話的信件收取四小時的律師費。

以上案例中，赫貝爾因其高知名度較為特別，而且他遭到起訴是從白水案調查而起；但縱使有這些事件，律師卻絕少因為濫加收費而遭到懲罰。萊禮汽車破產案的辯護律師馬克．柯比經聯邦法院調查，有十六次收費造假問題，其中有一次在一天中整整收取九十個鐘點。從一九九〇年六月到一九九一年七月，柯比的收費時數高達一萬三千小時，可是這十三個月一分一秒都不漏掉也不過就只有九千五百個鐘頭；但是柯比這案子，陪審團卻無法達成共識，他所持的辯護主張就是：大家都這樣做啊。

柯比最後針對其中一項控訴自請有罪，吃了十五個月牢飯。赫貝爾也關了二十一個月，但一位前阿肯色斯最高法院法官為其發出不平之鳴：收費造假問題在業界如此常見卻如此鮮少加以起訴，將赫貝爾單獨挑出來加以懲罰並不公平。「大家都這麼做」的確是律師界常提出的說詞，「這不能當成單一律師的個人行為問題」，波格斯教授說：「而是整間事務所的營運問題。」倘使律師認為同一時段向兩三個甚至更多客戶收費的「多工」作法，或者不管實際工作時間僅以「價值」計價的收費方式都合乎職業倫理，那麼柯比這類律師就不可能銷聲匿跡。

一九九一年，羅斯教授調查兩百八十位私人執業律師，以及八十位在公司行號擔任顧問者，結果非常驚人：八分之七的私人執業律師表示，先前為其他客戶做的文件「回收運用」後依舊收費在他們眼中是合理作法；半數表示曾經在同時段內處理兩個客戶的工作，例如口述備忘錄時正趕往另一客戶的場地，於是對雙方都收取費用。更使人訝異的是，要求這些律師對同儕的收費行為做些評論，結果有五成五的人說律師會偶而、或者經常在收費時數中「灌水」，六成四則表示自己請律師時也被超收了。訪問受僱於企業的律師，狀況更加明顯：超過八成的受訪者認為按時計費的制度，在公司外聘律師協助時，造成外聘律師會在工作上浪費時間，然後七成四的人認為這種制度使律師不會講究工作效率。

「其實可以又積極又有效率地處理案件」在舊金山執業，同時也是帳目專家的威廉・桂爾常為一些懷疑遭到律師超收的民眾提供諮詢。「我認為用一句話可以簡單描述目前的問題：事務所是否真的將客戶的利益擺在自己的利益前面呢？」假使事務所真的如此思考，那麼他們就會公正清廉地收取費用，但如果事務所的心態並非如此，那麼他們不但超收，而且多半逍遙法外。羅斯教授也說：「超收費用是一樁完美犯罪，因為實在太難抓到狐狸尾巴了。」

由於律師對於彼此的清廉問題多半睜隻眼閉隻眼，因此想抓到破綻會更加困難。天主教大學教授莉莎・勒曼與許多對合夥人造假感到不安的律師談過，「他們不敢多說什麼，因為這麼做等於自毀前程。」事務所越大，這樣的問題就越根深蒂固。

法律事務所長期以來用許多手段使收費時數提高，其中最簡單常見的就是多重收費。舉例來說，律師搭飛機去找一位客戶，航程中他處理另外一位客戶的文件，就可以向兩個客戶都收取這段時間的費用。這現象的背後理由是反正就算律師在飛機上看電影，第一個客戶還是得付錢，那麼如果飛機上播放的電影他並不想看，即便律師為第二位客戶做點工作又有什麼大礙？至於第二位客戶也沒什麼好抱怨，畢竟那段時間中，律師可是專心處理他的問題。最後結果就是律師可以從這兩個客戶身上，因為同樣一段飛行時間，而收取到一點五倍以致於兩倍整的金額，唯一除外的情況便是律師願意將這段時間平分給兩個客戶負擔。美國律師公會曾經指出一個小時就是一個小時，任何超收行為都不道德，除非能夠取得客戶同意；但根本沒有人會去詢問客戶的意願，客戶若彼此不認識，也不太可能會抓到破綻。

上述以飛航為例還算有點道理，尤其如果交通費用原本就是其中一方要出那麼不是太過分，但在某些多重收費的情節中，律師的行為非常離譜。某些類別的法庭，如家庭法、遺囑認證、勞工津貼、破產案等，其實通常可以調整日期，一天就可以出席好幾個案件，甚至有可能在半小時內就完成三、四次簡短的出庭流程。要是律師在每一次出庭中，最低的收費都是一小時，那麼三十分鐘的時間可以開出三、四個鐘頭的單子。有些手上案件數多的律師跑一次法庭可以向好幾個客戶收交通費，而路上口述備忘錄又能向另一個客戶收錢。

多重收費另一種極有創意的作法是所謂的「價值計費」，也就是不管實際上花了多少時間完成這項工作，都要以「此服務合理的價值」來收費。所以如果律師在之前的案件中已經做過研究、寫好備忘錄，那麼這份文件之後有可能以「折扣價」重複使用。例如第一次完成文件花了三十個鐘頭，第二次用到這文件的客戶可能「只要」付出十五、二十小時的費用，但律師取出文件加以更新整理的過程可能一兩個小時而已。勒曼教授有一次相當吃驚，因為有律師在她面前吹噓客戶問了自己一個問題，那名律師早就知道答案，卻回去把回答內容寫成一封冠冕堂皇的信，並因此對客戶索價十小時鐘點費。

前面提到有律師每次出庭都最低開價一小時，他們可以將幾分鐘的時間變成幾小時。另有一種律師也會同樣的法術，他們收費以「刻」（十五分鐘）為單位，而不是以一小時的十分之一（六分鐘）為準，這樣的作法就像是電話公司不肯六秒計價一次，一定要用分鐘為單位。這種計算方式對於要花長時間處理的工作沒有太大影響，但在簡短的工作卻呈現巨大的效果。一位律師一天下來可能要向另一方的律師發出兩三次語音留言，若以六分鐘計價就很合理，但有些律師卻排好時間，早上九點發一通，中午發一通，下午三點半發一通，於是每次留言在紀錄上都分屬不同時間，每次留言都可以收取十五分鐘的完整費用。每通留言可能都只有三、四分鐘的長度，經過這樣操作後卻能夠收到四十五分鐘的錢。將每天類似的瑣事都加以計算，就可以明白為什麼律師的一天能夠不只有二十四小時。

許多事務所也盡可能將經常費用都算在客戶頭上，常見的作法如一張傳真要二美元，一張影印要二十五分，實際上影印成本才兩分美元左右，就算去外面影印店也不可能收到一角；於是影印與傳真也成了某些事務所的財源之一。大型事務所常常也收取網路研究費、電話費、甚至是文書處理費用。曾經有人直呼不可思議，因為事務所送去的帳單上有HVAC這樣一條，居然是「冷暖氣空調費用」的簡稱，因為他去事務所時也「享受」了這項服務。克拉法特事務所有一位資深合夥人湯馬斯．巴特，他在一九九二年毫不諱言地告訴《國家法律新聞》：「如果你跟我說某個款項你不付錢，那我就會在其他款項上多收你一點。」美國律師公會的道德意見函中依舊表示加價也是不道德的作法，除非客戶同意，甚至還提到事務所若能節省成本，應該也要將利益轉嫁到客戶身上。

律師對於收費的態度加上大型事務所的在商言商心態，對於邱雪蓉這種新律師造成莫大壓力，她們必須想盡辦法達成收費時數要求，即便必須造假也沒辦法。帳目專家桂爾說：「標準定得高，就是鼓勵底下的人作假。」桂爾以前也在大型事務所擔任律師及合夥人，「我知道自己一年依照規定得做出一千八百個鐘頭的成績，但同時還要把案件處理好、開發新業務、應付事務所裡其他工作，這樣只是搞死自己而已。每個星期得工作六天甚至六天半，每天都要花上九到十個小時，我可以這樣子持續兩三個月而已吧。所以看到有些人每年都可以做出兩千兩百小時，我就覺得除了說謊之外怎麼有可能呢？」他並表示，如果事務所將收費時數當作最主要的考核標準，也就等於對旗下律師明說了：「工作品質不重要。」

律師開出帳單不夠多，馬上就會聽見所內高層的聲音。「我以前一直因為時數不足被叫去嘮叨。」哈佛法學院講師李查．高登接受《洛磯山新聞》採訪時說：「那時候有人給我忠告——完全依照他的版本喔，『就算去倒垃圾，你的心裡還是想著客戶。』」

新進律師出入事務所，馬上就得學著怎樣計費，可能比如何處理訟案更重要。有些事務所舉辦「費用研討會」，教導新員工如何使鐘點名目為客戶接受。筆者認識一位律師，她記得事務所內管理階級曾經這麼說：客戶對於整點的收費容易起疑心，所以不要規律性地收費，例如收三點一個小時而不是三小時整，然後任何出庭要用的文件都至少要計價半小時以上，就算是祕書直接用電腦弄出來的也無所謂，因為「那是客戶一定會付錢的東西」。

這些年輕律師獲得的訊息時常彼此衝突，紐約一間大事務所資歷尚淺的律師提到：他進去事務所時，有一次嚴肅的新進人員訓練，其中提到做假帳有可能觸犯刑法。但是後來看見收費時數規定，卻覺得事務所傳達的是另一個訊息，也就是「多收錢！」或者「官方說法和私下說法是不同的。」

初出茅廬的律師都很注意事務所上級怎樣吩咐，這影響到他們的收入，或者可以說整個職場生涯，而這一切取決於收費時數。很多事務所在徵募新人時，有關收費原則問題會說得很彈性，甚至強調沒有硬性規定最低時數，但是等到律師進去公司以後，就會嚴格要求他們必須做出一定成績。多數事務所對外宣稱內部的要求是每年一千八百五十小時到兩千小時之間，不過這真的只是最低標準，明星律師、合夥人階級的業績必須高出許多。

可以存活在事務所內的律師，就是可以融入事務所「文化」的那群人。每間法律事務所都有獨特文化，而每一間事務所也都尋找利基，希望可以脫穎而出。收費制度是文化的一部分，但文化也包括事務所的性格、傳統、核心價值觀。所謂核心價值觀，可能包括篩選客戶的標準，還有如何與對手過招之類。當然價值觀還會包括事務所對於自身所在的社區有何承諾，事務所又有多在乎賺錢這件事，這與「生活品質」是一體兩面，可以從是否有兼職合夥人、親職休假等來判斷。

事務所的文化與價值觀最終將從其行為表現出來，這包括了顯露於公眾前的行為，與內部關起門來的狀況。合夥人的一言一行，都是新員工眼中的重要線索；合夥人怎樣接待客戶、金額是不是影響到接案與否、他們會以多積極的方式替當事人辯護，這幾個面向都能夠定義出事務所的文化。

另一個界定出事務所文化的要素就是對待基層律師的態度。許多事務所並不認為資淺的律師有太大價值，只想逼著他們為事務所賺取利潤，也有些事務所似乎並不想鼓勵新律師朝合夥人之路邁進。知名法律顧問公司希爾德布蘭的副總裁裘爾．漢寧接受《華盛頓郵報》訪問時曾表示：「這種作法有點像是花幾百萬買一匹純種賽馬，可是卻讓牠住在破爛的馬廄、吃劣等飼料填肚子。」

「你看到新聞沒，有些美國的律師事務所要轉戰中國大陸了耶？」一九九七年六月的漫畫《法學博士J.D.》中，一位律師說完這句話，然後他的同事接口：「真不敢相信！你說的可是一個專制獨裁靠壓榨勞工運作……還規定每個家庭只能有一個小孩。每個人都像是齒輪一樣，過著沒有希望可以出頭的日子，最後有一天統治菁英階級不要他們了就丟掉！話說……」這位同事的結尾是，「聽說中國大陸那邊『也』一樣糟糕啊。」

法律事務所不太、甚至完全不會將意見回饋給新律師知道，年報可能只需進行三十分鐘，基層律師都很怕這個場合，因為他們根本不會知道自己工作品質如何，但主管卻會一直嘮叨收費問題——他們跟客戶收了多少錢、他們工作不力導致合夥人進帳損失多少等。有不少事務所高層的心態是不要叫員工有所長進，以免花了訓練成本之後他們卻跳槽去別家公司，而真有人可以竄起來，也絕對不要讓他們以為自己可以平步青雲成為合夥人。以目前的律師業界而言，提出成為合夥人這件事，實在不代表一定能實現。

事務所還是會做一點事情，使新員工瞭解所內的核心價值觀，但是「暑期律師」——也就是畢業時節，由法學院湧出的求職學生潮——他們雖然受到事務所款待，待這些場合也的確淪為美酒佳餚的公關時機。事務所招待大家去度假地點舉行年會，希望員工上下一心，卻只見行程安排都是飲酒作樂、高爾夫球、撲克牌局等，談到的正事限於公司財務體質與新業務發展。要說思考、創造新的營運哲學，機會少之又少，除了公司盈虧似乎別無可提。

部分事務所的作法是請資深者帶資淺者，希望經驗可以傳承給後輩。有時候這些前輩真的可以成為行為模範，也會用心指導新人，這樣的訓練、指導若可以超脫收費這個主題，便能對新進律師有莫大裨益。但是越來越常見的狀況是資深合夥人自顧不暇，忙著湊鐘點，若是能夠幫到新人那該謝天謝地，絕非常態。

不久之前，業界的情況是合夥人忙得像工蜂，事務所裡面其他「有本事的」合夥人負責一直接案子進來給他們做。一九八〇年代末，情況開始轉變，「Me世代」影響到事務所的運作模式，合夥人無法因為資深而領到較多的錢，也衍生出了律師自嘲為「肥水不落外人田」的心態：現在合夥人會把找來的案子都交給自己或自己的團隊，這樣費用都記在他們的帳面上，所以領到的薪資也就比較高。另一個趨勢是事務所彼此間會有「水平轉移」，就是合夥人有可能帶著很多客戶與案子跳槽，同時也可能把自己的人馬帶走，因此造就很多同業相殘的事件。

另有一些法律事務所透過合併、併購的方式來擴展市場，或者將業務觸角伸進新領域，更乾脆一點的作法就是化身為包辦型的公司，大企業提出的要求全部都可以完成。但有句話是這麼描述併購一事：「吃得下不一定拉得出。」一開始大家都只看見遠方的彩虹，所以不考慮彼此文化和價值觀都有差異就匆匆合併，結果大多數合併以失敗收場，或者是鬧得員工很不愉快，爭論不休。新來的人不喜歡老人，因為老人也許是真的有實力，但領的錢還是太多了點；老人也看不慣新人的嘴臉，懷疑他們是不是真可以帶來業務量，也認為這群人只是待價而沽的投機客。

前任美國律師公會道德委員會主席勞倫斯．佛克斯時常撰文評論法律事務所文化，他表示水平轉移、合併案都可能對原本健康而遵守道德操守的文化，造成最負面的影響。他並指出一個惡性循環：由於律師對於事務所的忠誠度降低，所以客戶對於事務所的忠誠度也開始動搖。

事務所變得像是旋轉門，價值觀與傳統都要讓路給市場經濟與「你替我做了什麼？」這個問題，食物鏈底端的新律師對此壓力感受最深。美國各類社會群體中，律師有最高的酗酒率，多數人加班太多，依據一九九〇年的調查，大部分律師每個月都要工作超過兩百小時。一九八四到一九九〇年，不過六年時間，私人執業律師對工作表示「非常滿意」的比例下降兩成。當然凡事都有例外，依舊有事務所保留了核心價值，其中包含員工福利與社區福利以及公司本身的收益。只不過像邱雪蓉一般的年輕人，面對的現實就是大事務所卻是小家子氣。

改變現在美國各大律師事務所的環境並不容易。包括佛克斯、前美國律師公會會長史密斯，以及帳目專家桂爾等，許多專家認為解決之道顯而易見：我們必須將法律視為專業，而非商業。桂爾曾說：「當然，律師應該要過不錯的生活，可是我們這行業並不是以賺錢為主要目的，我們應該是要幫助大眾。」這樣簡單的理論卻在實行上顯得飄渺不實。史密斯任內，美國律師公會的專業精神委員會花了好幾年研究，卻也無法擬出一套簡單明瞭的作法可供參考。

比較好的處理方式可能是交給客戶動手。現在找律師的客戶已經不像以前一樣，把律師當成家庭醫師那樣不願輕易更換。一九九六年一項針對律師執業操守的政府專案報告特別強調收費道德問題，而目前也已經有許多大企業會請自家律師與審計員檢查外聘律師收受的費用是否合理。而且這些大公司可能同時找了很多間事務所，而不是單獨一兩家而已，如果事務所表現不好當然就換掉，假使事務所居然亂收錢，那麼經審計發現以後有可能遭到起訴。

法人也想出反制手段，那就是提出不同於以往的新型計費標準；許多律師不願失去客戶，也就點頭同意。有些這類型的客戶還會嘗試以百分比為單位來付款，以前只有付不出鐘點費的貧苦民眾才會採取這種辦法。此外也有律師與客戶達成協議，以工作項目或者「價值」來計費，所以聘用了律師以後完成一定量的事項就會給付一定量的金額，保險公司現在也會堅持固定流程就只有固定費率。以往這些計價方式只會在協助個人客戶的小型事務所中看見，因為一般民眾希望知道「自己為什麼付錢」，項目通常是遺囑、信託、離婚或酒駕辯護等。

事務所的規模繼續擴大，每年也都有大量學生自法學院畢業，往後法律市場會是買方為尊，想要採取主導的客戶將有權決定要為律師服務付出多少代價。這種作法對法人團體如銀行、保險公司非常簡單，但也是社會大眾都可以辦到的事情，一般人一樣能夠貨比三家、堅持價格要與服務內容一致、並且要求合理的保護措施，像是簽訂費率合約，並且包含律師行為不當時的處理辦法。回到邱雪蓉身上，像她一樣的小律師，更頭痛的問題是客戶有沒有權力強迫她們做出她們自己認為顯然不對的事情。

尾聲：雷諾意見函事件

雪蓉的週末有一半時間用在聯絡直屬上司保羅．哈利，他是事務所合夥人之一，負責環境業務小組。她希望哈利可以代表自己去跟蕊吉娜說明，以合夥人對合夥人的關係告知蕊吉娜她對此事感到極度困擾。可是哈利放長假，出去當背包客了，根本沒辦法聯絡上，所以雪蓉另外一半時間便不斷苦思要怎樣寫出一封喬治．雷諾看了會滿意，她自己也不會良心不安的意見函，但結論是這根本不可能。雪蓉無法在這件事情上與雷諾取得共識，即便她好幾次動筆了，然後試著修飾自己的語氣、融合衝突的觀點，卻也知道這絕對不是雷諾不動產能拿去將房子售出的工具。

星期天晚上，邱雪蓉一蹶不振，她決定如果沒辦法對得起自己，那她寧願不要寫下這封信。但她同時也明白，星期一早上如果這樣告訴蕊吉娜，想必就會丟了飯碗。然而，星期天上班路上，雪蓉卻心生妙計。

她一走進蕊吉娜辦公室就先開口：「蕊吉娜，要是妳真的想要為雷諾出一封意見函，我是可以給妳，不過這樣可能會害慘我們事務所喔。」

蕊吉娜詢問她言下之意，雪蓉解釋道：「妳很清楚，我的立場是認為州政府遲早都會宣布妥賽克是有害物質。」

「我也以為妳知道個人見解並不能擺在第一位。」蕊吉娜不耐煩地說。

「這我明白。」雪蓉又說：「可是假使州政府很快就宣布我是對的——我個人完全認為我不可能錯——那麼買主不可能善罷干休，說不定會告上法院，那時候雷諾不動產就可以拿出意見函，說當初是經過我們處理。雷諾要是被告了，那我們就是下一個。」

「所以妳是說，雷諾想要這封意見函，是為了拿我們墊背？」蕊吉娜問。

「沒錯。」邱雪蓉說：「但是妳比較清楚他為人，妳怎麼看？」

「好，那就重寫一份，把正反論點都寫進去。」蕊吉娜重新吩咐：「但是妳動作得快點，今天就得給雷諾拿到東西。」

「沒問題，我猜到妳會這樣想了，」雪蓉回答：「所以我兩種都有寫。」

「很好！」蕊吉娜態度緩和許多：「雷諾那邊妳就別擔心，交給我處理，我會告訴他這樣子也沒問題。」

那一天雪蓉下班時覺得信心重建，這幾天使她獲益良多。她沒有放棄自己的道德價值觀，沒有真的照蕊吉娜原先的要求寫信，卻找得出辦法巧妙閃過這件事。更使她感到有趣的，則是蕊吉娜聽見她說這件事可能危及事務所，結果蕊吉娜態度立刻一百八十度大轉變，不再堅持客戶要什麼就給什麼。當然，雪蓉從這案子又在收費時數上大有斬獲，她覺得自己已經慢慢體會到要如何踏著鋼索，從小律師變成合夥人。

第五章　在美國企業內揭弊

那是人造出來的東西，看不見、摸不到，僅存在法律條文中。

——美國最高法院大法官約翰・馬歇爾
一八一九年於意見函內描述企業體

企業的過錯累積起來，在我眼中就是個人罪孽的呈現。

——聯邦法官麥爾斯・洛德一九八四年於法庭
對A・H・羅賓士公司總裁與律師之發言

別問別人做了什麼，問問自己做了什麼。

——馬里蘭大學法學教授大衛・魯本探討律師
發現危害公眾安全時「揭弊」的道德責任

杰斯・瓦倫西亞已經在美國汽車公司工作長達十七年，他大學取得機械工程學位以後就進入這間公司，後來申請到補助金，公司幫他付學費上法學院夜間部進修，而白天他就繼續從事工程師工作。等他取得法律學位以後，便進入公司內的諮詢部，也就是美國汽車公司自己的律師單位。後來他升遷兩次，成為資深顧問，並擔任該公司「車輛可靠性委員會」的主要法律諮詢人。汽車可靠性委員會的成員大部分是高階工程師以及中階管理幹部，委員會主席則是公司副總裁喬瑟夫．巴克．派卡德，他是資深主管團隊之一，並且為公司把關汽車安全問題。

杰斯很喜歡自己在這委員會裡做的事情，他一直都相當關注汽車安全問題。雖然他很明白駕駛汽車本身有一定的風險，但是他在這份工作上，可以將以前的工程知識好好活用，主要任務是檢查其他工程師提出的文件，包括設計圖、試驗場資料、車禍研究等；由於他具備工程師的專業知識，所以可以確保美國汽車公司出產的車輛都通過產業及政府制定的相關規則。他對於自己在美國汽車公司工作感到光榮，也對於他在公司內的資歷感到光榮，大家都認為他不僅對公司忠心，同時也是汽車安全大使。

有一天下午，公司裡的一個稽核員安琪拉．傑克遜小姐要求立刻跟他談話。稽核員負責監督公司各單位是否有切實完成工作，而傑克遜小姐更是有一項相當重要的職責：她負責審查可以直接影響到車輛安全的設計方案。因此，她有時會對杰斯提出非正式報告，主要是通知他工程設計部分的動向。然而那一天，傑克遜小姐顯然有相當緊急的事情想告訴他。

她告訴杰斯，她自己之前針對公司銷量最好的路克索二代車種做了例行審核，「我出席工程設計會議，聽見大家一直提到『天氣問題』。」傑克遜小姐說：「你也知道，我的工作常常都得問一堆問題，所以我就問他們，『到底是什麼天氣問題？』結果才發現這件事。」她聽到的消息是——根據近期的測試，發現二代車經過設計變更以後，在特定的天氣狀況下，會因為煞車油管線問題而可能使車子煞車完全失靈，但目前二代車已經有兩百輛上路了。

「我可完全不知道有這回事。」聽得出來杰斯相當不高興，他最討厭的事情就是居然有安全問題成為漏網之魚。

「我想他們也是才剛發現，現在正在寫報告。」傑克遜小姐說。

「好吧，妳大概得先把整件事整理成備忘錄直接送到我那裡，記得要『特殊處理』免得事情鬧大了，還有辦法控制情勢。」所謂特殊處理是他們兩人間的默契，美國汽車公司的法律部門透過「律師與當事人」這樣的特殊名義將文件加密，避免重要資訊外流。「對了，安琪拉」杰斯又說：「把來龍去脈都幫我查清楚，像是事故發生的機率跟頻率、回收改裝的成本跟過程等，動作得快點。」

之後兩星期，傑克遜小姐追蹤此事，問了生產線設計師、天候工程師、數據分析師、成本分析小組還有精算部門，然後將初步報告寫成備忘錄送交杰斯，也不忘如期所囑，在卷宗外面註明「機密：律師與當事人通訊」字樣。

報告指出依據天候專家與數據分析結果，煞車完全失靈的機率不是很高，卻也算是嚴重，每年可能有十二萬分之一的路克索二代車會發生事故，換算起來一年會有十六次意外。而煞車系統部分失靈的狀況就難以估算，但當然會比完全失靈的頻率要高。至於這些事故到底會導致多少死亡或重傷案例，根本沒有辦法統計，但大家都認為事態嚴重。然而財務方面的估計也令人憂心，每輛車據估計改裝費用將會是一百四十五美元，如果全數維修則高達兩億九千萬美元，且隔年要再出新一代車款，這個問題並沒有解決。

一收到這份報告，杰斯立刻聯絡了副總裁派卡德，並要求緊急召開車輛可靠性會議。隔天他就將這個問題公開發表，並且告訴委員：他認為事態已經「受到控制」，換句話說目前唯一有關此事的文件，僅止於他手上的律師通訊。但杰斯也提出嚴正建議：「下一代車種一定要解決這個問題，等到傑克遜小姐掌握確實的數字，也必須展開回收處理。」

又過了三星期，車輛可靠性委員會展開每月例會，但是路克索二代車問題並沒有排入議程，杰斯詢問派卡德為何如此，派卡德則表示他已經親自處理事件。「資料還不齊全」派卡德對他說：「這種事情總要點時間，要耐著性子。」但委員會又開了兩次會，結果還是完全沒有討論到路克索二代車，派卡德也始終都說問題已經「在處理中」。不過杰斯認為苗頭不對，自己似乎被排除在外，所以請傑克遜小姐提供情報。傑克遜小姐告訴他，就她所知當初的估計，無論是意外發生率與改裝維修成本都「相去不遠」。

這下子杰斯開始懷疑到底怎麼回事。他本人完全沒收到任何關於二代車的安全報告，也沒發現下一代車在設計上有所更動。新款車再過兩個月就會開始展售，預期中每個月可以銷售五萬輛，但看來新車種也會有相同的煞車缺陷。

✻ ✻ ✻

美國律師之中約有一成「受僱」於公司企業，人數在八萬到十萬間，他們既是客戶的律師，也是客戶的員工，提供各式各樣的法務服務。然而受僱律師的處境並不如外界想像得好，他們承受的壓力比起外面事務所中最低階的新人都還要大；多數受僱的律師認為自己跟一般企業員工比較接近，因為他們的薪資、獎金、配股、升遷等，都由雇主直接決定，「拒絕」客戶的意思就是必須辭職。

杰斯．瓦倫西亞是律師界中少見的個案，他的信念是自己即便必須揭發公司產品有危險這件事情，也必須盡責保護無辜民眾，然而他也必然無法忽視這麼做可能帶來的慘痛代價。他會被炒魷魚，而且想要再找其他工作也會很難，他對外發表的消息將遭到美國汽車公司的主管與同事全盤否認，也會被貼上騙子的標籤。此外，將客戶的機密洩漏出去，還有可能使當地律師公會認為他紀律不佳。

在第三章中，我們提供了一個例子，也就是A．H．羅賓士公司僱用律師來防堵原告方發現達康盾子宮內避孕器的風險相關文件。實際上，羅賓士公司內部法律部門有更嚴重的情況，這些消息是由之前在羅賓士公司內任職的律師羅傑．塔托所透露，可是塔托已經在一九八〇年代早期離開該公司，進入奧沙市的奧羅．羅伯茲大學教授法學以及法律倫理。一九八四年時，羅賓士公司內部強烈抗議，還曾經想請法院發出強制令，然而塔托還是在明尼蘇達州接受避孕器一案原告方連續四天的取證訊問；原告方想要藉此拼湊出事情原貌，瞭解羅賓士公司如何隱藏機密文件，使達康盾產品的問題可以不見天日長達十年。

一九七四年，羅賓士公司受到的控訴便越來越多，也有越來越多證據指向婦女因為達康盾受傷、甚至造成胚胎流產。同年六月，羅賓士公司將此產品在美國市場全面下架（但難以置信的則是之後數年持續出口），到了當年下旬，美國食品暨藥物管理局也開始針對這個產品的安全問題進行第一輪的聽證會。根據塔托自己的說法，到了一九七五年初，羅賓士公司內部的高階律師，同時也是他的上級，身兼總諮詢長以及公司副總裁的威廉·佛瑞斯特，居然對他提出一項極其罕見的要求。

佛瑞斯特副總裁下令，要塔托監督「問題文件」的銷毀工作，所謂問題文件，也就是指出達康盾安全問題，並證明羅賓士公司早已知情的資料。可是塔托並不想要做這種骯髒事，只能當個「有良心的膽小鬼」，要屬下去處理這件事情。結果他的部下就帶著好幾百份文件，到了羅賓士廠房中用以焚燬污染藥品的強迫通風房中全數摧毀。事後，佛瑞斯特與當初受到塔托指使的人全都不承認這些經過，只不過知道羅賓士公司其他可悲行為之後，便很難相信塔托有必要說這個謊，甚至會說了謊還將自己也牽扯進去。「他說『快去辦』」塔托回想當初佛瑞斯特說的話：「然後我只能乖乖聽話。」

假使當初這些文件可以公諸於世，成千上萬的婦女會知道自己使用這種子宮內避孕器會承受多大風險，也就可以及早將其取下避免受傷，但之後當然也就可能會控告羅賓士公司。在取證訊問中，原告方律師詢問塔托這些婦女是否有得到任何警訊，而塔托則表示完全沒有，而且羅賓士公司也未向食品藥物管理局以及一群正在評估此產品的醫師小組透露任何資訊。就某方面而言，塔托可以為銷毀文件的舉動加以辯解，因為當時尚未出現任何事證開示令要求羅賓士公司必須出具這些資料，只是塔托個人在提出證詞時，卻覺得他必須負起完全的責任：他知道這些文件作為證據會有什麼效力，也自認銷毀這些文件於法律於道德都是錯誤。

那麼，為什麼一個看來耿直，而且宗教信仰虔誠的人，還是涉入了這樣一樁傷害許多無辜女性的湮滅證據事件？塔托在證詞中也提及了原因，他「沒有挑戰現實的膽量」，畢竟自己的飯碗會因此保不住。「（我）有太太和兩個小孩要照顧，我只能說我現在知道怎樣做才對，但當時真的沒那個勇氣。」

不過塔托沒有完全摒棄自己的良知，他沒有依照上頭吩咐將所有東西都給毀掉，卻留下了一些「最關鍵的文書」的副本，藏在自己家的地下室裡面。取證時，他將這些東西交給原告的律師，過了幾個月，明尼蘇達州內所有關於達康盾產品的案子都和解收場，想必與羅傑．塔托所提供的資料有不小的關係。

羅賓士公司內部律師試圖阻止羅傑．塔托提出證據，根據的立場是因為塔托之前身為該公司律師員工，與公司之間存在律師與當事人的關係，所以不應該洩漏任何銷毀文件的消息。這種理論的依據在於企業雖然不是個人，但也應當比照一般「人」，享有律師與客戶之間的優先關係，任何告知律師的事情都應當視作機密。一間公司只要能夠主張各種內部文件都是「送交律師」，就像是杰斯與傑克遜小姐使用的「特殊處理」，那麼很多企業所犯下的罪行、或者說至少是相關的證據，都會被這層防護傘給罩住。

律師與客戶的優先關係並不是非常嶄新的觀念，許多研究者認為這樣的概念可以上推至古羅馬，當時奴隸替主子做的事情都算是祕密，依法不可對外洩漏。到了伊莉莎白女王統治時期，英國將此制度修改，適用於客戶對於律師所透露的消息。一直到二十世紀初期，尚未有人質疑此權利是否侷限於個人，也就是此隱私權只能保護個體洩漏其祕密時的自主與尊嚴。在此概念下，客戶向律師所提供的訊息，都可以看作是一種「信託」處理，所以律師必須加以保護。

然而即便個人與律師間的保密關係有身後的社會歷史背景，這個基礎一開始並沒有延伸到公司企業上，主要問題在於個人與律師間的嚴格保密關係看來與企業營運模式並不相容。訊息之所以會傳達給受僱的律師，必然不是由「公司」所發出，而是由公司內其他個人所發出，這些個人可能是員工、可能是專案小組或主管之類，他們只是「代表」企業發言。然而大法官約翰．馬歇爾口中所謂「看不見、摸不到的人造物」，也就是企業體，卻希望能夠享有個人對律師的優先關係。

這樣的特權關係是怎樣進入美國各企業手中呢？看來幾乎是一次意外，一八九五年賓夕法尼亞州法院沒有仔細分析研究，便認為賓州鐵路公司「有權將對律師提供之資訊加以保密」。一九一五年美國最高法院處理另一樁案件時，又將這樣的權利轉移到另一個鐵路公司上，於是鐵路公司一時成為美國勢力最大的機構。矛盾的是，在九年前，最高法院卻也指出企業體並不享有所有個人的法律權利，並駁回一家公司意圖逃避控訴的手段。

企業體真正可以保密，其實是相當近代的事情。一九六三年在一件有關燃油燈（Radiant Burners）安全的案件中，芝加哥聯邦法官威廉．坎貝爾認為企業體不能擁有「就歷史與基礎的本質而言僅限於個人」的權利，也就是說這種關係「只適用於自然人」。坎貝爾法官質疑：在該公司內的員工，是哪一個人有名義可以聲稱他與律師之間存在這樣的特權關係？他並指出此例一開會引發諸多問題：「涉及企業體時，法律部門僱用律師眾多，若大量文件以此處理，則緘默範圍延伸過廣。」而坎貝爾認為，企業體必然會利用這種緘默，「藉由僅與律師討論企業活動達成對外隔絕目的」，於是阻絕了外界調查企業體的機會。

但聯邦上訴法院的審判長約翰．黑斯汀卻並不認同坎貝爾法官的觀點。他駁回坎貝爾的決定時表示：「事實上，這樣的權利關係並不會使企業得以將文書資料藏匿於律師處並藉此避免揭露。」可惜後來發展證明黑斯汀的見解有誤，而最高法院卻也沒有針對此一問題多做調查、不對黑斯汀的說法加以考驗，直接大門敞開，此後企業體便得以將祕密都掩埋在律師與當事人的優先關係底下。

將此種保護措施使用得淋漓盡致，煙草工業當之無愧。一九五〇年代中期至一九九〇年代晚期，煙草公司無數次拒絕社會大眾檢視抽煙對身體的害處與成癮性問題，同時還對外宣稱這些都是未受證實的臆測。

為求阻止提告者得到資料，煙業在事證開示上打得是密不透風的消耗戰。「套句巴頓將軍的名言，我們能打贏官司靠得不是花雷諾公司的錢，而是耗光那些混蛋的錢。」雷諾煙草公司法律諮詢長麥可·喬丹於一九八八年對其煙草同業如此表示，但事實上這樣的手段還不夠。煙草產業後來致力於將所有可能危及公司的文書——尤其是內部所做過的研究計畫——全部都以律師對當事人的關係加以封鎖。

敏感文件應「以訴訟為考量……加以處理。」也就是以特權關係加以維護，這是布朗與威廉森煙草公司的內部律師坎椎克·威爾斯所言。一九七九年時，威爾斯以備忘錄方式，建議所有公司內的研究專案都要先通過律師部門，如此一來這些文件全部都會受到律師與客戶優先權的保護；只要研究完成以後，針對研究結果以備忘錄形式送交律師，則該備忘錄會被視為機密，可是研究專案本身不需隱藏。因此，一九八四年時威爾斯曾書面提出：「所有（公司內部）針對抽煙與健康之關係的研究活動都應當直接經由律師處理，自發想到後來每個步驟都是如此。」這種作法是公司可以主張整個專案計畫都受到法律保障隱私權。

煙草公司更進一步使這種伎倆達到完美。早在一九六八年，華盛頓特區「阿諾與波特法律事務所」承接了煙草公司的法律諮商，他們建議進行一項調查，瞭解美國人民是否已經意識到抽煙傷身一事。但為避免調查結果落入有心人手中，該事務所的律師建議由他們自己來進行問卷發送與回收。「若調查結果對銷售不利」備忘錄上寫著：「這些問卷也不會外流。」對外界而言，「問卷都藏在律師的檔案夾中」，想要取得難上加難。

一九九二年紐澤西發生四間大煙草公司遭控訴的案子，本案中出現美國香煙研究委員會的

「特殊研究計畫」資料，結果被發現這些專案的負責人並不是科學研究人員，而是律師。律師在專案之中具有主導權，他們可以決定要聘請跟開除哪些研究員，還可以要求研究員只針對特定計畫加以進行。李．沙羅金是負責其中兩個案件的法官，他引述香煙研究委員會的備忘錄，其中明確說出這種作法是「企業的『盾牌』……是一道防線。」而該委員會有一名成員則說：「委員會的各項特別計畫，一開始的構想都是交由一個研究監督來評估，如果監督覺得不錯，那就當成專案執行，但監督不喜歡的話，就會丟給律師做成特別計畫……我們得將這些東西交給律師保護，不能讓資料都外流出去。」

距離沙羅金法官的意見函五年後，資訊大門終於被洪流沖破。一九九七年十二月，明尼蘇達州法官肯尼斯．費茲派翠克直接下令八百六十五項煙草公司試圖以律師關係隱瞞的文件必須公諸於世，他指責這些大煙草公司「以陰謀手段壓制科學界研究結果」，並認為公司將研究結果「視為律師與客戶間的通訊」是不適當之行為。一九九八年四月底，最高法院並不駁回費茲派翠克法官的裁決，眾議院商務委員會便示出三萬九千份以往遭到煙草公司封鎖的文件。過不了幾天，紐約州檢察長便前往法院，要求撤除美國香煙研究委員會的非營利名目，因為該委員會根本就是煙草產業設置以欺騙人民的單位，而不是獨立的研究機構。五月初，明尼蘇達州的煙草公司以六十六億美元天價將官司和解。

根據一九八八年六月號《財經週刊》文章訪問好幾位律師、科學家之後整理的報導，美國香煙研究委員會的真正地位其實就是監督各大煙草公司的工作，成為最不見天日的幕後黑手。

該委員會於一九五八年成立，一開始只有稱呼為「祕密六人組」的幾個律師，可是後來擴展為十幾位受僱於煙草企業以及企業外聘的律師組合；倡議健康問題者指控該委員會掌握了煙草工業運作，認為這些律師會直接與各煙草公司總裁報告，徹底鞏固產業界不去研究安全問題的政策。

在明尼蘇達與華盛頓遭到披露的資料證實了這些外界傳言，委員會的正式會議記錄顯示出該團體中的律師都知道宗旨是「客戶第一，科學第二」。之前阿諾與波特事務所回報訊息的對象是這個委員會，後來一九八一年煙草業面對美國聯邦健康暨人類事務部要求，必須提供香煙成分清單，結果在委員會中占有一席之地的堪薩斯城「庶克、哈迪與培根聯合事務所」提出建議，認為煙草公司應該趕快測試具有成癮性的物質是否有「負面作用」，若有的話就趕快「剔除並摧毀該份相關資料」。

其他文書資料則可以證明，在委員會中科學家必須經過律師同意才可以進行研究，且委員會上級也可以要求他們去做特定的專案。有些研究計畫打從一開始就遭到律師團否決，例如有一份研究本來意圖證明煙草會傷害人體細胞基因結構，但這樣的研究會幫到「另一邊」或者「敵人」所以不得執行。一九七〇年代中期，有一名科學家提出他能可以找到辦法使香煙不製造一氧化碳，但卻遭到律師團壓制。早在一九五三年，這些律師之間便以流通「可『起訴』抽煙」對人體有害的「大量資料」。明尼蘇達檢察長胡伯特．杭弗瑞三思的結論是：「煙草工業以律師而非科學家作為健康研究的把關者。」

※ ※ ※

單純聘用律師並不能建立出律師對客戶之間的優先關係，重點是要請律師給予法律建議，不過這樣的條件無法阻止各企業的行動，而且單是企業提出文件受到此關係保護，起訴一方就很容易挫折，而無法花費大量時間金錢去追查，所以單是提出這樣的主張，就已經可以在事證開示消耗戰中發揮絕大的作用。

從前述的燃油燈案件中，企業可以採取客戶對律師關係這件事情得到確立，之後企業便一直擴大這個關係的適用範圍。一九七〇年一樁案件中裁定此特權關係得用於企業中所有員工，只要他們有與律師討論到對於公司業務的法律問題即可。同一年華盛頓特區聯邦法院也判決一間醫院針對病患死亡的會議紀錄可以視為機密，以求醫院可以進行真切的調查。

最後於一九八一年，最高法院也發表意見。當時聯邦政府正在調查普強藥廠（Upjohn）是否不法輸送利益給外國政府，普強也因此請法律部門進行內部調查。藥廠僱用的律師針對世界各地的員工進行調查、審查問卷，政府最後傳喚這些文書，可是普強卻指出：就算是最低階層、或者離公司總部最遠的員工，「只要」他們與律師討論過「自己負責的工作」，就應置於律師對當事人關係的保護傘之下。最高法院也同意了，於是企業隱私權可以擴及所有員工，只要他們握有的資訊是律師也需要知道的即可。

經過普強藥廠一案，許多企業內部法律部門又更進一步推展企業保密措施，各法庭見解有所不同，可是這樣的主張原則上已經有了基礎。「文件保留政策」是許多公司新想出的招數，表面上這是一套說明舊文件需要保存多久的規則，實際上卻常淪為工具，用以即時銷毀證實企業有不當行為的證據。控制文件可以存在多久，對於特定的企業如煙草或者石棉公司具有特別意義，因為這些產品對人體造成傷害需要較長時間醞釀才會明顯。

另外一個新概念就是企業進行「內部審核」，或者任何自發性的審查、分析時，都具有一項「自我評估權」。所謂內部審核，應當就是要改進企業營運行為，然而這些資料也可以保密，理論在於這些審查促進了企業內人員誠實對營運發表意見，最終可引導企業達到政府規範。但也因為能夠保密，所以企業再度可以用內部審核作為屏障，將公司的惡行隱藏起來。事實上，能夠以內部審核做保護，那大概也就可以主張安全測試報告、車禍衝撞實驗等結果都是汽車公司自我評估的一部分。

企業可行使的律師與客戶保密關係之所以重要，不只在於律師可以藉此在訴訟案中保護公司，也因為這樣的權利直接影響到杰斯·瓦倫西亞的立場：當律師知道自己公司製造危險商品時，是不是可以說出實情？一九八三年美國律師公會通過的職業行為守則可以回答這個問題：受僱於企業的律師恐怕沒有太多餘地可以阻止雇主出現傷害社會的行為，自己可以決定的範圍比起刑事辯護律師面對可能犯下重案的被告還要少。

律師公會的規則認為獨立執業之律師若合理認為必須要公布一些消息，才可以阻止其客戶犯下「可能立時導致喪命或重傷」的罪刑，那麼便可以卸下保密義務。然而，對於受僱於企業的律師，規則卻變得相當複雜而難以遵循：倘若律師認為公司違法行徑會導致「對該組織的嚴重傷害」，那麼律師「應在合理範圍內盡可能維持該組織最大利益」。可是眾所皆知，所謂組織的最大利益包括收益股價等，於社會整體利益其實關聯不大。

美國律師公會在探討這些規則時，請受僱於企業的律師注意還有其他值得注意之處，諸如保密條款的基本大綱與其例外；但是針對企業本身所設置的規定卻使揭弊難如登天，即便公司營運出現極端惡劣危險的政策也一樣。這些律師可以要求公司重新評估這個危險的情況，或者請公司從其他管道取得另一個法律見解，在更加嚴重的事態中，律師還可以將此議題「通報給組織內更高層級」。話雖如此，「任何行動皆須以將組織分化情況降至最低為優先考量，並嚴加避免將內部資訊洩漏給組織外人士」。換句話說，不管發生什麼事情，有關產品危險的訊息絕對不可以離開該公司的四面高牆。

在受僱律師怎麼做都無法改變公司立場的情況下——而也只有在這樣的情況下——律師可以採取「最後手段」，也就是離職。但問題在於，這對於受僱律師已經是終極手段，對於外界卻毫無意義可言，相關政令單位與社會大眾依舊蒙在鼓裡。至少可以說，依據霍夫斯特拉大學法律倫理教授門羅．弗里曼所指出，代表個人的律師發現該客戶從事不法行為時，可以當下決定切割關係，然而受僱於企業的律師卻花上好幾個月請高層檢討、尋求其他建議等，然而主管階級卻持續「肆無忌憚地進行犯罪或欺詐活動」。

美國律師公會提供的規則為何會造就這種局面？根據一些法律學者回顧，看來箇中原因有政治考量。律師公會中曾經出現一個「庫塔克委員會」，得其名於委員會之主席、在奧瑪哈市執業的律師羅柏・庫塔克；該委員會在一九八〇年重新制定道德守則，初稿中表明如果公司「最高層主管」不願遵守法律，則受僱律師可以「在必要程度上披露雇主的機密」，可是卻遭到企業內律師大力反對。

過了一年三個月，由於企業界律師的壓力，庫塔克委員會擬出第二份草案，這份修訂稿草案還是容許受僱律師揭發問題，但是用詞已經淡化許多，不以「披露雇主的祕密」這種句子直述，而改以語氣模糊的「可透露與當事人相關之訊息」，且這些訊息外洩的前提是律師認為「最高階主管」之行為是以增進其「個人或財物利益」為主時，所以根本沒有提及掩飾企業危險業務的部分。

即便如此，受僱於組織的律師依舊不肯認同，並表示除非在道德條款中完全不提及任何揭弊空間，否則將會以反對票不予以通過。庫塔克與會中委員這場仗一開始就注定要落敗，於是草稿又經過一番大整修，從消費者保護主義轉而為企業惡行的庇護盾。

一九八二年，歐洲共同體法院裁示歐盟國家不得准許受僱於企業的律師與其雇主間進行機密通訊。這一條規定衍生於義大利、法國、比利時、盧森堡諸國法律，這些國家甚至禁止受僱律師同時身兼律師公會會員，其背後理由是既然他們為受僱者，就不可能同時身為獨立客觀的律師。

相對而言，一九八一年的美國卻經歷了普強藥廠案，完全朝另一個方向前進。企業享有律師與當事人間的保密關係，看來順利成長且通過最高階層的法院同意。到了一九八三年，企業律師加上最大最有利的律師團體美國律師公會皆遊說有道，所以給予企業內律師的保護更勝於憲法賦予刑事辯護律師的水準。

企業享有律師對客戶的關係且可無限上綱，到底會造成何種結果？福特汽車的「斑馬」（Pinto）事件可以引以為鑑。「斑馬」是一款迷你雙門汽車，六〇年代末問世，市場訴求為成本低、價格更低，基本上也確實達成此要求，可惜「斑馬」在某方面的表現卻太低了——這款車的油箱防護設計不足，無法承受來自後方的衝撞，衝擊速度只要超過二十一英里即可能造成油箱破裂，之後一點點火星都可能導致起火與爆炸。

設計「斑馬」的工程師早在一九六八年就已經分析出這項問題，一九七〇年福特公司內部也開始討論要怎樣善後；該公司法律部門有人參與此車種專案，也檢視過相關文件，依照福特公司一位主管的說法是「絕對有人知情」。事後估計每輛車更換油箱將會花費五至十一美元，可是福特公司並沒有請車主送廠檢修，卻是反其道而行：一九七〇至一九七一年，福特高層動作頻頻，遊說美國公路安全署延後其發布最低安全標準的時間，這套標準也將油箱部分含蓋在內。福特公司成功了，安全署後來決定新制度要等到一九七七年才正式上路，但這代表福特公司不僅沒有處理產品問題，反而還持續生產未修正的「斑馬」車，一直到一九七七年新規定出來了才停產。

然而一九七七年時，「斑馬」這款車的問題已經浮上檯面。《瓊斯媽媽》（*Mother Jones*）雜誌刊出一篇油箱導致慘劇的故事，引發極大迴響。故事的主角叫做瑞查．葛利蕭，一九七二年時他才不過十三歲，但在加州發生一場車禍遭到嚴重燒傷，替他打官司的律師竟發現福特公司握有令人訝異的文件——主管曾經針對油箱安全問題的「成本與利益」加以計算並做成報告。每輛車需花費十一美元，總共有一千兩百五十萬輛車，依據福特汽車的統計，放著問題不管，直接付錢給因油箱問題燒傷者、或燒死人之後付錢給家屬，都還比全面回收修理要來得便宜。就預估來說，不提供任何相關維修措施，最後可能會出現一百八十個死亡案例以及一百八十個嚴重燒傷案例，而每個死亡案件的賠償金額大概是二十萬美元，燒傷案件則是六萬七千美元，全部加起來福特公司也僅需支付五千萬美元上下，遠比花上一億三千七百萬美元去改裝油箱要節省許多。但因為發現這樣的文字紀錄，所以在一九七八年初，福特公司遭判懲罰性賠償，光是瑞查．葛利蕭這個案就必須支付一億二千五百萬美元。此一金額與實際進行回收處理的分量接近，陪審團便是希望福特能記取教訓。

法官事後調整了金額，將賠償金下壓為幾百萬美元，但是這個案子還有福特公司洩漏出的備忘錄資料已經震驚社會，大眾開始對於汽車工業以新的標準審視。「斑馬」車款的油箱問題，在福特公司內部有非常多人應該能夠提早提出警訊，這包括工程師、安全委員會員、高階主管，當然還有律師。

這件案子在法界為此名動一時，有些人認為福特公司的立場無誤，並指出許多組織如軍隊、政府、各大產業，基本上都會將人類當成一個金額。此外，加州洛杉磯大學教授蓋瑞．舒瓦茲則以電動除草機、飛機、甚至一般的階梯跟刀具等為例，說明汽車也是本質上就帶有風險的商品，他認為沒有汽車可以保證百分之百安全，安全本身應該是要收費的，所以「斑馬」這種價位偏低的車不安全是理所當然。

但是任教於喬治城大學法學院的哲學博士大衛·魯本教授則有不同觀點。「（斑馬）呈現出的並不是安全與價格間的交換關係，只是一個大紕漏。」有一點他說的很對——從有關「斑馬」修護成本考量的報告看來，其中傳達的訊息並不是安全與價格兩者具相對關係，而是安全犧牲在一個已知且原本不應存在的缺陷下。

魯本教授的關注全放在福特內部的律師身上：先不管工程師、主管階層是不是應該要「密報」汽車有缺陷，福特公司聘請的律師到底有些什麼義務？他認為該公司僱用的律師沒有辦法說服上級修正方針，「那就應該警告大眾『斑馬』車種有何問題」。為什麼他認為做這些事情的應當是律師，而不是其他幹部或研究者？他在文章中說：「別問別人做了什麼，問問自己做了什麼。」

有些律師可能與杰斯·瓦倫西亞一樣進退兩難，魯本教授認為美國律師公會的規章之中其實適用於斑馬一案，也就是說律師可以進行揭弊，不過並非人人都能接受這種論點。首先一個癥結在於律師公會的規範之中認為只有「犯罪行為」才應由律師事先出面干預，而魯本教授認為從道德角度觀之這不構成問題，「應當是依據行為本身的意義，而不是法律給予的類別來決定要不要揭發。」

再者，依據律師公會規定，受僱律師進行干預的前提是企業行為會「立時」導致喪命或重傷，這種用詞給予企業另一層保護傘。觸及刑法的罪犯或許出言威脅要殺害證人，暴跳如雷的夫妻可能在盛怒之下也會自稱要殺了配偶，他們傳遞出可以造成喪命、但卻絕非不可避免的危險，無論是律師加以勸說或者是客戶自己冷靜，結果都可能不同。然而以杰斯．瓦倫西亞的情況來判斷，路克索二代車的缺陷不會有「立時」的後果，天候導致煞車失靈的問題說不定要等好幾週甚至一個月以上才會出現，然而這問題卻免不了遲早要發生。因此，弗里曼教授認為這種規定「對於企業客戶的機要、祕密之保護極其廣泛，與非法人的個體無法並論」。

顯而易見，律師僅只是企業巨輪中一個小小齒榫，當一間公司販售危險商品時，一定會有內部的科學家、設計師、安全分析師、資深主管等同樣會知道問題所在，這些人一樣可以要求公司加以改善，必要時可以挺身揭發。現代許多公司內部也設置了如安琪拉．傑克遜小姐這類內部審核員，審核員的工作之一就是公正地對於產品危險加以評估，也因此在企業內部時常身兼「倫理長」，可是一般來說在公司內的地位卻只是中階主管，實際上並沒有能力說服高層更改方針；若審核員本身不是道德幹部，則多半必須向法務部門報告，這麼一來有關公司不當行為的文件又蒙上了保護陰影。

無論是測試跑道工程師、內部審核員或者是公司僱用的律師，面對是否要揭發公司弊案的抉擇時，都會感受到莫大的壓力。這個決定的風險極大——他們可能被開除、可能遭整個業界驅逐，但事實上有辦法可以協助這些人。「道德是可以加以『立法』的。」邁可・裘瑟夫森如是說，他在一間非營利的法律道德機構工作，該機構與企業、律師、政府單位以及媒體業都有合作。以過去二十年間觀之，在制度與福利面，確實已經大幅強化企業為所當為的動機。

許多企業感受到政府日益嚴厲的監督，例如金融業現在必須出具合規證明（compliance certificate），用以宣示該公司之行為皆符合法律規範；這張證明書通常必須由企業最高層，也就是最高執行長來開立。經過「斑馬」事件之後，美國公路安全署也數次調整規定，現在汽車公司不僅必須出具文件，還必須要實際證明公司產品合乎規範。規定最嚴格的大概是針對污染環境、生產有毒廢棄物的企業，二、三十年前環保法規幾乎可謂不存在，但現在卻已經後來居上。

違反政府規定的公司會受到民事起訴，而且漸有以高額刑事罰金加以懲罰的趨勢。一九九一年，聯邦政府通過「組織判刑綱要」（Organizational Sentencing Guidelines），作為企業體違法時加以判決的基礎。這套綱要的運作模式很類似警局的前科記點卡，一間公司如果有過不良紀錄，像是之前曾違法、觸犯法院強制令、高層授意違法行為等，便會記上一筆；不同的是，如果公司改過向善，則點數也可以下降。企業體如果接受自身責任、報告違法行徑，則需要支付的罰金較低，而公司內若實行了有效的監督制度，達到確實預防並揭發弊端的作用，那麼遭判刑時也會較輕。由於出現這些可以緩衝罪刑的「點數」，企業僱用的律師便能夠據此鼓勵雇主將行為不當主動公開。

規範趨於嚴謹、搭配組織判刑綱要，許多公司因此設置所謂倫理長（corporate ethics

officer）。一九九二年進行的調查發現近三分之一倫理長其實就是公司內法務部門的高階主管，同年成立的企業倫理長協會、企業審核員協會也都成長相當迅速。此外，如邁可・裘瑟夫森一類專業人士也時常受到企業聘請，進行獨立的「道德審核」，協助企業擬定道德相關規則、成立專責委員會，以教育訓練方式指導員工如何行為合宜，在某些特殊案例中甚至設立了揭弊專線電話。許多倫理長也身兼「合規長」（compliance officer），負責確認企業確實遵守政府設定的規範。

但依據裘瑟夫森的意見，其實「合規」是一個簡單的主題，企業就倫理道德面，要應付一個更大的挑戰：「什麼才是高尚的行為？」顯而易見，律師的職責之一，就是要針對客戶行為的道德成本做出建議，但裘瑟夫森認為受僱於企業的律師應當彰顯的價值是——美德本身就是一種回報。某些企業的決策階層可以接受這樣的觀念，但對其他人來說這只是軟硬兼施下的結果：政府法規要求大家照辦，還有許多代表「好人」的企業獎項在後頭推一把，企業願意老實承擔責任的原因是可以換來優良的公眾形象。

要將企業的形象與收益擺在一起比較會很困難，但是受僱的律師在勸誡高層時，不僅可以扮白臉端出鼓勵手段，也能夠扮黑臉祭出各式制裁，包括政府處分以及商譽問題等。由Nike、Guess?、Kathie Lee Gifford這些品牌引發的效應看來，大眾非常關注企業行為，也因此對於企業能夠有所牽制。美國環保署也利用文宣手段達成目的：每年都會統計「毒物排放清單」，以線上或紙本供民眾參考，這一招確實地提高了企業的合規比例。環保署大受鼓舞，並在一九九七年宣布未來可能替油業、重金屬業、汽車業、紙業幾萬間工廠都建立個別的污染物排放檔案。

受僱於企業的律師可以利用的另一點是告知高層：隱瞞真相的代價，尤其產品本身有危險時，會遠比內部人員的估計要高。企業公關專家詹姆士・盧卡祖斯基負責的業務是「訴訟曝光率」，在他的觀點之中這個曝光率當然越低越好，換句話說一間公司捲進官司以後能盡快和解會對營運較為有利。盧卡祖斯基也會建議企業以一些策略減少遭到訴訟的頻率：對於受害者的援助要快、溝通時要帶有同情心並如鄰居般親切，且認知到「企業通常的確都會做錯一些事情」。如果將這些概念用簡單的方式陳述，那就是企業必須有責任感。

杰斯・瓦倫西亞面對的問題也一樣，就在於他要不要承擔這個責任。僅僅是向高層提出路克索二代車的問題就有可能導致他遭開除，而即便他沒被炒魷魚，手段盡出之後依舊無效的話，他也沒有太多選擇。倘若最後他選擇向社會大眾公開，那也沒有什麼人能夠在背後支持他。

美國許多州政府對於揭弊者提供保護措施，如果他們因為點出公司隱瞞的真相、公開企業惡行等緣由遭到開除，可以向公司提出「報復性解雇」控訴；但是受僱於企業的律師依舊受制於律師對客戶的優先關係，所以資訊機密的規則漏洞很少，在多數的州內，保護揭弊者的相關法規到底在多大程度上可以適用於受僱之律師，目前還很難界定。另外一個使律師兩難的問題就是：即使法律准許律師將足夠的資訊公開以保護大眾，他們卻也無法像其他雇員一樣可以輕易地提出報復性解雇控訴，因為一旦打官司，他們很可能需要提出「額外」的機密資訊以證明自己的動機，或者證明公司確實是因為律師告密而加以開除。

當諾・威利原本在德州濱海油業公司擔任受僱律師，一九八四年遭到開除，原因是他不願意在環境內審上做偽證，且向公司內部要求更嚴格執行環境清潔規範。威利上了聯邦法院，聯邦法院卻認為他沒有資格提出報復性解雇官司，後來他轉往尋求德州法院協助，德州法院內一個法官判決他可以獲得五十萬美元賠償，然而德州上訴法院卻又在一九九六年，也就是他解雇經過十二年以後給他出了難題：威利可以提出報復性解雇控訴，但前提是不可以違反保護濱海油業機密資料的律師誓言。上訴法院發現威利根本無法在不洩漏機密資訊的情況下成立這樁官司，於是那筆賠償金又飛了。

一九九一年，麻州律師傑佛森・戴維斯・史都華三世遭到通用電話電器公司撤除其燈具部門附屬律師職務。史都華本人的說法是，他試圖說服高階主管針對一些危險產品向大眾發布警告，也要求公司以更合宜的方式處理有毒廢棄物。同年，加州律師安德魯・羅瑟服務十三年後，亦遭到通用動力公司開除，原因據他表示在於他對上司提出公司一些行為不合宜、不合法的部分。這兩個案例中，最高法院至少就理論上都與律師站在同一邊，提供他們以報復性解雇打官司的機會。麻州法院指出，即使受僱者是一位律師，「也不應縮減大眾的利益」。可是這兩州的法院也都丟出同樣的難題給兩位律師：他們對於客戶、也就是前雇主的保密義務並不改變，所以他們不可以提出機密訊息來作為證據。僅有紐澤西一州完全將揭弊的律師當成一般雇員處理。

說來可笑，企業體就歷史淵源來說根本沒有太大理由能享有優先保密關係，但受僱律師就算得知了最為惡劣的企業行徑，想要揭發卻也困難重重。相對來說，刑事辯護律師毫無疑問應當為客戶進行保密，這是長期、有書面資料可追溯的傳統，但顯然當刑事律師發現當事人有可能會加害他人時，能夠相當有效地加以通報。一九九四年，紐澤西針對以刑事、親屬法這兩類衝突較多領域為主的律師進行一項研究，結果卻更加弔詭：他們與受僱在企業中的律師相當不同，非常有意願也非常有能力可以說服自己的客戶不要做出違法行為。然而，企業中的律師如威利、羅瑟、史都華之流，單是開口就可能遭致解雇。

紐澤西那項研究中，百分之八十八的受訪律師都說假使有人會因此死亡、重傷，那麼他們願意揭露一些私人資料。問題癥結在於這些律師心中所想的事一個特定的人會受到一種特定的傷害，好比他們的當事人或許會說：「我要把證人給殺死！」或者「我前妻這次逃不掉了！」之類，表現出的犯意不僅清楚明白，而且直接針對某人。企業的行為或許必然會導致傷亡，可是這種傷害依舊抽象模糊，只能預期會有不知道名字的某人會因不知何時發生的某事件中而受害，再加上對上級提出勸諫需要多大的勇氣，也難怪許多受僱的律師根本不想淌這種渾水。

而紐澤西州進行的該次研究，也確實發現那些律師之所以會認為暴露出當事人的行動也無所謂，主要原因並不在於該州對於律師的操守規範較為概括，而在於他們思考時，腦中會有受害者的姓名、長相，因此感覺得到自己應當負起什麼責任。如果不知道誰會受害，那麼情感上也就自然得以疏離；只不過一個人起了犯意，卻都還很可能在最後關頭回頭是岸，相比之下有瑕疵的商品造成的傷亡卻是難以避免。

有鑑於A・H・羅賓士公司隱瞞達康盾子宮內避孕器有害人體一事數年之久，負責明尼蘇達州相關兩百餘案的麥爾斯・洛德法官在當地基督教協進會發表演說時，主動切入企業良知這一個主題。「以前那個年代」洛德法官感嘆道：「不管是殺了人，還是製造了什麼可以傷人的東西，都一定會有人阻止你……但這年頭不同了。這年頭，我們有本益比分析，我們把無價的東西都標上了價錢，所以一切都毀了。」他還指出美國社會充斥一種反諷，大家都支持打擊犯罪，「讓這個國家更安全」，卻對於更加危險的企業犯罪採取截然不同的標準看待。「大企業的總裁、主管看見一個小孩挨餓、受傷，大半也都會伸出援手」洛德說：「可是這總裁或主管回去自己辦公室，馬上就會在報告書上簽名，然後把好幾噸毒水排到河裡，讓同樣一個小孩喝進肚子。」

律師自稱為法庭上的理事，就算丟了工作也應該要能有更高尚的表現，當然社會大眾也對律師有更高的期盼。只是到底那期盼有多高？邁可・裘瑟夫森認為就像是亞瑟・米勒的作品《我的兒子》（All My Sons, Arthur Miller）裡頭兒子對父親的期望一樣。在該劇中，父親准許有問題的飛機上戰場，他向僥倖生還的兒子表示自己並比起那國家的半數人來說一點都不糟。「我哪裡壞了？」父親這樣問。兒子回答：「我知道你跟一般人比起來並不壞，但我以為你有比較好。」

尾聲：揭弊之後

距離新車種上市只剩下六週時間，杰斯．瓦倫西亞的堅持有了一點點成果，派卡德終於將路克索二代車的安全問題排進車輛可靠性委員會的例會議程之中。一星期後開會時，派卡德將一頁簡短的報告發給大家看，這份報告由一組路克索二代車特別委員所製作，其中完全沒有提到安琪拉．傑克遜的備忘錄，也沒有舉出任何數據，卻籠統地表示二代車委員會已經做了「完整的評估」。

報告上這樣寫著：「經過審慎考慮，委員會認為煞車失靈風險並不大，因此無須進行回收。同時，新車上市之後三個月將能夠以維修方式進行修正；目前煞車問題並不影響新車上市進度，而修正零件完成之後，也可以立刻加入生產線中。」

杰斯看完火冒三丈，這些事情他之前一點兒都沒聽說，更何況他沒聽過什麼二代車委員會、也不認為這個委員會提出任何實質證據。他直接找派卡德理論，想知道是不是傑克遜小姐先前做的預估確實有誤，但派卡德卻以「這已經不是問題」作為回應。杰斯還是要求車輛可靠性委員會重新評估這份報告，卻沒料到派卡德說可靠性委員會已經認可了，因此報告往上送交董事會。

當天晚上杰斯深思許久，認為似乎到了時候，他必須親自將這問題呈報給最高權力單位，也就是董事會。不過他沒有貿然行動，隔天早上先去請教了法律部門的主管希多爾．范帝佛。杰斯相當敬重范帝佛，將他視為導師，而且也是范帝佛推薦之下他才會進入車輛可靠性委員會，以往范帝佛相當鼓勵他對於車輛安全嚴格把關的信念。但杰斯又一次感到訝異，看來范帝佛已經全部知情，還跟他說：「好了，杰斯，火車已經出站，沒辦法回頭了。先擱著吧，一有辦法他們一定會處理。」

杰斯又掙扎三天，最後將自己的報告遞交到董事會那裡，開頭寫著：「我認為我對於客戶，也就是各位，有義務將針對公司車輛的嚴重問題加以報告。」這份報告裡面有他自己對整件事情的敘述，也包括安琪拉．傑克遜的備忘錄副本，結尾提出一項建議，希望董事會採取行動，「針對路克索二代車進行回收或翻修，確保產品安全，以避免大眾及美國汽車公司受到更多傷害。」隔天他就被開除了。

之後幾天他一直掙扎要不要針對美國汽車公司提出報復性解雇控訴，但最後他放棄了，因為他知道自己面對的困境有多大。他所在的州法院並不接受一個受僱律師提出這種控訴，而且如果他不拿出應當保密的資料——也就是他自己要求安琪拉．傑克遜「特別處理」過的文件——這官司他一樣打不贏。

三個月後，他已經決定自己開業，通勤途中在報上看見州際公路發生一樁車禍，路克索二代車連續撞擊上好幾輛旁邊的汽車，該駕駛表示她完全無法煞車。事件造成一人死亡、四人還在醫院急救，當天晚上電視就播出車禍現場的畫面，也訪問了驚魂未定的路克索車主。翌日，杰斯做了一件他思索很久的事情：他將自己呈報給董事會的備忘錄以及那份「特別處理」過的報告寄給美國公路安全署，並且註明如何聯絡自己。

一年後，他收到路克索二代車一案原告方律師的傳票，結果自己必須聘請律師來判斷他到底該不該、行不行出庭作證，搞得他自己的事業也沒辦法好好經營，此外還被美國汽車公司以違反客戶優先關係的原因提出紀律控罪。

單元 3

貪婪與欺騙，是否「人皆如此」

「當事人制度」並不厚此薄彼，無論是有錢的財團、有勢的大事務所、抑或是刑事辯護律師都一樣可以運用。就算是在小事務所工作的律師，無論客戶是受傷的原告、爭取工作權的員工，或者是要代表小公司、代表房客、代表團體等，任何律師都可以利用「當事人原則」試圖取得優勢。有些人將當事人制度看作是聖經中大衛對抗巨人的工具，用來為雙方取得均勢；有錢有勢的一方能夠投入大量資源，但與其抗衡的律師一樣有各種奇招可出，雙方機會均等。

實際審判時，律師也有機會嘗試他們那些千奇百怪的手段。以保險業來說，一旦出了事故，兩造的律師都會立刻趕往現場取證，簡直就是趕不走的蒼蠅。但更惡劣的是理當針鋒相對的雙方卻可能進行條件交換，彼此都隱瞞一些不利的條件——這對社會而言自然有害無益。會這麼做的律師便有可能以說謊、誤導的方式，甚至是協助客戶舞弊，但一切都可以說是遵照當事人原則來進行。於是大衛跟巨人的打鬥根本事先串通好了，有些事前協議真正圖利的是律師而不是當事人。「人皆如此」根本不是個藉口，卻很遺憾地成為最常聽見的理由。

第六章 保險律師：追逐救護車也追逐錢

每個在美國的律師都得厚著臉皮做生意，我也一樣。

——李查．弗朗奇，人身受傷律師

我覺得這是精神強暴，我這一行應該沒這麼糟吧。

——瑞查．凱斯勒，律師，一九九六年飛機事故中他失去妻子但事發後立刻有律師向其招攬生意，故出此言

我通常都比救護車早到。

——梅爾文．貝里，遭人譏為「有救護車就有他」

律師山姆．哈蒙在高原市律師界中風評並不算頂好，但原因到底是因為他拉生意的辦法「太低級」還是因為同業嫉妒他，這就不得而知。他是一個人身受傷律師，收入頗為豐厚，招攬客戶的辦法包括在深夜時段播出電視廣告，口號是「不管大案小案，哈蒙把你當成專案」，在電

話簿的工商廣告也一定找得到他的電話，此外有網頁、還有一位全職專人上網搜尋可能接得到的案子。

他接到的以小案件居多，一些汽車擦撞或者在市場、賣場跌倒的案子為主，不過當事人通常也只有第一次去事務所時會見到哈蒙本人，之後就會由助理出面，並且發送給旗下小律師負責。

有時候哈蒙也會碰上大案，多半是公車或飛機的交通事故，這時候他會派出「調查員」，這些人能夠比警方還要迅速抵達現場。有人質疑為什麼「有救護車就有他」，哈蒙卻是高聲喊冤，認為自己是「協助被害者獲得應有的賠償」，還認為自己是「唯一可以鎮得住保險公司、替市井小民討公道的人，有他在才可以給那些人一點顏色瞧瞧」。

保險理算員則一致認為哈蒙睜眼說瞎話，分明是個死要錢的人。哈蒙處理起重大案件時，是個相當難纏的律師對手，保險公司也都對他頭疼到極點，因此一旦出現大眾運輸意外或者連環車禍，保險公司拼盡全力想要比他早一步接觸到受害者。然而處理起小案子，保險公司雖然遲早要碰上哈蒙的事務所，卻很清楚他底下的小律師都習慣早早和解，根本不會提出訴狀，這種作法對事務所來說非常省時，但客戶能領到的賠償就少了許多。這完全不是哈蒙聲稱的「給保險公司一點顏色瞧瞧」。

＊　＊　＊

與地球上其他國家相比，美國的平均每人訴訟案件量顯然較多；雖然經過統計，各種傷害、侵權官司在總數之中的比例也不算太高，這類訴訟卻成為社會與媒體焦點。許多民眾在空難現場、中毒事件中看見律師如夏天的蚊蟲一樣揮之不去，心中深感厭惡，也有人深夜時段看見律師以電視廣告招攬生意，覺得這不像是專業人士提供協助，反而像是二手車拍賣一樣。此外，目睹諸如車輛衝撞導致脖子扭到、或者年邁女士遭熱咖啡燙傷之類的案件判決，亦有人深感社會不公，希望法界能進行「侵權判決改革」，他們的訴求是打官司的費用應當降低，對於所謂痛苦、傷害的賠償也應有限度，勝訴時的律師費更要大幅刪減才合理。

以上描述的人有一個共通點，也就是他們已經對於美國的侵權訴訟制度失去耐性，希望看見改變。與救護車一起出現的律師其實只是個起點，這個問題還有更多更嚴重的層面值得關注。

律師追著救護車跑的現象的確存在，這點無庸置疑，但事實上他們也可以透過其他管道接洽案件，例如醫院員工、葬儀業者、拖車司機等。其實類似的問題自上世紀初便已經開始，現在火熱的是擦撞導致頸部扭傷，當時則是「火車拉傷」，據稱是由於火車車廂的忽然移動所造成。其他尚有許多惡名昭彰的律師與客戶，像是以前有一位婦人天賦異稟，能夠自己引發脫臼與出血；還有一位一九〇〇年代早期的小姐，她已經太多次因為自己踩到香蕉皮滑倒而鬧上法院，後來大家給她起了個「香蕉安娜」的渾名。由歷史觀之，經濟大衰退年代百姓生活困頓，所以有許多人選擇以自殘、更極端則是以「意外」截肢這樣的緣由去生錢。

到了現代，這些假造意外的人，還有追著事故的律師，兩者間的配合到了更複雜的階段。一九九七年布魯克林大陪審團起訴八名律師、兩名醫師、三名醫學院學生、還有四個受律師僱用跟著救護車的跑腿，這群人會被逮到是因為其中有一人在醫師助理的電子布告欄上公然張貼廣告，表示介紹案件成功的話每次兩百美元酬勞。布魯克林區律師公會事後表示所有負責傷害罪的律師都有如此行為，這幾個被逮到的連「不成氣候」都配不上，完全是個無名小卒。

「追著救護車跑」這樣的文字敘述，在現代的意義與發明此一詞的往昔有所不同。當初這樣的字眼同樣是詆毀，不過卻帶有菁英主義與種族主義的意涵，原因是法律專業過去僅限於菁英階層，早自十三世紀英格蘭，律師學院就只接受富家子弟作為學生，他們瞭解法律以後提供大眾服務，原則上並不收費，只接受客戶捐贈。後來的美國，律師開始收費了，但卻也將菁英意識延續到二十世紀來。一八七八年美國律師公會成立，原先的會規中依據創建者的觀點，限制入會成員必須是社會上的「領導階層與中堅分子」。

在費城享有極高地位的律師亨瑞．諄克具體代表出這種一百年前的組織菁英思想。諄克認為一旦律師圈中出現歧異背景，則專業水準將會遭到破壞；他所在意的包括所謂的俄籍猶太人，還有出身貧民窟的「烏合之眾」等。諄克擔憂律師界這個貴族領域遭到這些人侵犯，所以親自介入，他擔任律師公會中倫理委員會主席長達十年，也一直推動「賓夕法尼亞實習專案」，這個計畫的設計目的就是要確保律師公會可以拒絕其他種族背景或社經地位較低的人成為會員。

賓夕法尼亞實習專案大體而言確實達成預期目標，不過一九一二年美國律師公會還是意外收了三位黑人律師進去。協會中有一些思想較開明的人居中斡旋，最後協會決議不收回三人的會員資格，但卻也表示這是一項「錯誤」且日後必定不會再犯。後來美國律師公會很快就通過一項決議案，其中闡明「協會之慣例僅接受白人作為會員」。

一九〇八年，美國律師公會將操守規範制定成草案，一共三十二條規定。根據法律歷史學家傑若．歐巴克研究，這個草案中認定該協會是「保護專業之組織」，目的是「確保該專業之獨占性」。在當時，律師公會在意的是旗下律師自身的財務利益，結果也因此與立法機關中提倡改革的政治人物有所衝突。美國律師公會那些規定最主要的用意並不在於控制名下會員的行為，而是為了反制一九〇五年，美國最為提倡改革的一人——老羅斯福總統——在哈佛所發表的演說。在該次演講中，老羅斯福批評當時美國為企業體服務的律師，認為他們藉由建議客戶如何規避律法來賺錢並非正途；顯然美國律師公會所制定的章程並不反映出總統的擔憂，而是希望能滿足那些有錢「貴族」的工作需求。

好幾條早期的規定與廣告、招攬業務、收費這些事項有關，基本上是要抑制一種公平競爭的局勢，不讓律師盡其所能去「搶」案子。不過仔細分析後可以注意到背後更大的問題：在這樣一個有組織的律師公會中，許多成員是透過自己的社會關係、與大企業間的聯繫而能得到客戶，因此這些人希望能阻斷別人搶生意的行動。而律師公會的規定淪為工具，用以確保十九世紀大半歲月中，律師界權威都留在同樣一批人手上。

一九〇八年頒布的美國律師公會規章中，第二十八條呈現出這種背後的意涵：

> 律師表示自願接案是一種不專業的行為……引起爭端、訴訟不止欠缺專業素養，也違反了

> 法律通則。刻意尋找各種名目、行為中的缺失以求在訴訟或審判中得以代表其中一方，或者接洽自稱受到傷害或有其他理由希望能與訟者，以及僱用部下進行上述行為，皆屬傷害專業名聲之行為。

遭到美國律師公會排擠的律師剩下的選擇不多。聖路易斯有「丘城非裔美籍律師公會」，成立於一九二二年，也就成為弱勢族群律師的第二個家。大部分企業體客戶都被美國律師公會或者類似的「菁英組織」給霸占，小型事務所以及獨立開業的律師也就必須以傷害罪為主打。

無論種族背景為何，若要承接傷害罪相關業務，律師也就必須在自己所處的社群內想辦法拓展案件來源，而這樣的接洽管道比較不會受到各律師公會所察覺，也很難加以證明或處分。相對來說，如果刊登廣告，就非常容易確認，就律師公會的立場而言也很容易可以嚇阻，也因此在二十世紀的前四分之三，律師可以說根本沒辦法以廣告招攬客戶。

一九六〇年代末期是禁止廣告的高峰，有趣的是當時也是消費者運動抬頭的時間點。加州律師公會對梅爾文．貝里處以吊照三十天處分，因為他有「自我擴張」的行為，而起因是因為他在帝王牌蘇格蘭威士忌的廣告名人清單上出現；這件事導致許多人認為他是因為傷害罪業務量很大，於是遭到妒忌、排擠。後來一間「傑可比與麥爾斯」律師中心由於自稱「法律諮詢中心」而非「法律事務所」也遭到協會訓斥，但法院卻不同意協會以其他方式制裁，並指出「諮詢中心」一詞其實比「事務所」更為精確。

最後在一九七七年，美國最高法院裁定亞利桑納州的貝慈與歐斯丁法律諮詢中心可以在當地報紙上刊登出收費標準，並認為這屬於憲法保障的商業言論自由權。大法官哈瑞．布萊克蒙直指反廣告的規定根本「不合時宜」也「僅供參考」，根本與職業操守毫無關連，還為文指出「限制廣告的歷史基礎已經崩壞了」。布萊克蒙有稍加緩頰，表示「錯誤不實、誤導視聽」的廣告依舊會遭到法律處罰，但廣告大門終究是打開了。

貝慈與歐斯丁諮詢中心的廣告其實很簡單，只寫了有什麼服務、各種服務費用為何（例如「改名——九十五美元，另收二十美元出庭費用」），不過爭議似乎早已失焦。另外一件遭到忽略的事情，便是隔年最高法院通過了無限期吊銷一位俄亥俄州律師艾伯．奧拉里克的執照，因為他意圖跟兩位未成年少女收取傷害罪訴訟費用。那兩位少女之中的第一位是進醫院時受傷，可是她原本就是要治療骨折才會上醫院；另外一位則是不斷聽律師說前面那位女孩要提告，最後半推半就點頭了，隔天她告訴律師想撤銷告訴，律師居然還可以拒絕她。

這段有關協會規範的歷史縱使已經與菁英主義、種族主義扯上關係，卻還比不上一些律師惡劣的行為——這些律師利用傷者與家屬最脆弱的時刻下手。一九九六年瓦盧杰（ValuJet）航空公司五九二班機與環球航空（TWA）八〇〇班機的意外事件，可說是「有救護車就有律師」的最惡劣示範。

瓦盧杰航空的飛機墜落在佛州後，立刻就有幾十名律師前往邁阿密各旅館發送廣告手冊給投宿的受難者家屬。有些律師送了鮮花，也確定至少有一間事務所刻意派出美女去接送那些喪親者。還有律師是真的躲在旅館大廳的盆栽後面，一直糾纏家屬，希望他們可以簽字。一位死者的姊姊說：「大家想要哀悼的時候，確實有一群禿鷹繞來繞去。」另外一次重大意外中，有位父親曾說：「我只希望可以好好辦完喪禮啊！」「時機適合的時候，我們會找一位律師幫忙，但是絕對不會是這些人。」瓦盧杰空難事件中一個死者親人如是說：「有人說律師無恥，這就是原因。」

家屬的反應並不使李查．弗朗奇感到膽怯，他大方承認自己在空難後一週內就大量寄件給受害者家屬，而且也堅稱自己這是為社會服務、告知家屬應有的權益。「要是我打擾到人，我是真的、真的非常抱歉，」弗朗奇接受《波士頓先鋒報》採訪時說：「但是我認為我可以幫得上這些受害者，我所做的事情值得他們分心瞭解一下。」他似乎認為曝光率越高，生意就會越好，所以環球航空空難事件後，他還在美國公共廣播電台「全方位思考」節目裡公開朗讀自己寫給那些家屬的制式信件：

（死者姓名）親愛的家人，請接受我對於（死者姓名）身亡一事表達最深的哀悼之意。相信各位現在都很難受，而我願意在法律層面提供所有的協助，且初次諮詢完全免費……在各位閒暇之餘，請致電詳談。祝安好。

「每個在美國的律師都得厚著臉皮做生意，我也一樣。」弗朗奇上美國廣播公司「夜線」節目時這麼說。

美國境內的人身受傷律師並不是只有空難事件中這樣一個面向，有一些人身受傷律師賺進大把鈔票，其他人則也都過得不錯，但他們其實常常要面對非常有錢的對手，多半就是保險公司。人身受傷律師必須真正以客戶為依歸，因為他們在打官司前就必須將所有費用先計算清楚，費用動輒是幾十萬，尤其訴訟內容為產品瑕疵或者嚴重事故時。許多人身受傷律師工作不單純為了錢，也是因為他們打從心裡相信客戶因為他人的緣故受了傷，必須支付龐大醫藥費、收入也驟減，將會因此生活困頓，一定要獲得合理的賠償。那些上了頭條的案子裡可能都有好幾千個平凡人受傷受害，必須依賴保險公司給予理賠，此時律師當然也會自認為是保護「小市民」的正義使者。

這類律師之中不少人對於自我的期許、評價都跟他們處理案件涉及的金額一樣高。芝加哥律師菲爾．科波對於這點毫不避諱，他已經年過七十，也處理過空難這類案子，但他最為人所知的就是曾經與嬌生公司在法庭對決，有人服用了遭受污染的泰諾（Tylenol）止痛劑膠囊而送命。科波自陳經手過許多大案，金額超過一百萬美元的便超過兩百五十件，不過他卻比較希望大家記得的是他會為市井小民奮鬥、而且在客戶需要慰藉時他也能夠安撫人心。委託過他的人確實認為他富有同情心及同理心，一九七六年他的么子在車禍中喪生，所以他說他「絕對不會自認為『瞭解你的感受』」時，許多人都能夠接受，因為他明白悲劇是相當個人的一個經歷。

但與這種形象相對的另一個極端，就是趁人遭遇慘劇時還要大賺其錢的律師。這種名聲在保險公司與媒體推波助瀾下逐漸深植民心，也與亨瑞．諄克主張的菁英論一脈相承，然而確實有許多律師符合這種描述。以下便是一些律師的惡形惡狀：

- 超收費用，有時是單純定價太高，有時是收費超過該業務實際價值。加州一位在電視上自稱是「全民律師」的人二度遭到律師公會處分，最近一次在一九九七年，他的諸多問題中其一便是對客戶收取案件總額的一半，名目是「法律顧問費」，但實際上該案件僅止於小額索償法庭，律師根本不得進入，而且也有免費的法律諮詢服務。
- 濫接案件，於是客戶數極多，但絕大多數都是車輛擦撞或者走路滑倒之類小事情，處理方式是快速和解，客戶也只能拿到應有賠償的一小部分。保險公司比較希望碰上這種律師，和解很快代表保險公司可以不用理賠太多，而律師會這麼做則是因為快速完成案件之後就可以接下個案子。事實上如果提出告訴，客戶可以取得更高額的賠償，但也就必須進行事證開示、聽取證詞等過程。
- 在費用合約以及計算方式上動手腳。部分律師以客戶取得的賠償金額一定比例收費，然後又從其中扣除打官司過程中的支出，如果這筆金額也包括客戶的醫療費用，那麼東扣一點、西扣一點以後，客戶能領回的根本很少。
- 以某特定社群的代表人物作為號召，聲稱該人物進入事務所中擔任法律助理，並將此事在該社群的母語報上大宣傳。這樣一來自然會有客戶上門，但問題是沒有人確定律師本人到底懂不懂得這種母語，外界也不確定律師是不是與那位「法律助理」分帳——這在任何一州都是違規行為。

休士頓一位約翰・歐奎恩到底屬於哪一種律師實在很難下定論。首先他是很成功的人身受傷律師，打過的官司價值好幾十億美元之多，而且在隆乳訴訟案中表現積極，其形象足以登上《富比士雜誌》或者《華爾街日報》。正常來說，這麼高的知名度理當也會贏得同業讚譽，可是其他律師對於歐奎恩的反應卻很矛盾，根據《德州律師》報導，許多國家級的律師組織拒絕他申請會員資格，連他自己所在地的州級律師公會也不再邀請他出席研討會。

一個很大的原因或許是他招攬生意的方式。一九九六年下半，德州律師公會發現他聘用非律師人員專跑意外現場，還找了一個曾被吊銷執照的年輕律師協助從一九九四年美國航空夏洛特市空難事件受害者中尋找客戶。一九九七年四月，歐奎恩又遭到南卡羅萊納以同樣名義起訴；事實上他以前就有類似問題，一九八七年德州律師公會便對他發出過紀律處分，因為他僱用那些跑現場的人找來上百個案件。但後來他也沒事，只是遭到申誡、進行一百個小時的社區服務，並且負擔協會調查此事的費用。

歐奎恩自己則辯駁這屬於言論自由範疇，而且如果他不去協助那些空難受害者，那麼受害者便只能任由航空公司的律師宰割。一九九四年，他接受《紐奧良時代破報》採訪時表示：

「從來沒有人敢說我做的事情對客戶不好。」這個論點獲得部分觀察家支持，認為空難受害者如果得到如歐奎恩一般的法庭常勝軍協助，總是比起其他名不見經傳的小律師要來得好些。「（如果）律師幹得漂亮，那就算是他自己去招生意，就算他付了一萬去『買』這個案子，可是他最後幫客戶贏到一千萬，到底礙著了誰？」一位德州律師、同時也在協會中處理相關案件者投書《德州律師》表示疑問，在他看來在這過程中唯一會覺得受害的，大概就是其他沒有接到案子的律師。

但是美國最高法院並不認同這個看法，一九九五年以五對四的投票結果通過佛州一項新規定：在任何意外事故發生後三十天內，不得以任何方式招攬生意。這一條規定用意不在於預防律師去旅館大廳攔客、派出手下去事故周圍區域等，因為這些行動原本就已經遭到各州禁止；佛州這項新規定主要針對的是信件騷擾。

既此之後，也有其他州想要跟進，但許多原告方律師與職業道德專家卻看到這種政策的一大問題：律師不得招攬生意的期間，保險公司的人員就可以隨心所欲行動——但他們並不是想要替受害者出頭，只是想要以低價和解，甚至是直接迴避訴訟。

除了律師事務所以外，美國境內另一個也要打官司的就是保險業。當然保險公司並不是以訴訟為主業，在打官司之前自然要廣告、賣保險，但販賣各種責任保險的公司也都很清楚，遲早都有一天會鬧上法庭，這種案件比例並不低，而他們能迴避出庭訴訟的次數越多，公司就可以省下越多的錢。

舊金山港區最近有一個案例，一個小嬰兒由成年人表親照顧時不幸燙傷，之中明顯牽涉到照顧疏忽的責任問題，該名表親的廚房並不是一個安全的環境。事件發生不久，該表親的保險公司「公務人員保險」一位核保員打電話給受傷小女孩的雙親，該核保員表示如果他們願意不興訟直接和解，那麼就不需要對表親提起告訴。這核保員表示他也很關心孩子的傷勢，另外他與孩子的母親有相同的基督教信仰背景，所以一些價值觀很接近。核保員馬上送了一千美元過去給父母應急，之後也一直以電話與這家人聯絡，態度顯得相當和善。女孩的爸爸認為他「真是個好人」，但這「好人」卻說服了父母以保險公司明知較低的價錢就加以和解，其中一部分原因還是因為保險公司找了一個律師過去幫忙協調並「代表」那女孩出庭。

這是核保員提出的。當他說自己可以為父母找一個免費的律師時，父母當然很高興，於是律師跟他們會面，並且寫下和解案的細節。這位律師還幫女孩向一家支付年金的保險公司申訴，表示女孩獲得的年金太低了，結果年金公司重新估算之後也承諾將之提高。之後律師準備好申請書，要請法院進行和解，由於本案牽涉未成年人，所以就必須多出這個過程；但奇妙之處在於，這位律師將自己與事務所的名字都寫在申請書上，卻將所代表客戶的位置留白。私下在女孩的父母與醫師面前，他則是清楚強調自己的客戶是那可憐的女孩。

雙親因為非常關切小女孩，所以一直相信這律師所說的話，不過後來他們還是發現了，原來保險公司沒有真正照價理賠，倘若當初有聘請律師的話就可以得到更高的理賠金額。他們之所以得知這件事，其實算是一個偶然：小女孩的媽媽在法庭聽證會之後致電律師希望進行一些諮詢，可是核保員律師卻拒絕了，並在此時表示自己真正的老闆是保險公司。

這對夫妻算是比較幸運的，後來趕快找了另外一位律師幫忙，不僅起訴保險公司，也起訴之前那位律師作假一事；其餘類似案例中，當事人通常沒這麼好運。而後來那位造假的律師在取證中，說自己做這種事情已經「不知道有幾十遍」，之前一直都沒有被逮到。

數年前，賓夕法尼亞州另一個五歲孩童厄尼斯．甘恩的處境則糟糕得多。這小男孩不幸發生車禍，傷勢相當嚴重，事發後肇事駕駛人的保險公司派了一位核保員去拜訪其母，並向孩子母親表示她不需要特地去找律師，只要孩子脫離醫師照顧了，保險公司將會立刻進行理賠。之後兩年內，這位核保員定期會與這位母親聯繫，但是等到厄尼斯真的不需要再去看醫生時，卻完全無法找到這位核保員了。甘恩太太最後還是找律師出面處理，卻發現為時已晚，根據法律規定，上訴的時限已經過了。賓州法院不准這位男孩上訴，還特別規定原告方律師必須拿得出「能證實對方欺詐或造假的清楚證據」才可以延長對於保險公司的追溯期限。

甘恩家的事件發生在一九六〇年代，距今已經不只三十年，但是賓州的狀況卻沒有太多變化。佛州通過反制律師攬客的章程，賓州也加以跟進，仿照佛州的作法，針對原告方律師的廣告信件加以限制。有些人提出應當兩面兼顧，也就是在同樣的三十天期限中，理當也禁止保險公司跟保險客戶達成和解，不過這種訴求沒有得到迴響，所以獲得的支持票數不多。於是乎，賓州法界也助長了保險公司的勢力。

回到歐奎恩遭到起訴的德州，當地的反攬客規定還包括可以用刑法加以處分，但這裡的相關規定一樣只限制了原告方律師，卻沒有干預保險公司那一邊的律師。幾年之前，頗負盛名的傅布萊與賈沃斯基聯合事務所合夥人之一、同時也是德州律師公會的會長出面組織一個「真相保衛隊」，這個團體會派人前往意外現場，對受害者與家屬提出警告，告知他們原告方律師不可以在那裡當場招攬生意。一開始輿論認為這是改革，但後來卻發現一切只是圖利自身——會長所任職的事務所，客戶之中就有保險公司與航空公司這些很可能成為被告的對象。

瑞查．凱斯勒雖然身為律師，但他卻也是受害者。瓦盧杰航空空難事件導致他失去妻子，但悲劇發生後五天內，他就一直收到某些原告律師的廣告函來招攬生意，其中包括事發隔天就收到空難現場的照片，這使他又重新體驗一次喪妻之痛。「這太糟糕了」他後來這樣描述過，對於這樣的攬客方式他感覺「完全不受尊重」且是一種「情緒傷害」。凱斯勒當然認同應當對於這些律師有所箝制，可是他卻也堅信保險公司及其律師應當受到同樣限制，他在美國公共廣播電台「全方位思考」節目中提到雙方都是以「高壓、恫嚇的手段」來達成目的，「可以說兩邊都是瞄準已經受創的人，然後再度重創他們一遍。」凱斯勒提出的解決之道就是將所有相關單位的行動都加以封鎖，這樣「大家立足點平等」，而受害者及家屬也有時間先平穩情緒。

凱斯勒的想法沒有錯。為了招攬生意而導致當事人的哀傷這不應容忍——但也許這是唯一可以阻止保險公司趁虛而入的辦法？有太多證據顯示保險公司以財務為優先考量，三十天的空窗期中，他們會使出各種手段來以對自己有利的條件和解。

最高法院支持佛州的三十天禁令之後，美國著名的全州（Allstate）保險公司便採取積極行動，希望說服保險客戶在律師介入以前就趕快和解。該公司發送信件、手冊給客戶，標題是「我是否需要律師？」並鼓勵核保員拜訪保險客戶、前往事故現場、監督警方報告，以各種手段快速達成和解目的。

全州公司常用的說詞是投保者與公司和解直接領錢，雖然乍看下理賠會少一些，但扣除了律師勝訴收取的費用，最後拿到的卻比較多；同時他們舉出一份一九九二年保險研究協會研究報告，報告指出與保險公司和解，則領到理賠金所需的時間也比較短。問題是他們忘記提到一九九四年同協會另一份報告的統計結果：車禍事故之中，有聘請律師打官司者平均理賠金額是一萬四千七百美元，但沒有請律師的情況卻只有四千一百美元。這差距足以負擔律師費用，多數人也都覺得寧可多等一會兒。

一開始只有一家公司有這種積極行動，不過到了一九九七年初，利寶互助（Liberty Mutual）也開始廣發信件，於是原告律師群起抗議，也至少有一州的檢察官著手調查保險公司是不是非法提供法律訊息給投保者並達到誤導目的。只不過保險公司顯然沒有收手的跡象，想必這些行動也是在保險公司律師精心策劃下才會展開。

包伯．曼寧比任何人都瞭解保險公司及其律師可能造成的傷害，《紐約時報》於一九九七年年中時將他的故事刊載出來，當時他都還在等候一九六二年的意外理賠。那一年他工作中從電線桿爬下來時，意外觸電、墜落時頭部先著地，導致頸部以下全身癱瘓。事發後紐約州勞工賠償理事會已經兩度通過給予曼寧理賠，金額高達一百二十萬美元，可是負責的保險公司公用互助（Utilities Mutual）卻不願意付帳，問題癥結在於曼寧需要二十四小時全天候專人照顧，但他多半都是請妻子幫忙，而他的妻子也確實是一個有執照的看護。這種情況有前例，也有五位受理上訴的法官都已經裁定公用互助公司必須理賠，但是該公司的律師菲力普・盧尼卻一直堅持還有立場可以上訴。

一九八八年公用互助公司曾經希望和解，卻要求條件由他們來開，曼寧和他的律師回絕了，結果保險公司說那就繼續打官司，還要曼寧「別想這件事情可以善了」。之後曼寧一直處在破產邊緣，上訴法院後來也發現他無法負擔醫療費用，身體狀況因此惡化。「我知道他們在搞什麼鬼」曼寧在一九九七年五月接受採訪時說：「保險公司認為只要我無法接受治療，那很快就會死了。」保險公司的發言人盧尼當然不承認，他自稱對於曼寧的處境懷抱「極高的同情心」，但他的客戶「根本沒有理賠的理由」，除非最高法院如此決定。

可是等曼寧的故事在報紙上曝光，州長喬治・帕塔基表示這件事情真是「不光彩」，公用互助公司的主張「荒謬」，後來州檢察長也發函給該公司表示上訴時效早就過了，該是付錢的時候了。又過了一陣子，曼寧的前雇主摩哈克・波瓦也公開要求保險公司支付勞工的理賠，保險公司終於低頭。輿論力量加上紐約州各高官出面，自然能夠壓得住保險公司和律師，使他們無法繼續拖延，然而曼寧後續申請的特別醫療費卻依舊懸而未決。

曼寧並不是唯一碰上這種事情的人。保險公司在律師的建議、同意之下，一旦認為堅壁清野的戰術有效，便會選擇拒絕理賠。近期有一個案例是修道院燒到一點不剩，保險公司說只願意按照當初建造的實際費用加以理賠，但這樣一來結果幾乎等於零，因為這間修道院當初是志工出力、以捐贈的原料所建造。修道院的人提出疑問，用這麼少的錢怎麼有可能完成重建？結果保險公司核保員竟回答：「那就祈禱上帝顯個神蹟吧。」於是修道院方面也只好請了一個保險顧問，這位顧問對於保險理賠的規則很熟悉，代為出頭之後終於爭取到全額理賠。

保險公司當然會以各種方式拒絕理賠，而這之中有一個最為模糊的地帶是醫療險。舉例來說，佛州曾有一個女孩出現嚴重面部缺陷，她問母親：「上帝為什麼把我做成這個樣子呢？」母親向保險公司表示，女兒在這種狀況下不為社會所接納，根本無法像正常小孩一樣生活。然而，加州藍十字保險公司的醫療險主管堅稱替她整容屬於「整型手術」的範圍，不涵蓋在醫療險中，醫療險只處理會影響「身體機能」的問題，「社會機能」不在保險範圍中。後來這個女孩還是得到理賠，進行了幾次手術，不過那是因為她的律師找到一些證據證明她的視力會因此受到影響；其他有同樣問題的孩子不一定能夠如法炮製。

除了拒絕理賠以外，另一個保險公司牟利的辦法就是拖延理賠時間。目前半數以上州政府成立了審查委員會，如果民眾遭到健康維護組織（HMO）拒絕保險理賠，可以進行上訴；不過審查需要時間，等到理賠下來不知要多久，而民眾遭到拒絕、延宕等情形，實在很少人能有資源去加以對抗。一位支持立法改革的紐約州參議員便說：「要是你家燒光了，根本沒辦法等個一年半載的吧。」

＊　＊　＊

前述的舊金山事件中，該律師曾以遭到燒傷女嬰的名義出庭，後來在取證中，問及他到底代表哪一方，他顯得非常困惑。縱使他之前一直為女嬰上法院，但他最後還是不認為自己代表的是女嬰那一邊，他知道付他薪水的是保險公司，不過他根本沒有見過投保者——也就是燒傷發生地點的屋主，女嬰的表親。這律師只知道如果要打官司，被告就是屋主，於是苦思之後他的結論是他同時代表保險公司，卻也代表他根本沒見過面的投保者。

為投保者服務時，律師的處境相當尷尬。許多律師認為自己的客戶應該是保險公司，因為付錢的是他們，決定要將哪些案子、多少案子送到事務所的也是他們，而在案件中通常能夠決定要不要和解、以多少錢和解的，還是保險公司。會和律師一起用午餐、討論公事的人，是保險公司的理賠經理，他們這兒有源源不絕的案件，但是投保人都是單一個案。可是投保人按時繳保費，不只是為了在需要時獲得理賠，也是為了自己遭到起訴時會有律師作為代表。在一般個案中，這些投保人才是客戶，進入法律程序的是他們、出庭的是他們、參與取證、在法庭上提出證詞等的都是這些投保人，正常來說他們才應該得到律師忠誠且積極的辯護。

保險公司聘用的律師都必須不斷將狀況回報給公司，由保險公司來決定案件應當如何處理，是不是要和解、金額設定在多少，可是多數州法院還是認為既然投保人成為被告，那麼律師服務的對象就是被告。然而保險公司與投保者之間的關係很緊繃，保險公司自然希望能以越低的金額了事越好，但投保者的心態不同，可能希望不要耗時、可能希望不要干擾生活、可能希望盡量避免取證與出庭這類麻煩事。保險業的律師就卡在這中間，他們還是免不了認為自己效忠的對象是保險公司，尤其如果長期下來牽涉到幾百幾千的案件時更為明顯。於是一九九六年一群保險業的律師要求修改規則，希望保險公司能與投保者至少有一樣的地位。

歷經二十世紀大半，美國法律協會（American Law Institute）一直嘗試起草所謂「重申」的法界規範，一九九五年前後曾經出現一份「律師相關法條之重申」。美國法律協會並不具備強烈代表性或普遍性，其中成員以法學教授、法官、大型事務所的律師為主，而且主流是中年白人男性，此團體很少聽取非律師的意見。這個協會雖然在社會上知名度並不算高，但這些「重申」的條文卻對許多州法院的法官具有影響力。

一九九六年，該協會針對律師行為的重申文件已經有十幾份草案。在那時的版本中，美國法律協會接納了一般觀點，認為即便工作權決定在保險公司，但律師服務的終極對象應是投保者。既然名為「重申」，這份文件的內容理當如此——「重申」代表闡述，而不是更新或改變。但是保險業律師卻抓住這個機會，他們希望這段文字有所更動，因此展開密集的遊說行動，希望美國法律協會改弦易轍。

他們一開始先在各種期刊上發表文章與見解，其中最主要的一個人是德州大學的查爾斯·席爾文教授，他是公認的保險法專家，也獲得保險業中的兩大組織撐腰。之後以芝加哥威廉·巴克為首的一群律師也開始以各種管道施加壓力，希望美國法律協會那些被稱為「書記員」、為協會負責草案文字的法學教授可以採納他們的意見；後來他們還使出了一個在其他律師眼中算是「史無前例」的招數：他們請已經遊說成功的那些協會成員去參加一九九六年在華盛頓特區舉辦的會議，並在投票時表達支持保險公司的立場。由於依照慣例，僅有一成、約三百人會出席例會，所以能夠掌握一點點票源就足以控制結果。「是有一些要人選邊站的意味」巴克自己也這麼說。

於是在華盛頓特區的那次會議中，保險業律師得償所望，草案中的文字有了修改，符合他們的建議，也就是投保人不是最主要的客戶。但許多人對於這群律師的動機跟手段有所質疑，還有一些協會成員後來表示他們也有保險公司客戶，結果保險公司對他們施加壓力，要求他們配合。部分法界人士同意門羅．弗里曼的觀點，這位教授批評說此種作法使得美國律師公會不再是一個客觀反映法律現況的團體，成了企圖修改法律的組織。「道德規範不是一個可以反悔的合約。」他認為這一連串遊說行動都是「中飽私囊」。另外，美國法律協會內居住在路易斯維爾的成員唐諾．維希則更直接表示：「跟我要票的時候，我整個人都傻眼了。」

由此觀之，律師與保險公司合作的結果常常都是犧牲掉個人的權益——此處的個人，是指事故受害者，或者是投保人。這些當事人在牽涉大筆金錢的遊戲中，有時候簡直像是遭到操弄的傀儡，這樣的狀況必須有所改變。保險公司營業的目的當然是為股東賺錢，律師也有資格要求生活富足，但是這兩個目標不應該牴觸更高層次的目標，也就是社會的基本原則：在保險制度下，個人的權益應當受到兩方的保護，還有尊重。

針對侵權案件進行改革，並不能真正達成此一目的。支持改革的人會指出法庭中囤積許多案件，問題是囤積的案件中最大宗為交通違規，次之則是刑案。根據美國州立法院中心最新的統計數據，排除交通相關案件，侵權案也不過占了百分之三，在民事案件中不到一成，相較之下家庭關係案件都還有四倍之多。侵權法規改革的訴求包羅萬象，包括刪減律師勝訴時收取的費用以及敗訴方需負擔所有費用等，可是這麼一來不只是擋住了窮人尋求法律途徑的大門，連一般民眾都會因為律師以鐘點計費價格太高昂而無法打官司，或者是打官司結果輸了於是付不起另一方開出的高額律師費。

至於原告律師與保險業律師之間的角力賽，看起來真的給邁可．裘瑟夫森說中了。身為裘瑟夫森法律道德學會的會長，他認為雙方面進行的是「惡性競爭」，心態是「只要我幹的事沒有比你壞，那我就算是好人了。」一想要避免大家都採取這種打折扣的道德觀念，如美國法律協會這類機構必須確保自己所代表的不只是專業人士，還代表了這個專業所服務的對象，而且也要預防組織內成群結黨以分贓的手法進行各種遊說活動，根本無法對現行法律有精確闡述。最後，律師公會的紀律單位也應確保這些拔河行為不會傷害到捲入保險訴訟鬥爭中的民眾。

尾聲：山姆．哈蒙紀律案

山姆．哈蒙過了二十年才終於被該州律師公會吊銷執照。這麼多年下來，公會已經收到十三次申訴，內容是哈蒙根本沒有好好為他們辯護，而從這些申訴看來，都是一些小金額的案件，哈蒙會交給底下的律師去辦，最後都以不打官司的方式解決。但公會研判之後，覺得也許這些律師不算頂尖，但也並非完全沒做事。

後來哈蒙因為三次行為失當而遭受申誡，但這三次事件都是他派出跑腿去有毒物質流洩地點招攬生意，而這三件事情也都是其他的原告律師跑去公會申訴，不是當地的居民。結果他被吊銷執照六個月，這段期間他為事務所找來一個合夥人，所以照常營運，真正改變的是電視廣告中出現的那張臉。

第七章 法庭就是舞台，律師就是演員：引導與誤導陪審團之間

訴訟（名詞）：一台進去前是豬，出來後變成香腸的機器。

——安伯斯・比爾斯，《惡魔字典》，一九一一年

出庭時什麼都給，就是不給證據。

——密爾瓦基市檢察官，麥可・莫康一九九五年針對訴訟技巧氾濫之警語

我認為大家可以放心，不要再把陪審團當成智障兒。

——亞利桑納州法官麥可・布朗改變陪審團制度，使陪審團成員在審判中參與度更高

亞伯拉罕・丹尼森是港市這兒相當傑出的律師，他成立的麥可比&丹尼森聯合事務所共有

十八位律師，大家一起承接各種不同案件，內容包羅萬象，有富翁離婚、企業主管因職責疏失遭起訴、也幫大企業處理環保問題與商品瑕疵官司。事務所許多客戶都是當地菁英，而丹尼森自己也主持一間郊區俱樂部，在俱樂部中他拓展人脈與業務，還有當地最高級的高爾夫球場可以用一次一百美元的高額賭注來賭球。

他在法庭外的地方八面玲瓏，但上了法庭卻顯得顛三倒四。丹尼森對朋友與客戶解釋：這是為了要在陪審團眼中營造出同情，使陪審團認為他是可憐的鄉巴佬，也因此雖然他平時會穿著義大利名牌西裝，但出庭時卻都穿些不大體面的衣服，這樣才更能獲得好感。他要在庭上提出抗議，多半都不會像別人那樣斬釘截鐵地大叫「抗議，與本案無關！」而是猶豫半天、反反覆覆，差一點兒就要演講了。他私下戲稱這是模仿影星吉米．史都華而來的辦法，實際在法庭上開口常常都是：「抱歉，法官大人，我不明白……我真的搞不懂……我不懂為什麼剛剛那個問題會和本案有關？」丹尼森這種演出方式，在同業之間贏得一個戲謔外號——「老實人亞伯」。

丹尼森還會協助遮掩客戶表現出的世故形象，要求他們不要以個人品味為主，出庭時應穿著打折的平價服裝，還會自己買了地鐵或公車票偷偷塞在客戶的口袋或提包中。

刑案他比較少接觸，但有一次他幫一個闊綽朋友的兒子擔任辯護律師，那孩子遭控強暴罪。丹尼森很肯定種族問題會是陪審團的焦點，因為客戶是個白人，但原告方的被害者卻是華裔。為了淡化這個衝突，丹尼森請了當地法學院中，一位在他實習班上的華裔女性來擔任助理，並要求助理一定要在審判中時時表現自己對於被告流露出友善態度，還說「有接觸才完整」。

丹尼森指導新進律師時，告訴他們幹這一行最重要的技巧就是「找到有偏見的陪審團，千萬不要心想陪審團應該公正客觀，那是屁話！讓陪審團比較傾向客戶這一邊，這樣就會勝訴了。」後來又有一次，丹尼森為兩個來自墨西哥城的移民辯護，受控罪名是違反與房地產公司的契約。在本案中，丹尼森竭盡所能想辦法排除陪審團中出現墨西哥裔人士：「想勝訴的話，一定要讓陪審團有刻板印象，認為墨西哥人都是窮農夫，所以不能放個人進去陪審團裡破壞好事。」

他認為這些作法都是「出庭技巧」，目的是要勝訴。「客戶付我錢，可不是要我輸。」丹尼森說：「客戶並不想被律師搾乾，而最好的防禦就是攻擊，尤其如果我一句話都不說也能傳達訊息給陪審團那再好不過。畢竟呢……」他的解釋是，「法庭就像表演，我個人比較喜歡精彩的演出。」

※ ※ ※

很多案子都不會上法庭，但是一進了法庭，大家就會以嚴苛的眼光檢視律師。然而出庭律師至少在私下坦誠的時候，會表示自己的工作根本不是呈現出客觀而絕對的事實，而是客戶所希望呈現的事實，而他們也主張這就是積極辯護的真意，所以出庭就是「說故事」，買不買帳交給陪審團決定。

法庭就某種意義來說也是最後的天平、終極的戰場，之前也許花了很多錢在事證以及調查上，雙方的財力也許相距懸殊，但這些因素在法庭戰中未必有什麼影響。上了戰場的律師要靠自己，他們必須快速的思考、發言、反應，而一位優秀的訴訟律師必須達成兩大目標：第一個是如導演掌鏡般控制全局，第二個是如巨星般恰如其分還可以臨機應變。傳統而言，訴訟技巧教的是如何使律師在陳述事實時言語更加有力，但有時候律師必須像是古早年代的蛇油郎中一樣，如亞伯．丹尼森這類律師三不五時需要用些花招引開陪審團注意，使他們忘記真正的重點所在。

想讓戲劇元素完全從法庭消失幾乎不可能，影集如《梅森探案》、《洛城法網》、《律師本色》等，甚或如辛普森案、威廉．甘迺迪強暴案、羅瑞娜闍夫案等的法庭電視轉播中，大家都不認為律師應當照本宣科地單純陳述事實。其實一九九一年甘迺迪一案中，被告後來無罪開釋，《奧蘭多前哨報》上以「奧斯卡獎」來諷刺，其中一個獎給了起訴檢察官莫拉．拉許如機器人般呆板的演出，不只照稿逐字唸出問題，而且也「完全不露情緒」；其他獎項包括「最佳演員」（由被告與被害人共同取得）、「最佳服裝」也是被告獲得，家財萬貫的他居然穿得像是平價服飾型錄上的三流模特兒。如果當初要頒一個「最佳導演」，想必辯護律師洛伊．布萊克當之無愧。記者麥可．布朗飛這麼說：「簡直像是電影，演出真精彩，我等不及想看他們出書了。」

可謂是演員的訴訟律師都明白，表露出一點人性，在法庭上其實是重大的資產。亞伯．丹尼森就是認為那種樸實的氣質可以使陪審團更願意聽他說話，那麼又有誰能否定呢？約翰．歐奎恩，前章中提到的隆乳案訴訟律師，保險公司欲除之而後快的對象，他也刻意在法庭內塑造出「居家」氣息以爭取陪審團認同。道氏化學公司的律師李查．喬瑟夫森接受《富比士》雜誌訪問時說：「他就算是說夢話其實也一定說得出『聚二甲基矽』（即隆乳之矽膠）這種術語，但他在法庭上就是一定會說『那玩意兒』。」不過這樣的演出也有極限，律師必須拿捏分寸才不會讓陪審團覺得做作，而這些訴訟律師若是要傳授心得給他人，也會一再強調「要忠於自我」。

不少訴訟律師認為衣著很重要，其中也不乏亞伯．丹尼森之流，並不認為律師該穿好衣服。傑克．霍芬格在《紐約時報》上說：「要是大家都沒說，但心裡認為你的當事人為富不仁，那律師還應該穿得很體面嗎？」審判結束之後，與陪審團成員討論，會發現他們的確相當注意穿著細節，甚至會觀察領帶與西裝如何搭配，而且因為法官會交代他們不可以談論案情，於是這就成了他們彼此間的話題。女性的衣飾更容易受注目，辛普森案之中，瑪西亞．克拉克身穿一套較短的紅色套裝，結果顏色、裙子樣式在媒體上比起當天的證詞內容還重要。

有許多人都負責指導訴訟技巧，這包括心理學家、社會學家，還包括演技指導與律師自身，但大家都會提醒一件事情：說故事非常重要。律師必須學會如何創造出鮮明的「畫面」，所以開場時可能會說：「這是一個有關人性貪婪的故事」或者「這故事發生在一個無路可走的女人身上」等，與我們在《律師本色》中常聽到的辯論方式並沒有太大差異。而訴訟中，這個「畫面」越具有圖像性，效果就越好。紐約大學知名法律教授爾文．楊格巡迴各地，傳授所謂「交叉質詢之十誡」，他說「證據展演」應該是：「要是當事人在事故中斷了一條腿，那就別跟陪審團『說』這件事，直接拿一條腿過去啊！時機一到，把『腿』拿出來給他們看！」

律師常說自己勝訴是一樁「戰地故事」，這可不是巧合，兩個詞的組合充分顯示出律師如何看待這件事情，而且他們炫耀自己使用的手法時，口吻好比將這些東西當成戰利品一樣懸掛在牆上。羅傑．多德說起這樣一件戰地故事時難掩心中驕傲，而他的故事中包含另一件新手必須多學的事情：如何在法庭中創造出氣氛、氛圍，甚至是氣味。

多德替一位女子辯護，那位女子在酒吧鬥毆中殺死一個男人，眾目睽睽之下持著牛排刀插進對方胸口，力道之大足以使刀刃扭轉四十五度。多德事前想辦法使法庭同意他以點唱機中一首饒舌歌的錄音帶、一盞啤酒招牌燈以及一罐打開的啤酒作為證物，分別在現場製造聲音、燈光與氣味。結辯時，他以這種方式盡可能在法庭中模擬出案發現場的環境，打開那盞燈作為唯一光源，放了饒舌歌給所有人聽，還將啤酒擺在陪審團位置前面的欄杆上，酸味四處飄逸。他還對陪審團說：「自己沒辦法把法庭弄得更暗，也沒辦法使氣溫提高到（當事人所處）那兩星期的溫度。」最後他要陪審團閉起眼睛來充當黑暗的環境。

他帶著笑容說當事人無罪開釋。「這個結辯是直接訴求於陪審團的情緒」他說：「後來法官有告誡說我們應引以為恥呢。」多德這種作法或許有不少人難以認同，可是多數法官卻也只會口頭警惕一番而已。

多德的作法其實至少還與案件中的事證有關，比較諷刺的是許多律師擅用的伎倆根本就與事實毫無關係可言。在辛普森謀殺案法庭上，主起訴檢察官配戴天使胸針已是自己與被害者之一的家屬是同一陣線，而辯方律師也在陪審團進入辛普森家中訪查時，事先作了「消毒」——將辛普森女友的照片都換成他母親的照片。這類轉移陪審團注意力的手法，其實行之有年。

有個故事發生在有名的克雷倫斯·達洛身上。二十世紀初，法庭上大家可以抽煙，檢方結辯時，達洛坐在律師席上，點了一大根哈瓦那雪茄開始抽。檢察官滔滔不絕，但他的煙灰卻也越來越長，原來他事前在雪茄中插了細鐵絲，所以煙灰都會附著在上面。於是縱使檢察官講得賣力，陪審團卻越來越不注意聽他說話，反而都一直在等煙灰落下。結果被告真的無罪開釋了。

據說頗為知名的芝加哥保險業辯護律師麥克斯·瓦德曼曾經聘請年輕美女坐在原告後面，那次案件與原告妻子身亡有關。那位女子的工作就是在法庭上不斷與原告進行看來親切的談話，目的是要陪審團認為他已經對其他女子生出好感，如此一來就不會同情他的喪妻之痛。

訴訟律師常常都在找角度切入陪審團的心，許多律師也會以各種方式來試探訴訟案是否成立，有些時候他們的作法看似狗急跳牆誘惑荒誕不羈，可是卻回歸到訴訟技巧中必談的一點：「法庭上發生的每件事情都有意義，沒有人知道陪審團會受什麼事情影響。」以下有例子作參考：

- 一位年輕律師曾經在法庭上刻意脫下婚戒並偶與陪審團內的女性眉目傳情，同事觀察此招數似乎有效，至少有陪審團成員認為他確實很「可愛」。

●加州有位律師發現一位陪審團成員看來將成為陪審團主席，這人好像在休庭期間有閱讀《紐約時報》的習慣，但他知道自己直接帶一份報紙出庭未免太過刻意，於是將用品都裝在該報紙送報時使用的藍色塑膠袋中，標誌清楚可見。後來那個人確實成為陪審團的主席，而這位律師最後也勝訴了，只是他很不好意思地說，他根本不知道對方有沒有注意到特別準備的袋子。

●有些律師喜歡每次帶著一大堆紙張、文書出庭，希望陪審團認為他準備的證據資料很多，只是沒有時間一一解釋。他們在法庭上假裝翻閱成山成海的文件，但實際上只是從中抽出真正相關的那些來用。

上述之中，與亞伯．丹尼森類似的手段並不少，例如他要當事人穿上平價服裝而不是精品服飾，這或許與瓦德曼直接請個漂亮的「朋友」到法庭去是有些不同，但本質上其實也是種以假亂真的手法。當事人明明開賓士，卻硬要在他身上塞一張公車票，其實已經算是欺騙，但如果丹尼森真能要客戶坐公車去法庭，那麼是不是就會比較「真實」？更重要的是，這些手法留下的「印象」與案件的證據根本無直接相關的話，到底能不能、又該不該加以禁止呢？

在美國多數的州中，律師都必須遵守專業倫理規範，通常以美國律師公會的規章為主，這份規章也以維護法庭神聖為目標。規定中註明律師不可「假造證據」，也不可協助證人做偽證，不可呈現出律師已知為假的「實證」，也不可「針對證據做出不實之解釋」。顯然以上規定都著重在「證據」、「實證」這些法律概念上，也就是一般認為與案件有關的部分。可是上面提到的間接欺騙，自然並不是與案件直接有關的範圍。

白紙黑字的倫理規範無法預防亞伯．丹尼森以及上述其他律師的行為，因為他們用了「間接」的方式來影響陪審團判斷。丹尼森並沒有曲解相關的事實或證據，他用了巧妙的手段、操作技術上而言與案件無關的要素，但是卻對陪審團造成很大的效果。審判期間，律師除呈現證據或發表辯詞外，不得與陪審團交談，可是丹尼森的技巧使他不需言語也能與陪審團溝通。

實務層面來說，律師使用這些策略，也不會遭到懲戒，頂多如羅傑．多德般被口頭訓誡而已。既然沒有明確的規定，自然也就無法加以制裁，要說這是不入流的招數亦可，但要稱之為創新的訴訟技巧也莫可奈何。社會大眾會質疑丹尼森要當事人穿價值較低的衣服、佯裝自己搭公車這樣的操作是否真的合宜，但相對來說卻沒有人會反對刑事律師拿較體面的衣服給囚犯，不讓囚犯穿著監獄制服出庭，更不用說連最高法院都認為這個行為可以接受。在欠缺明確規範的情況下，這兩種作法其實只能等同看待。

其實就算律師以「直接」方式歪曲事實，法庭也未必知道該如何是好。一九八〇年華盛頓州出現一樁有名案例，名為托林的律師替一個叫做錫貝特的人辯護，錫貝特是個漁夫，遭到指控違法濫捕鮭魚。托林決定要測試公職人員逮捕了錫貝特之後，是不是真有能力指認他，所以另找一個與錫貝特面貌相像叫做梅森的人來頂替。開庭時，梅森坐在他身邊，身穿格子襯衫與背心這樣的戶外活動服，而托林也就假裝面對當事人，不僅與他討論還給他標準右格紙做筆記。有人稱呼梅森是「錫貝特先生」時，托林都不動聲色，可是真正的錫貝特穿著西裝坐在聽眾席上。不出所料，檢方的證人作證時，也將梅森誤以為是錫貝特，後來輪到托林上場，他才傳喚梅森作為證人，並揭開身分互換的真相。

錫貝特確實是當初被逮捕的人，這點並沒有爭議，可是托林主張既然證人根本無法指認被告，那麼被告應當無罪釋放。聯邦法官傑克．坦納聽了可笑不出來，他認定錫貝特有罪，也認為托林的行為是妨礙法庭查明真相，於是以刑法起訴。托林選擇上訴，但聯邦上訴法院的法官還是維持坦納的判決，只是以另一種角度詮釋托林藐視法庭的舉動。上訴法院認為托林為當事人積極辯護「值得嘉許」，不過依據傳統上訴法院會「以最為寬鬆的角度」判斷低層級法院的判決，那麼坦納的起訴「無明顯錯誤」，所以還是要起訴。

十年後，伊利諾州律師大衛．索托梅爾替一位駕照遭吊銷後還開車上路，於是被警方攔下的客戶辯護，也是找了人去現場頂替來測試警察的指證，結果被法官以藐視法庭求處五百美元罰金。上訴法院再次表達同情律師的態度，該州最高法院以四比三投票決定維持判決，可是將罰金減為一百美元。以上兩個案例看似雷同，但兩位律師的行為其實有所分別。

在後面這個案子中，逮捕被告的警員是唯一的證人。一般來說大家都認為被告會在位置上，所以法庭上的指認只是個無意義的形式；索托梅爾在午餐時想到法庭規定中，被告只要有出現在庭內即可，於是將自己的祕書帶到被告席，真正的被告坐在正後方。他並沒有刻意誤導使人以為他身邊的人就是被告，也沒有以任何方式改變被告的穿著，不過被告跟替身兩人都穿著一般的西裝。此外，最後認為索托梅爾藐視法庭的法官，卻也撤回了對於被告的指控。許多刑事辯護律師出面聲援，包括美國刑事辯護律師協會的會長都說：「我們應該給這傢伙一面獎牌了。」不過判決依舊不變。

這件事情中真正值得關注的重點，在於大衛．索托梅爾使用的訴訟策略，也就是針對證人指認被告的能力進行測試，與間接給予陪審團錯誤印象的手法相比是否會更加惡劣？托林與索托梅爾兩人會受到處分，是因為他們的作法落入了規範文字有關「實證」的部分。反觀如果律師操弄一個與案件主題無關的要素，法官卻通常不會有什麼動作，最多就是責罵律師、並要求陪審團不要將不相關的事情納入考慮。

法官對陪審團大致上會這麼說：「剛剛聽到的證詞不具效力，各位不需因任何理由加以參考，本席請各位當作從未聽過剛才那段話。」但多數律師根本不認為陪審團可以「左耳進、右耳出」，將看見聽見的事情忘得一乾二淨，這是法官也強迫不來的事情。布朗大學心理學教授在九〇年代中期進行實驗，結果不僅證明律師所想正確，還發現律師傳達的訊息帶有越重的情緒，則陪審團要忽視也更加困難。這份研究甚至發現法官要求陪審團不予採納，其實會「加深該證據造成的偏見」。

考量此種狀況，倫理規範又字義狹隘、難以運用於實務層面，律師自然容易認為自己在法庭上的言行相當自由。雖然應當要分辨使用的訴訟技巧到底是直接影響還是間接影響、是過度誤導抑或是巧妙的說服陪審團、真的與證據有關還是技術上而言就不可容忍的事情，但律師還是很可能會去測試極限在哪裡。

不過大部分律師確實有設定底線，甚至也算是取得了共識。一九九六年，筆者透過「律師連線」（Counsel Connect）進行的一場研討會上，許多律師展開辯論，希望知道以上討論過的那些訴訟技巧是否合理，而且也進行一次投票，結果發現其中百分之九十二都認為如麥克斯・瓦德曼聘請美女接近妻子因疏失而死亡的原告這種作法並不合於倫理規則；反過來說，有八成參與投票的律師則表示如大衛・索托梅爾將當事人安置在觀眾中，藉此測試證人是否的確可以指認，其實並不違反道德標準。瓦德曼的技巧不影響訴訟程序也沒有遭到處分，索托梅爾的作法則是影響了審判流程也被法官處罰，可是筆者卻也同意律師投票的結果。

索托梅爾的作法符合一個精確且正當的動機——測試目擊證人是否真的可以指認被告，而不是單純因為預期被告會坐在法庭上慣例的座位就認定出席者一定是被告。相反地，找一位美女去接近原告，則根本沒有適當的理由，目的完完全全只是要誤導陪審團。即使瓦德曼的訴訟策略並不與「實證」有所牽扯，但與「老實人亞伯」的處理方式還是有差異；亞伯・丹尼森加以修飾的是自己或者是當事人的人格特徵，可是瓦德曼卻是要對手在無意間直接落入一個不公平的陷阱中，而且這陷阱又足以影響判決結果——也就是賠償金額的高低。

法庭不是一個容許人為所欲為的地方，然而若期望律師不會在審判中嘗試種種戰術也就太傻了些。在此筆者並非特地為亞伯・丹尼森自身或他給客戶的只是加以背書，僅欲指出他的策略影響所及侷限在客戶本身，並不涉及案件中的證據。這樣的手法一直都視為「比賽」的要素，而且恐怕不可能、也不必要去加以規範。我們相信當這些訴訟技巧使用過度、過分做作時，不只是無效，也很可能完全是反效果。

上述藉律師連線舉行的研討會中只有一件事情導致律師意見紛歧：亞伯・丹尼森刻意僱用一位華裔法學院學生去作助手，而該案涉及種族議題，此種行為是否也合乎道德操守？

將法學院學生安排在白人客戶身邊，並且設計要她表現出友善、關切、憂慮的態度，這是辯方自己的處理方式，並非回應任何檢方的控訴，目的只是希望影響陪審團用何種態度去看待遭指控強暴亞裔女子的原告。無獨有偶，在辛普森案中，檢方團隊包括克里斯多弗・達登，當時也有臆測認為原因出在他的黑人身分。利用律師或助手的種族、性別背景並不是什麼稀奇的事情，筆者也認識一位公訴罪辯護律師，多年來她時常承接性犯罪案件，而她本人也很清楚這與她的性別有關：女性律師替性犯罪嫌疑犯辯護，在陪審團眼中別具意義。

只要不違法、不違規，律師為了勝訴什麼手段都會拿出來，這大概是能夠體諒也難以避免的結果。就算原因是倫理規範不可能面面俱到，但丹尼森的作法終究沒有觸犯任何規定；若將眼光放遠，他的行為到底適不適當？丹尼森找了華裔學生當助手，有些人看了可能大為光火，可是這個技巧很可能有效。若假定律師應該為當事人營造最好的條件，而且也找到了「自願」幫忙的法學院學生來完成計畫，那其實沒有太明確的理由能夠加以譴責。然而若丹尼森是直接

「命令」事務所內某個種族、性別的助理或律師來處理本案，那麼恐怕就逾越了界線，不過也有很多律師認為這就是工作的一部分。

種族議題與言論自由、宗教自由兩件事情也常常混雜在一起，導致許多爭議產生，例如一件特定衣服到底算是訴訟策略還是宗教符號，也可以鬧得不可開交。華盛頓特區首長麥利翁·巴瑞在毒品案中一直披掛非洲肯特族的披巾，這種服飾多半代表身為非裔美籍公民的驕傲，據說傳達的意義是「無論發生什麼事，也絕對不會斷裂」，也成為美國黑人族群努力的象徵。可是華盛頓特區律師約翰·哈維也穿了類似的服裝出席案件審判，他認為這只是文化與宗教的代表物而已，但法官卻要求他將披肩取下，原因是特區找到的陪審團成員大部分是黑人，法官擔心這樣一條披肩可以造成陪審團的立場不公。

該法庭的法官指出在紐約州有過前例，之前有一位身為神職人員的律師也不能以神職服裝出庭，但是四年以後，紐約州另一次開庭時，同樣一位神職律師卻又得以神職衣著出席，這次法官認為偏見的問題只要先跟陪審團加以提醒就可以預防。或許不管是哪一個法庭，都根本沒辦法確定非洲服裝、神職服裝、猶太服裝、回教服裝這些東西到底是否會影響陪審團、影響力又大到什麼程度。同理，由於倫理規範不清，宗教自由與公平審判兩者也都是憲法所賦予的權利，目前尚無法律可以加以分割，因此法庭根本難以採取一致的標準來處理這樣的矛盾。當律師的服裝比較明顯超過了宗教意涵的範圍時，法庭也就能夠加以否定；有許多判例可以推導出瑪西亞·克拉克為什麼必須除去天使別針，這些判例之中有個極端的例子——堪薩斯一位律師曾經明確被法院禁止他以二次大戰中包括納粹勳章在內的全套德國軍官制服現身。

操作種族議題成為律師最為敏感也最為廣泛討論的一個訴訟手法。近幾年來美國最受公眾注意的幾件審判都包含種族元素，而且絕大多數是非裔與白人、亞洲人之間的衝突，例如本哈德·葛茲的地鐵槍擊案、羅尼·金與瑞吉諾·丹尼遭虐案、麥利翁·巴瑞的毒品案、紐約州霍華海灘一名黑人男性死亡的案件等，當然O·J·辛普森案也絕對脫不了關係。

「打種族牌」必須從案件脈絡去觀察才不會淪為流行語。審判時種族或者性別成為重點的情況有好幾種，有些案件本身自然帶有這種色彩，由於種族差異引發犯罪時有所聞，性騷擾、性犯罪、性別歧視也都不是新鮮事。在這樣的案件中，沒有人會特別去跟律師爭論種族、性別與案件的相關程度，政府也已經立法准許與種族議題有關的案件以特別方式進行起訴，並保護性犯罪中的受害者得以安全地作證。

但是如亞伯·丹尼森請助手幫忙，而案件本身並不直接與種族問題有關，這又如何看待才好？辛普森案結束後，有許多人批評為他辯護的律師強尼·寇克朗刻意將種族問題引入庭中操作。寇克朗的同事勞勃·夏皮洛提出批判更是使此種聲浪甚囂塵上——他認為寇克朗打這張牌是「出老千」。

可是即便種族原本不是案件中的主軸，也常常都會在審判中浮現出來。追根究底而言，美國這個地方多數種族偏見都是「間接」展現，律師會決定要打種族這張牌絕對不是莫名其妙，而是因為經驗老道的律師都明白：單是提出種族問題沒有大用，必須要將這個問題與案件中的一些事情連結起來才行，可以利用的關連包括警員的言行、證人的說法，還有對手律師的指控內容。

在辛普森案中，其實種族議題早在辯方律師「偷渡」之前就已經存在於法庭中，畢竟被告是一個高知名度的黑人，受控殺害自己年輕貌美的白人前妻，加上以前有家暴的紀錄。如果忽視這些情境，認為本案與種族議題沒有關係，正應了作家湯尼．莫理森所謂「全盤否定」真實世界的荒謬態度。或許正如前聯邦上訴法院首席法官黎恩．希根波坦所言：社會大眾時常誤信「這社會是色盲」的「說詞」，卻無視於「現實」是大家活在「種族敏感的國家」。

寇克朗為辛普森辯護時便是在脈絡之下打出種族牌，他不只是將種族議題聚焦在當事人的身分背景，也連結到警察的所說所做。種族議題之所以發揮絕大效果，是因為那些「白人」警察說出的證詞很容易就會被駁倒，尤其是他們居然聲稱自己在案發後沒有第一時間便懷疑辛普森這個有前科的前夫是犯人。希根波坦法官也指出另一點：加州的法官對陪審團成員說「證人若刻意在一件事情上面造假，那麼其餘的事情也不可信。」種族這個議題能夠快速發酵，還得歸因於一個警方的關鍵證人馬克．傅曼好幾次口出種族歧視的粗話。當然，一切必須歸功於辯護律師出牌的時機與手法正確，才能打垮檢方的出招。在種種因素配合下，種族牌使被告得以無罪開釋，這個結果並不令人意外。

種種對於辛普森公訴案中出現種族牌的批判其實失了準頭，以本案而言種族從一開始就是不可分割的元素，檢方請來的證人卻又將其放大。換做是其他案件，唯一與種族有關的要素只剩下當事人膚色的話，就算是寇克朗也無法做出一手好牌；不過在辛普森案中，這個操作能發揮效果則理所當然。律師成功將辛普森塑造為種族歧視的被害者，而哈佛大學非裔美籍研究計畫的負責人小亨利・路易斯・蓋茲也說本案「使辛普森成為（種族）分裂的代表人物」。但如果案情與檢方證人不變，那麼不管公訴律師自己是黑人、白人，也不管被告是不是默默無聞，只要被告是黑人，那麼聰明的律師都一定會打出種族牌才對。

為辛普森辯護的律師團隊受到不少責難，除了他們打出種族牌，也因為他們干預了陪審團成員的遴選過程。美國多數州政府的規定是當陪審團成員顯然會有成見時，律師可以要求更換人選，這種作法稱為「有因迴避」（challenges for cause），除此之外也可以根據律師個人的評判提出類似的要求。毫無疑問，律師一定會對陪審團有些假設，思考何種種族、性別、社經地位對自己比較有利。辛普森案辯護團隊和其陪審團遴選顧問（jury consultant）既提出有因迴避也提出無因迴避，最後陪審團內以黑人為主，而女性比例更高。

透過介入陪審團成員選擇過程時，律師本身也可能成為所謂的種族主義者。舉例而言，「那些混蛋中國人打死都不肯在判決書上給你加點麵條進去」這是梅爾文・貝里於一九八二年在美國訴訟律師協會中的發言：「一定要把那些傢伙弄走，我上一次就是用了所有的迴避法去把那些『天朝子民』都給擠出去。」貝里這種引起他人不悅的態度與他身為訴訟律師的功力或許也成正比，而且態度如此專橫的人並不只有他，一九九七年傑克．麥馬宏本想爭取費城檢察長的位置，但最後卻放棄了，因為他的對手公布一卷錄影帶，內容是他教導年輕部屬如何排擠黑人進入陪審團。

律師使用這些手段到底適不適當？根據美國最高法院的認知，只要律師提出迴避，不是全然因為陪審團成員的種族，也就算是正當。問題在於律師說得出一些看似合理的理由時，法官也很難能猜測出律師是否有其他動機；這並不構成律師提出假理由的脫罪之詞，但不可否認的事實就是律師要排除特定種族、性別的陪審員，雖然行為不正當，卻算是相當容易。

如果依照貝里那樣露骨的語氣，又或是如麥馬宏錄影帶那樣操作，自然就既不道德也會引發爭議，但高明的律師不會傻到這樣做。辛普森辯護團隊在篩選過程中也曾經剔除黑人陪審員，同樣地檢方團隊一樣排除過白人；如果只因為陪審員是黑人就忽略掉她曾在家暴防治中心工作，或者只因為陪審員是非裔人士就不顧他曾經擔任警官並堅信執法者行事必定磊落，那寇克朗等人也不可能成為一流律師。本案的辯護團隊所尋找的真正目標，是一群會質疑警員說話是否屬實的陪審員，當然這個條件可能與黑人身分有部分重疊性，但可以確定律師對於陪審團的選擇絕對不會僅以種族作為判斷標準。

以實務來說，就算明目張膽打種族牌，律師影響所及，僅止於幾席陪審員而已。辛普森這個案子裡，陪審團會有高比例的黑人，是因為當地可以成為陪審員的人口也大部分是黑人，所以一開始檢察官吉爾．加切帝將本案從白人、上流社會為主的西洛杉磯移至平均收入較低且是黑人為主的地方時，許多觀察者都深感吃驚。反過來說，遭控毆打羅尼．金的警員遭到公訴時，陪審團則是白人為主，這也不單純因為律師影響遴選過程，主因在於該案件開庭處由種族較多元的洛杉磯移到了以中產階級白人為主的西米谷市。如果麥馬宏想在費城市中心區找到完全沒黑人的陪審團，又或是貝里試圖在他的家鄉舊金山完全避開華裔陪審員，可以說都比登天還難，因為當地有明顯的種族比例存在。

更何況大多數陪審員也都機靈得足以發現自己是不是經過種族篩選，畢竟這種篩選絕對不是常態。此外，法庭上有兩造，對手律師自然有同樣多的機會可以左右陪審團的狀況，一樣能夠依自己的「條件」去篩選，認為遴選過程有問題時也可以提出抗議。律師篩選陪審團的標準之一是成員的「智力」水準，知名律師李．百利曾經說過：「如果你發現一個律師想找聰明的陪審員出來，那代表他的證據很強勢。」他還說過自己曾經與同業培西．佛爾曼爭辯過到底誰找到的陪審團最蠢。一般而言會希望陪審員較精明的是辯方而不是檢方，費城麥馬宏那捲惡名昭彰的錄影帶裡頭不只要屬下避開黑人，也要他們排除「聰明的陪審員」，因為「聰明人會仔細分析案情，標準也高，把『合理懷疑』當真，所以真的會去思考案情哪裡有疑點」。

繼辛普森案後，加州曼南德茲兄弟射殺富裕雙親的案件也引發風波，初審中陪審團並未判決有罪，引起輿論廣大爭議。「陪審團制度已經不合時代所需。」耶魯大學刑法教授凱特．史提斯在辛普森案時接受《華盛頓時報》採訪便已經如此表示，該文章中也提到雖然比較聰明的陪審員能夠應付複雜案情，可是碰上審理過程比較長的案件，陪審團大半都是被律師形容為「太閒沒錢賺」才會來的人。一九八七年聯邦法案進行一次研究，確實發現與長期審理與短期審理兩者相比，陪審團中具備大學以上學歷者的比例會降低三分之一。

馬克．吐溫一句名言就是「陪審團都是笨蛋跟惡棍」，當前觀察者也發現此言不假，因為生活狀況較好的人看來都不想擔任陪審員，也因為如此才盛傳李．百利跟佛爾曼比起了誰碰上的陪審團比較笨。而陪審團遴選顧問這個行業似乎並不能改變此種印象，他們上電視脫口秀以及雜誌專訪時不斷強調自己提供的服務有多重要，也帶著弦外之音傳達出自己可以巧妙操縱遴選過程挑出客戶需要的陪審員。辛普森案中，也有人覺得遴選顧問裘愛琳．迪米翠為客戶奔走的時間並沒有多過她上電視接受訪問的時數呢。

近期有許多批判聲浪直接對準這些陪審團遴選顧問，一九九六年有某篇法學評論中提出荒謬又毫無根據的見解，認為應立法禁止陪審團遴選顧問這種服務，因為業者表現太高竿，幾乎「事先決定了陪審團會如何判決」。另外也有不少書籍談到相關問題，像是體重過重的陪審員是不是就會對於犯了刑法的被告較為同情，因為他們自己也有自律問題——這是傑出律師蓋瑞．史賓斯會使用的策略——一位書評也提出疑問：「長老教會的人會不會……比公理會的信徒要更寬容？軟體設計師到底應該擺在人格溫暖和藹的散文作家那邊，還是跟硬體工程師一樣『過度分析』呢？」

以上種種意見其實同時有兩層意義：首先他們認為陪審團不夠聰明，很容易就會受到高價聘來的遴選顧問以及舌粲蓮花的律師影響；再者，陪審團制度需要從根本處做變革。種種常見的改革建議中，有一項非常合理：法庭內應禁用攝影機，否則出席者會意識到自己受大眾監看，這對審判過程會有所扭曲。但有許多建議其實沒什麼道理，像是有人認為應有專業陪審員，這些人精通法律所以不受到律師操弄——但這聽起來其實就像是要一群法官直接進行審判，與當前請一般公民以同儕身分參與審判的意義並不相同；此外有人要求陪審團應當能夠做出「非一致通過」的判決，可是卻忽略了實際狀況並不支持這樣的提議，因為辛普森案與西米谷市一案並沒有這樣的爭議，而有爭議的案子常常都是在陪審團中少數堅持下抵制了多數暴力於是導致無法做出裁決，曼南德茲兄弟案便是如此，但在第二次審理時卻很快便達成有罪結論。

攻擊陪審員的能力或者認為他們受到嚴重操弄其實都沒有足夠的依據，想要以其他制度取代現行的陪審團制度也一樣是搞錯方向。訪談幾十位名聲卓著、成績優秀的律師——其中有檢方的律師、辯方的律師、民法刑法都包括在內——結果發現他們絕大多數都推崇陪審團的智慧。「律師當然可以『轉』一下當事人的故事，但是胡說八道在陪審團面前行不通的。」西岸一位律師、也是審判實務教學者如是說：「陪審團表現出的集體睿智與邏輯思辯非常可怕。」現代社會已經不比克雷倫斯．達洛那時了，甚至也超越了培瑞．梅森全盛時期的年代，現代人有網際網路、有線電視，每天六點鐘打開新聞就可以將真實法庭當成連續劇一樣收看，還有CNN請來專家為大家解釋其中奧妙，當然更不用說的是這年頭會擔任陪審員的大學畢業生絕對比五十年前多。

其實陪審團精明的程度足以證明這個制度就是對付律師各種小伎倆的最佳防線。陪審團常常出人意料地可以看穿一些障眼法，這也就是為什麼前輩傳授訴訟技巧給弟子時，時常都說一定要做自己。當然，陪審團有犯錯、有受到操弄的可能性，但是他們更常抓到律師忽略的線索；在陪審團有權發問的法庭中，他們的提問經常大智若愚，是律師明明該注意卻偏偏錯漏的部分，例如「受害者與被告當時是否獨處」這種直接了當的疑問。整體而言，陪審團由正直的公民所組成，他們盡力實現公平審判，也一直表現良好。

法律行業受到的規範比起五十年前要多得多了，可是法庭行為與其他層面相比，受到的衝擊卻少了許多。操守規範相當模糊，比較明確的遊戲規則取決於每個法官的風格，然而比起法官更有效的把關者就是陪審團，一丁點虛假都有可能難逃他們法眼。聰明的律師明白這件事，他們不管要用什麼戰術，都會小心翼翼不敢妄自尊大也不敢低估了陪審員。如果法庭真的成了律師恣意表演的舞台，那陪審團的智慧、邏輯更是不可或缺。

＊　＊　＊

亞伯·丹尼森的故事沒有尾聲，律師公會不會對他做出懲處或起訴，法官可能會口頭警告，但是除此之外也不會有什麼行動。他最有爭議的手法，也就是聘請華裔法學生幫忙，卻也是最不可能遭法庭制裁的行動。結果只剩下陪審團的決定能左右他了，眼光放遠的話，陪審團的反應會決定他到底還會將這種策略推演到什麼程度。

第八章　律師即騙徒

有時候得把真相的稜角磨圓些。

——老奧利佛．溫德爾．荷姆斯，醫師、作家、知名最高法院法官之父

我碰過的法律協商中還沒有哪一邊不說謊的。

——法學教授查理斯．克瑞佛，談判與和解專家

我認為，不要說謊。可是太天真就該打。

——美國地方法官韋恩．布瑞吉

瑪雅．吉特是移民法專業律師，有一天她與客戶索羅門．托瓦瑞克見面，好幾年前她曾協助過這家人。

索羅門說：「瑪雅，我最好的朋友米斯恰他的親戚從烏克蘭過來了，包括他哥哥、嫂子跟漂亮的姪女艾蓮娜。他說烏克蘭那兒狀況還是不好，有些人覺得已經改善了，可是猶太人的處

境其實更差了。米斯恰他哥哥覺得他們夫妻年齡大了，不需要移民，但是艾蓮娜才二十歲，也希望可以過來。現在名額都滿了，根本沒辦法，我就想啊，反正我太太死了、孩子也都大了，自己工作狀況還不錯，那我可以跟艾蓮娜結婚啊。她人年輕又漂亮，頭腦也很好，留在這裡可以上大學。」

「老索，你知道的」瑪雅提醒說：「假結婚真移民可是重罪喔。」

「我當然知道，不然我來找妳做什麼呢？」

瑪雅還是懷疑索羅門的用意，所以想要花點時間思考一下，於是叫他晚一點再來，「我得先看看最近的移民規定。」

*怎麼看都是假結婚。*瑪雅・吉特覺得索羅門大概根本只與艾蓮娜有過數面之緣吧，但她無法確定，也知道說不定是自己太偏頗了，所以誤解整件事。畢竟自己六十幾歲了，卻想要娶個妙齡女子的男人絕對不是只有索羅門一個。我是覺得不對勁，瑪雅心想：但不對勁等於不合法嗎？

索羅門下午回來了，瑪雅請他坐下，然後這麼告訴他。

「老索，我都查過了，現在的關鍵是你跟艾蓮娜結婚，到底是不是鑽漏洞？也就是說，你跟她是真心要結婚呢，還是只為了要幫她取得合法居留在美國的身分？只是為了讓她留下來就結婚，等於是欺騙移民歸化局喔。」

「移民局會怎麼做？」

瑪雅解釋：「移民局沒辦法調查每一對新人都調查，但是他們會調查的件數很高，而且符合他們懷疑是『假結婚』的標準，就幾乎一定會查。以你們兩個的年齡差距，加上移民人數已滿的情況，我很肯定你們得接受調查。」

索羅門追問移民局會如何調查，瑪雅告訴他主要是判斷兩人結婚是否屬實，「移民局也只能從你們的言行舉止來確認你們是不是真結婚，所以如果你能證明你們兩個結婚前曾經有好幾個月相處在一起，或者有過信件往來提及兩人的承諾與感情，再不然就是各種重要場合曾經一起出席，這些對於調查結果都有幫助。」

「還有一件事我得告訴你」瑪雅又說：「如果他們真的開始調查，那一定會跟你們兩個進行個別訪談，詢問你們某些你們一定該記得的日子裡，你們到底在哪裡，像是七月四號國慶、感恩節、你們兩個的生日等，還會問你們接受訪談之前幾個星期分別都去了哪些地方。甚至會問你艾蓮娜用的是什麼牙膏、什麼香皂等，要是你們兩個答案不合，就會變成反證，反過來說如果看起來你們是真的在一起，那也會得到祝福。」

說完以後，索羅門離去前轉頭對這位律師笑了笑：「瑪雅，謝謝妳了，妳幫了很大的忙，我可是一天比一天更有戀愛的感覺呢。」

❋　❋　❋

律師屢次遭美國大眾評比為最不受愛戴的職業，其中一大原因在於幾乎所有人都認為律師會說謊——夜間脫口秀的主持人拿這個來開玩笑，記者用這個主題可以寫出膾炙人口的報導，而法律學者、法官、甚至律師自己也都認為律師真的會說謊。

賓州大學之名專業操守學者喬福瑞・哈札德認為：由於當事人原則，律師時常看來像是陪著客戶一起耍手段。「我很肯定幾乎每個案件裡頭，都一定有隱瞞事實或者撒謊的狀況」哈札德教授說：「可是這也是由於我們建立的當事人制度鼓勵這種作法。」法官也認同這論點，美國司法學院校長也曾經說過：偽證——不同於「一些善意謊言」——其實「幾乎每個案子裡」都有。

當事人原則在律師與說謊這件事情上至少會造成兩個明確問題。首先是律師說謊、或者協助客戶說謊是否仍屬正當行為，然而要探討此問題就必須先處理另一個前提，也就是「何謂說謊」。直接說謊與隱瞞事實相比真的比較惡劣嗎？保持沉默以求留下錯誤印象又該怎麼說？判斷律師是否應該因為說謊而受責難前，必須考慮的不是謊言的直接間接以及有聲無聲，而是整個環境是否容許律師有真相以外的選擇。

愛荷華州的法學教授傑若・韋勞佛認為律師應當接受他對說謊採取的廣闊定義，並因此承認自己有說謊的事實。他對說謊的認定是：任何企圖「使聽者與自己信念不同」的行動都要包括在內，且引述《權威字典》（*Random House Dictionary*）之字義詮釋，將謊言（lie）的意涵延伸超越直接造假，而是定義為「意圖或確實傳達出不實印象」，韋勞佛因此主張隱瞞事實或加以刪減都算是謊言。一九九〇年他發表一篇文章，其中整理了一些律師說謊的常見方式，同時也是他們用了催眠自己那不算說謊、謊言「無害」的藉口。這些說詞都很常見，總結為以下幾種：

- 「我沒有說謊。」這句話的意思有「我說的話就字面意義完全無誤」（但實際上可能會誤導聽眾）、「我討論的事情原本就沒有絕對的對錯」，以及「我只是以最有利的方式呈現案情」。
- 「如果你堅持，那我是說了謊，可是……」可是謊話本身「合於倫理規範」（所以就沒關係）、「合法」（所以也沒關係）、「只是稍微刪減」、「反正也沒有效果」——因為只是善意謊言或者根本沒被採信。
- 「我是說了謊，但這也是無可奈何的事情。」通常發生在說謊被當成遊戲規則的情形中，例如談判之類。多數律師認為在談判時，如果還開誠布公，那乾脆一開始就不要談。
- 「我說謊了，可是這不違反律師執業的特殊操守標準。」這段話通常是指律師必須對客戶負責，包括要忠誠、要保密、當然還要積極辯護。
- 「說謊的不是我。」說謊的通常是客戶，律師自認為只是「傳話」。
- 「我說謊是因為對手很壞。」其中包括「自衛」、「先下手為強」所以要比對手先說謊、想要給對手教訓、或者認為對手行為不檢也就代表自己可以不用誠實了。

●「我說謊了，但結果卻是好的。」意思是說正義得以伸張。

每年筆者都會訪問舊金山這裡的法學院新生，想知道他們是否自認為真相與公義的追求者；問及律師的主要任務是不是發掘真相，只有不到一成的新生給予肯定答案。這些新生的受訪時間，其實是入學第二天，還在新生訓練而已。怪的是，社會大眾卻認為律師的確有義務要維護正義。要是真相常常被拋開，正義是否還能伸張？

西瑟拉．巴是一位哲學學者，同時也非常關切司法制度，她的意見截然不同，認為謊言危害的甚至超越正義這個概念。「有人說謊言無害，但這絕對有商榷空間」她為文指出：「說謊的人認為無害、甚至有益，但不代表事實的確如此。」巴女士從社會整體作為出發點進行觀察，表示「社會互信已經只剩下薄薄一層皮」，如果謊言還被大眾接受，那麼僅存的一點相互信賴也終將消失殆盡。社會互信遭到打擊，也等於社會整體遭到打擊；社會互信消失，那麼「社會動盪崩潰」，正義只是傷亡者其一罷了。

即便其他人不將後果看得如此驚天動地，也依舊質疑律師如果能夠罔顧真相，那又如何能夠彰顯正義。不過回頭看看，美國的法律制度似乎原本就會孕育出謊言——至少是韋勞福以及巴女士廣泛定義下的「謊言」。就法律專業、法律傳統來看，充斥各種小小作假的案例，還有當事人原則的一個宗旨就是律師沒必要與對手坦誠相見，就算上法庭都不需要全盤誠實；舉例而言，在事證開示過程中，即便雙方不是拼死想要把所有資料都調查出來，但律師非得找出對手弱點來進攻，不然想要一丁點東西也是門兒都沒有。

是否存在有律師「應該」可以說謊的情況呢？韋勞福教授列舉出的種種托詞是不是也有可能合情合理？大多數律師要進行談判時，會覺得自己不可能一邊開誠布公，一邊又完成韋勞福教授所謂的「策略談話」。談判這件事情的本質就是要在某種程度上誤導對手、隱藏自己真實的立場，若以撲克牌遊戲術語，就是必須「唬弄」對手。於是律師處境尷尬，一方面應該要誠實，另一方面卻又要誤導對手、或者說要容忍對手遭自己誤導，因為那是「遊戲」規則一部分。既然要談判，就不可能乖乖地「攤牌」。

一九七五年，隸屬於路易斯安納州的聯邦法官艾文．魯賓寫了一篇文章，文中懇求「有操守的執業律師」在談判中也要把持住一個簡單的倫理規範：「律師言行應秉持善意且誠實無欺」。這位法官認為當事人制度「是工具，不是目的」，又強調「客戶也許貪婪、也許懷抱惡意，可是律師的良知不該受到客戶控制，律師的操守也不該以客戶為標準來衡量」。這篇文章流傳很廣，也獲得許多律師迴響，之後引起業界討論談判時應有何種道德規範，但是這場討論到現在還沒有結束。魯賓法官在文章中指出美國缺乏要求律師對於另一方保持坦承的道德規範，於是美國律師公會也針對說謊一事制定新規則。他文章中的種種警語，尤其是他寫下「求勝與道德是兩回事」這句話，也贏得大家的認同。

只不過魯賓法官不知是有心或無心，他將標準訂得非常高。許多人有另外一種意見，其中包括密西根州的法學教授詹姆士．懷特。懷特也寫了一篇文章，標題定得巧妙，叫做〈馬基亞維利與律師公會〉[1]，文中提到「談判的本質」使得「最直接、坦率、值得信賴的人」也必須要採取行動誤導對手。

幾年前，《訟案內情》（*Inside Litigation*）雜誌找了十五位專家受訪，其中有法律教授、審判律師、也有法官在內。訪談中詢問了這些人在處理談判時對於說謊的態度，並請他們進行投票，主題為是否接受在不直接說謊情況下，給予對方錯誤的印象。結果有九票贊同，也因此將「明目張膽地說謊」這種舉動與利用緘默加以誤導兩者做出區別，而反對票僅有四票。但反過來說，受訪的十五人都一定知道一九六〇年代明尼蘇達州著名的史柏丁控訴席墨曼一案。

該案的梗概是兩人發生車禍，於是未滿二十歲的原告提出告訴，而被告的辯護律師堅持要求原告必須由他所找來的醫師加以檢查。檢查之後，醫師發現一件原告方自己都沒察覺的事

注釋

【1】譯注：馬基亞維利為義大利政治人物，其《君主論》強調實用主義大於善惡。

情：史柏丁長了個危及性命的主動脈瘤，隨時可能爆裂，成因很可能就是這場交通事故。辯護律師沒有多說什麼就幫忙談妥和解，但如果原告方事前知道動脈瘤這件事，和解金額絕對不可能那麼低。不過後來原告想加入軍隊，體檢時發現這個狀況，也接受了手術治療。由於他當時還是未成年人，所以法官有權也同意了他重開案件的申請，只不過事後法官並不懲罰辯護律師，原因是即便辯護律師刻意隱瞞這件事情會危害到年輕人的性命，但他本來就沒有義務要透露這件事。

這件事情在法律界引起許多討論，許多法學教授撰文表示本案中律師明確有責任應當告知事故造成的傷害，並且主張這種迴避事實的作法與主動編織謊言並無二致。不過，也有一位原本極力主張律師應對自己負起責任的教授，面對本案時卻在《訟案內情》上發表文章表示律師保持緘默很合理，因為「那是對方的工作，不是我的工作」。

雜誌的討論後來也引導出另一個問題：律師可不可以說謊，表示自己得到客戶授權，必須以特定金額進行和解？結果兩邊勢力幾乎一樣大，有些人拿出美國律師公會的規定來解釋，因為規定的字面是「對於實證提出不實說法」叫做說謊，可是「預估的價值及金額……以及一造欲接受和解的意願」等在一般人眼中並不屬於所謂「對於實證提出的說法」。在文字上做文章，也反映出一個問題，就是律師如果非得說出真正的預估和解價碼，那麼根本沒有人會想要和解。只不過如果同樣單從字面去解釋，那麼這種觀點本身不合邏輯——對案件兩造而言，最「實」（material）的東西不就是案件背後的金錢意義？

韋勞福教授請律師不要繼續「開自己玩笑」，撒謊就撒謊，面對謊言存在而且有效的事實，他認為只要律師夠面對這麼一點點現實，就可以更進一步去討論什麼樣的謊言「不合遊戲規則、不屬於律師對客戶的責任」所以屬於不當行為，然後什麼樣的情況又是律師可以合理說謊的範圍。他認為有許多種謊話就算沒有受到法規禁止，實際上也根本就「令人難以接受」。

韋勞福教授的想法非常正確，按照他廣泛定義下，有很多謊言既不必要也不正當，即便放在談判情境中也一樣。但換個角度來說，期待律師可以彼此間完全坦白，這種想法不切實際更毫無益處可言。只要當事人原則還保留有任何一丁點影響力，客戶就有權力找一位律師為其喉舌、伸張他們的立場、以他們的觀點去陳述案情。除非有一天，當事人原則完全遭到摒棄，否則律師還是會繼續現在的行為，付出的代價是他們可能沒那麼率真。

非常有趣的一點則是參與討論的專家對於如何技術性解讀倫理規範可以達成一個結論——也就是「抓不到就好」的心態——可是論及他們自己是否會這麼操作，卻又有了不同的結論。然而，每天真正在工作的律師，不管他們是要幫忙談生意、談和解、還是更常見的試圖說服另一方律師接受自己論點以達成目的，總之律師根本沒有時間像那些專家一樣做出區隔；他們預期對方會以「抓不到就好」的心態來辦事，所以自己也會照著做，於是「抓不到就好」成為至高無上的原則。近期筆者在一次會議中詢問了律師仲裁員（lawyer-mediator）的觀點，想知道他們是否認為律師與仲裁員開會時一切都能保持機密，那麼律師說的應該都是實話吧？結果全部的仲裁員卻都不這麼想。

對於美國司法體系中的談判方法、爭端調解而言，這代表什麼？如果制定規則的人還停留在原地，思考什麼樣的謊言可以接受，那麼談判過程就會一直都任由律師各顯神通。只有等到公會真正準備好制定嚴格規範、確認遊戲規則，並且對於犯規者處以適當的懲罰，真相才能在談判中至少有一席之地。舉個例子來說吧，既然透露出客戶對於和解金額的底線會導致談判失去意義，那麼將現行規定更改為律師根本不准提出這樣的問題，豈不落得輕鬆？

但在這些更動確實出現之前，律師就得捫心自問了，一切取決於自己對於公平的認知，還有說真話其實有時也帶來實際的利益。魯賓法官曾這麼描述：「好的言行不是只有方便而已。」查理斯．克瑞佛教授這位談判高手說的更白，他認為「會投身這行多半還是懂得什麼叫誠實。」但他倒也承認自己這麼說，其實有一部分原因在於誠實未嘗不是個好的談判技巧。

不管是談判、訴訟，還是每天協助商務、遺囑、不動產、政府法規等事務，由於當事人原則，律師都常常與欺騙為伍。瑪雅．吉特也一樣，她依循慣例對客戶解釋了法律內容以及客戶所處的狀況，以傳統的說法這代表她是客戶的「律師兼顧問」。倘若律師不給建議，則客戶可能會在不清楚法律後果的情況下被迫做出決定，所以提供訊息也是律師工作的重要環節。

然而提供資訊卻又產生另一種風險：客戶瞭解法律以後，也有可能將這個知識用在不正當、不誠實的目標上。每一個律師都有提出建議的義務，所以不管律師有多正直，還是必須搞清楚自己到底是給予客戶法律見解及建議，抑或是協助客戶從事不法勾當。

霍夫斯特拉大學法律倫理教授門羅．弗里曼舉了個例子：被告可能遭求處死刑，他用小刀殺了個人，但堅稱只是自衛。律師問他：「你常常把小刀帶在身上嗎？」這個嫌疑犯反問：「你為什麼想知道這件事？」弗里曼教授認為在這個情境中，律師就應當毫無保留地回答客戶的疑問，因為如果客戶平常就會將小刀帶在身邊，那麼當然沒有太奇怪的地方，然而如果他是只有當天才攜帶小刀，或者鮮少帶著小刀出去，則看起來就像是蓄意謀殺。如果不回答當事人的問題，那麼難保當事人不會臆測律師提問的動機，可是他以為「正確的」答案卻有可能來自於他錯誤的猜測。因此，「律師應該使這名被告瞭解他的答案帶有什麼意義，職業道德規範從不要求律師逼迫客戶在不知問題含意的情況下，做出草率、未經深思的回答。」告知客戶該問題的重要性，並不代表律師協助客戶說謊，因為那是客戶知的權利。

約翰．佛爾卡法官於一九五〇年代在密西根州最高法院服務，他提出了一個最有名的案例，彰顯出給予客戶建議和協助客戶作假之間的界線有多麼模糊。但這個例子並不是出自於他的意見函，而是出現在他以筆名出版的小說《桃色血案》（*Anatomy of a Murder*）內；這本小說相當暢銷，後來也改編成電影，票房一樣亮眼。故事敘述一位由班．加薩拉飾演的陸軍中尉殺了名為巴尼．達爾的男子，因為該名男子強暴了中尉的太太。吉米．史都華是被告的律師，他告訴當事人絕大多數的辯詞都不會有效，唯一的辦法就是當事人可以想到「合法的藉口」。史都華對加薩拉說自己只是解釋「法律條文」給他瞭解，但是加薩拉卻覺得史都華別有用心：

班：還有呢？

吉米：還有什麼？

班：看你到底是想說什麼啊。

吉米：（微笑）中尉，你是個聰明人，那我們就看看你有多聰明吧。

班：嗯，我正在努力思考。

吉米：你老婆碰上強暴犯，所以大家會同情你。只要你想得出一個法律容許的理由，那陪審團就會站在你這邊，你懂意思吧？（頓了一陣子，加薩拉還在深思）中尉，你有什麼法律承認的理由呢？你為什麼殺死巴尼・逵爾？

班：（思索）理由，找個理由就是了吧。（起身走到窗邊，背對史都華）有哪些理由可以用？

吉米：我怎麼知道？殺死他的人是你。

班：（看著窗外）我一定是氣瘋了。

吉米：脾氣不好可不能當成理由。

班：（回頭走向史都華）嗯，我是說我瘋了。（頓一下）我快猜中了吧？（吉米走到房門邊，準備開門）

班：（追問）我猜中了嗎？

吉米：我跟你太太談完再告訴你吧。你先想想看你記不記得自己有多瘋。

加薩拉最後提出的合法理由是他出於「無可抗拒的衝動」於是失手殺人，這是史都華的助手翻閱資料，在密西根的舊案件中找出的判例，認定暫時性的精神錯亂可以免罪。這個場景與先前的小刀故事不同，這是個說謊的例子。史都華在建言中主動協助當事人造假，並將這個假造的理由帶進法庭作為證詞。只不過要律師去分辨何者是法律諮詢、何者是協助造假，實在會使律師陷入章句訓詁的語意學困境之中。

可是這樣的事件並不僅限於電影情節，一九九七年達拉斯一間石棉工廠貝龍&巴德對人提出控訴，結果為該公司興訟的事務所就走了這種險路，可惜最後還是摔了一跤。被告的律師發現那間事務所以備忘錄通知客戶，只要律師打斷他們說話，就要立刻「停止發言」，因為「律師的用意是要修正你們說漏嘴的事情」。備忘錄還提到客戶應當注意聆聽律師提問中含有何種「建議」，甚至有舉例解釋：「你是說隔熱水泥也用在煙囪上，對不對？」或者「一九六〇年之前，你根本沒看過那個產品，對吧？」佛爾卡法官的小說果然非常傳神。

美國律師協會對於這條界線有如下的評斷：

> 律師有責任將客戶行為會導致的實際後果加以坦白告知，客戶若將此一建議用於犯罪或造假之行為，並不因此使律師成為共犯。但律師不應在知情時協助客戶之犯罪或造假行為；針對受質疑之行為提出法律範疇之分析，以及針對犯罪或造假的作法提出建議，兩者之間存在關鍵的分野……

瑪雅面對索羅門時，是不是正確地找到了那「關鍵的分野」？其實如果她願意，可以直接告訴老索怎麼做比較快：「在艾蓮娜持有觀光護照的這段期間，每天都要跟她約會。假日、兩人的生日都要一起度過。你們可以一起挑房子、一起挑家具，可以寫情書給她，她也可以寫給你。」但是她給索羅門的都是建議，是法律用語，而且都與索羅門自身的狀況有關，所以比較偏向美國律師公會所認定的法律分析。索羅門的確還是有可能以得到的知識來造假，但至少瑪雅提供的諮詢不僅專業，也很客觀。

「關鍵的分野」是不是只在文字表面打轉呢？筆者並不這麼認為。就算只是文字表面的問題，一旦不加分辨，那麼只要律師懷疑客戶會將法律諮詢用於不當行為上，就可以不提供建議，這樣就剝奪了當事人的權益。因此，美國律師公會針對此事的規範其實相當有道理。

✵　✵　✵

對於律師來說，很難知道自己是不是已經越了線，變成主動協助客戶達成不法目的。律師可想而知並不想自詡為上帝，臆測客戶的動機，認定客戶會將法律諮詢挪做不當用途。事實上，想要察覺客戶的心事非常困難，僅有的道德規範又含糊不清。美國律師公會僅禁止「對於實證做出不實說法」，卻沒有講清楚除了直接給予錯誤訊息以外，包不包括間接但是卻能誤導人的刪減之類。其實美國律師公會針對這個問題，曾經提出的意見也都並不一致。

無論如何律師得找出一條界線，而且絕對要比當初紐約州由辛格、杭特、李維以及西曼四人聯合組成的事務所所畫的界線更加嚴格許多。這間事務所為一間名為O・P・M的租賃公司服務，O·P·M成立於一九七〇年，由麥龍·古曼和墨德凱·維斯曼這兩位既是童年玩伴也是姻親的好友一起創設，業務主要是從IBM公司購買電腦以後，出租給羅克韋爾（Rockwell）、AT&T、寶麗來（Polaroid）等大企業使用。O·P·M租出去的電腦數量越多，銀行自然也就更願意貸款給他們購置更多的電腦，而抵押品就是那些超級企業的租約書。七〇年代末，O·P·M一躍成為美國國內前五大電腦出租公司，這樣蓬勃的發展卻都恰如其名，全都是無本生意（other people's money）。

但O·P·M有一個大問題：這整間公司都是幌子。絕大多數租約都是偽造文書，甚至公司該有的電腦也多半不存在，反倒是同一台電腦不斷生出不同的契約與貸款。O·P·M最大的「客戶」，也就是羅克韋爾，僅止於偽造契約上的文字而已，這些假的合約書都是古曼蹲在玻璃桌面下，拿著手電筒往上照，然後由維斯曼去仿造筆跡所簽出來的。根據追蹤本案的記者史都華·泰勒所言，單是一九七八年到一九八一年這四年間，O·P·M便利用假造的羅克韋爾租約書從十九間金融機構騙到了兩億美元。

O·P·M甫成立不久就成為辛格、杭特等人的最大客戶，而事務所方面也一直到一九八〇年六月才發現事有蹊蹺，而且是因為古曼發現公司的會計已經察覺羅克韋爾簽署的契約其實只是一場騙局，聲稱要將此事公開才會露餡。古曼要求律師發誓保密，然後才和盤托出自己犯下的錯誤——但想要彌補這項錯誤需要幾百萬、幾千萬美元，他根本就無力挽回。

古曼陳述事件經過時語氣含糊，不過那位會計也找了律師威廉·達維斯出面協助，並與

O．P．M的代表律師展開會談。達維斯在事件落幕之後表示：當時他與對方的資深合夥人喬塞夫．杭特會晤，但開會過程就像是西方所謂的死人舞（macabre dance）。他拿出會計寫的信，裡面描述了整件詐欺案的概要，但是杭特「不想看、不想知道」。依照達維斯的描述，杭特當時的態度似乎是想「摀住耳朵衝出去」。另一方面，古曼對律師承認自己犯下詐欺罪行，卻又信誓旦旦地說他已經洗心革面了。

然而對事務所的律師而言，事情並非如此簡單，那位會計所傳達的訊息還是造成了很大的衝擊。那段期間事務所曾留下備忘錄，內容是他們發現了與這樁天文數字詐欺案有關的證據。O．P．M公司為了弄到錢，曾經以該事務所發出的意見函證明貸款的價值，可是貸款原本也就是以偽造文件才申請得到；更可怕的是，事務所也發現依照會計的推論，O．P．M這間公司「想要繼續營運就一定得使出同樣的手段」。

面對這種情況，辛格、杭特等人考慮斷絕與O．P．M的合作關係，問題是這麼一來事務所就會失去最大的客戶；反過來說，倘若古曼真的金盆洗手，那麼問題或許有轉寰餘地。事務所的合夥人決定尋求其他單位的法律倫理諮詢，他們找到了亨利．帕結爾三世，他在紐約復旦大學教授法律倫理，透過院長推薦為事務所提供建議，而帕結爾給予的意見正是事務所最想聽到的。

首先，帕結爾斷定即便會計已經行動，但事務所合夥人尚未「掌握任何該公司進行詐欺的事實」，換句話說，事務所並不需要針對O．P．M過去的行為採取任何立場，當然也不需要告知銀行目前已通過的貸款，申請文件其實都是偽造文書。再者，古曼既然已經出言承諾，那麼事務所還是可以繼續為他爭取銀行貸款。最後，只要古曼願意以書面方式擔保O．P．M今後進行的業務都無違法之虞，那麼事務所也沒有必要去確認該公司到底做了什麼。以古曼的立場來說，他當然什麼都答應。

所以到了一九八〇年夏季，辛格、杭特的事務所還是協助O．P．M取得更多貸款。問題是律師不可能一直對問題視若無睹，古曼在九月又透露更多之前進行的詐欺案，並表示總金額可能將近一億美元，這一次事務所終於決定不再替他服務。然而經由帕結爾授意，事務所並沒有立刻切斷關係，而是從九月一步一步退出，直到十二月才徹底放棄此客戶，以確保這段時間內O．P．M公司不會失去法律諮詢。外界很難想像的是，這間事務所的律師會這麼拖泥帶水，是因為即便古曼後來坦承自己六月認罪、發誓悔改之後，這一次卻說自己還是繼續詐騙貸款——但是他又一次保證自己痛改前非、絕不再犯。

但O．P．M還是換了律師，新律師是彼得．費希本，他與合夥人凱因、修勒、法雅曼．海斯、韓德勒合開事務所。費希本與杭特是老友，他在十月便詢問過O．P．M是不是有什麼問題，不然杭特那邊為什麼要放棄大客戶呢？可是帕結爾卻提出警告，他說杭特如果透露風聲，就等於洩漏了O．P．M公司的機密；也因此費希本這邊對於O．P．M的種種前科完全不知情，所以又幫他們取得一千五百萬美元的貸款，然後東窗事發了。

O．P．M終於無路可退，隨即展開的訴訟可說是錯綜複雜，每一方都會請律師，辛格、杭特等人身為律師也請律師辯護，而那兩位律師的諮詢律師帕結爾也同樣有自己的辯護律師。O．P．M公司破產了，古曼與維斯曼兩人入了監獄，然後一連串官司之後，辛格與杭特的事務所要付出一千萬美元。如此一來他們的事務所也倒閉了，不過原先的幹部卻都繼續執業，沒有人遭到公會處分，而且他們都宣稱自己的行為實屬正當。

其中最道貌岸然者便屬帕結爾，他在訟案中為自己提供的法律建議做出辯護：由於當事人原則，「一位律師最大的責任……就是服務客戶，無論客戶之貧富、美醜、正邪。」他的律師也為其辯稱：有時候律師「因為身上的責任，因此必須保護騙徒與竊賊」。但在本案中，帕結爾建議辛格、杭特之事務所對於真相裝作不知情，其實根本就等於是建議事務所主動協助騙徒與竊賊在犯案時有更好的表現。

＊　＊　＊

O．P．M公司一案應足以使所有律師認清，協助客戶進行不法存在相當的風險。可是從辛格、杭特的事務所那裡接手O．P．M的新事務所應當對此最能身有所感才對，卻於O．P．M公司倒閉五年之後由事務所領導人彼得．費希本帶著凱因、修勒等合夥人與查爾斯．奇汀經營的林肯信用合作社簽約，為其提供法律服務。

一九八〇年代發生重大的信用風暴，對於美國金融市場造成的影響至今依舊可見。數百家公司關門大吉，其中一些倒閉的原因在於擴張太快卻又營運不善，尤以購買太多垃圾債券為最常見的問題，但也有一些公司的問題在於融資不當甚至涉及詐欺。其中最受美國大眾矚目的就是林肯信用合作社事件，這間金融機構的問題不在於經營手法，而在於嚴重的舞弊。一九八九年聯邦政府也派員介入調查，可是為了這間加州金融機構所付出的社會成本已經累積高達二十六億美元之多；等到塵埃落定時，林肯合作社的首腦奇汀終於因為詐欺而入獄，而為合作社提供法律服務的兩間事務所，一間便是凱因與修勒聯合事務所，另一間則是瓊斯、戴、瑞維斯與寶格聯合律師事務所，這是美國前五大事務所之一——這兩間事務所都同意將為涉入本案而支付九千兩百萬美元的賠償金。

林肯信用合作社以假造的貸款跟投資案詐取社會大眾的金錢，但凱因與修勒聯合事務所卻為其遮掩。合作社內的員工會將文件日期提前以使投資案貌似合法，並在融資與投資案中提供捏造的研究與核貸報告以符合程序，最後他們還會對檔案進行「消毒」以刪去借款者或投資案相關的負面風險資訊。律師都知道這些問題，可是卻沒有採取任何行動，後來不只是豁盡全力防堵聯邦房貸銀行深入追查，還使出許多手段想轉移注意。

《美國律師》負責追蹤本案的記者蘇珊．貝克以及麥可．歐瑞認為凱因與修勒聯合事務所與其說是林肯信用合作社的法律顧問，不如說是他們的公關公司比較恰當。該事務所曾經為合作社向聯邦銀行提出報告，內容竟包含以下字句：

●「林肯合作社的狀況殆無疑問相當安全及健全；事實上……合作社在新管理階級的領導下，成為極其成功、體質健康的金融機構。」

●「林肯信用合作社審慎經營，因此將房地產貸款之風險降至最低。」

●「林肯信用合作社具有相對優勢，最佳之證明就是其穩健的投資組合、細膩的核貸流程，兩者皆是成功的關鍵。」

一九八九年，美國國會決定成立儲蓄機構監理局（OTS）以解決金融問題。OTS在一九九二年三月對凱因與修勒聯合律師事務所提出告訴，並以行政權凍結事務所資產，此舉在一向孤立的法律業界投下震撼彈。該事務所自然提出完整的辯護，並請到當時在耶魯大學任教的哈札德教授為其發聲。不過由於資產遭到凍結，銀行很快取消其信用，於事務所跟OTS以四百一十萬美元和解，同時費希曼和另一位合夥人被迫簽下切結書，保證日後不再為聯邦政府所擔保的其他儲蓄機構擔任律師。

凱因、修勒事務所還有費希本一貫立場就是堅稱自己清白，並怪罪OTS以凍結資產等高壓手段脅迫，也確實有許多觀察者認為凍結開事務所資產其實是濫用公權力。但評論者雖然不欣賞政府作法，卻也多半認為該事務所這種申冤般的說詞，只是為了轉移大眾焦點，希望大家忘記他們做的那些好事。

主流媒體紛紛報導林肯信用合作社醜聞案以及查爾斯·奇汀入獄的消息，而凱因與修勒事務所的事件也成為法律圈內著名的訟案，後來許多座談、研討、論文都想探究到底何時是律師該說出真相的時機。該事務所與OTS達成和解以後，哈札德投書《國家法律日報》倫理專欄，總結了他對於這位客戶的辯護論點，其中重心在於林肯合作社接受聯邦銀行審查時，該事務所不僅以法律顧問的身分參與其中，也以辯護律師的身分為其發言，也就是將聯邦銀行視為「對抗者」。哈札德認為：在此假設前提之下，身為訴訟代表者的事務所自然不需要對聯邦銀行坦承一切。

事務所方提出的異議並未成功阻止紐約州政府調查其行為，不過調查到最後政府卻也沒有進一步的行動。之後，一九九三年八月，美國律師公會發布解釋函：「代表客戶參與銀行審查時，律師在任何情況下皆不得說謊或誤導官員，包含直接給予錯誤資訊或知情不報之舉動。」可是解釋文到了後面又轉了彎，「（律師）無義務揭露客戶之缺陷，亦不應披露機密資訊。」許多人認為這樣的矛盾解釋對凱因、修勒事務所來說根本是條生路。

可是才一年以前，律師公會也對一件情況類似於O．P．M的案子發表意見，當時立場卻強硬得多：如果為客戶服務代表將會協助客戶延續欺詐行為，律師應當拒絕。同一次意見中也提到，倘若客戶以律師事務所來掩飾自己的詐欺行動，例如O．P．M以事務所提出有利的意見函取得貸款，那麼即便當初進行此業務時並無懷疑，事後也可以公開「撤回」報告書，以避免客戶將事務所提出的文件用於不當利益上。

這兩次意見函的內容很難相容。前者像是以純粹的當事人原則來為凱因與修勒事務所提出辯解，但後者、時間點較早的那封意見函則是某些人口中的「大聲說不」政策，也就是容許律師以公開否認的方式阻止客戶利用自己牟利。兩次意見相差頗大，外界不免懷疑這與事務所的規模有關；如果這間大事務所的行為有問題，那麼美國境內許多同樣程度的大事務所想必也跑不掉。由這個角度觀察，就不難理解為什麼美國律師公會甚至在一九九三年八月還通過一項決議案，抵制當初OTS的作法。OTS可謂以暴制暴，但他們當然會是勝利的一方。

凱因、修勒事務所為什麼會認為自己協助林肯信用合作社詐民眾金錢，還能夠全身而退？哈佛法學教授大衛．威爾金指出一點：該事務所的領導者費希本「之前都是訴訟律師，從未具備擔任聯邦擔保之金融機構的代理人經驗」。威爾金認為責任應歸咎在事務所為何沒有制度可以檢視甚至於控制所內「地位最高、權力最大、獲利也最多的合夥人」。換句話說，事務所裡沒有人敢跟費希本作對，也沒有任何抗衡機制。

一九八一年辛格與杭特將燙手山芋O．P．M拋出來後，凱因與修勒這邊便聘請了倫理專家喬福瑞．哈札德作為顧問。辛格與杭特事務所沒有針對O．P．M的詐欺行為提出警告，因此哈札德當時痛批該事務所以及其倫理顧問帕結爾；他當時表示O．P．M的前律師應當要將這個狀況告知凱因與修勒事務所，才不會延續該客戶的騙局。但是到了一九九二年，凱因與修勒也沒有揭發林肯信用合作社的弊端，這時候哈札德的態度卻一百八十度大轉彎。

於是一九九〇年中期，紐約也成為第一個針對律師事務所違反倫理行為設置整肅制度的州政府。這個結果與O．P．M、凱因與修勒事務所到底有沒有關聯我們不得而知，不過紐約州律師公會帶頭要求事務所維持紀錄，並且提出兩個重點：首先各事務所應當發展自己的文化，因為事務所文化對於旗下律師的行為作風具有相當影響力；再者，每間事務所都應為旗下任何一位律師的行為負起責任。

除了談判場合以外，是否還有情況容許律師合理地說謊，也就是為了保護司法正義因此必須犧牲真相？先前已經提過有人批判這個觀念，韋勞福教授整理的諸多藉口中有「我說謊，但是結果是好的」，哲學家巴女士則認為無論如何謊言都會傷害社會結構。可是到底有沒有可能，因為「更崇高的」目標——也就是正義——得到伸張，所以謊言得以合理化？

一九九七年三月，提莫西．麥克威一案開庭前正在遴選陪審員的階段，《達拉斯早報》報導麥克威的律師團持有一份供狀，內容是他們的當事人承認自己駕駛載有爆裂物的卡車，在奧克拉荷瑪炸死了一百六十八人。倘若這樣一份供狀確實存在，法庭也不可能接受，因為這是當事人對辯護律師的告白，且根據早報說法，報社是由辯護團隊之中一人所取得，因此這份文件受到律師與客戶間的特殊關係保護。但是這樣的報導流傳開來，等於是透過輿論力量影響法庭及即將選出的陪審員，提前給麥克威判了死刑。辯方律師的負責人史蒂芬．瓊斯當時也正鑽研要怎樣選擇出「不具偏見」來處理這樁美國歷史上極為嚴重的恐怖攻擊事件，損害控制是當務之急。

瓊斯一開始宣稱所謂的供狀是不實謠言，根本沒有這種東西存在。不過當天瓊斯又換了說法，他說供狀存在，不過是辯方團隊所捏造，因為有一位證人僅願意在自己不受到懷疑的情況才願意與律師談話，而他們以此為誘餌希望與證人見面。各種媒體、尤其是法律專業的報章節目立刻開始討論瓊斯口中的欺騙行為是否合於倫理規範，妙的是沒有人質疑為什麼《達拉斯早報》那篇報導的合宜性，新聞內容唯一的結果就是傷害麥克威，因為即便供狀存在，也不能帶進法庭念給陪審團聽。

討論之中確認了一個狀況：瓊斯不管怎樣一定有說謊。一種可能是他藉由說謊的方式企圖「誘騙」某位證人，另一種是供狀不僅存在而且真的可以證明麥克威犯案，但瓊斯卻對媒體謊稱並非如此。法學專家針對此事各有立場，許多人引述美國律師公會的道德規範，指出律師不僅不得對法庭與反方提出不實說詞，而是對任何「第三者」都要誠實；若供狀為假，則「第三者」是瓊斯口中的證人，若供狀為真，則「第三者」是瓊斯面對的媒體。因此很多人開始討論瓊斯所隸屬的奧克拉荷馬州律師公會，以及審判地科羅拉多的律師公會，兩者是不是應當對瓊斯加以懲處。

沒有人知道供狀的真假。先假設其是真的，瓊斯對媒體說了謊，那麼批評此事的人——尤其是媒體——根本就是做賊的喊抓賊。瓊斯的責任就是要給客戶公平受審的權力，案情已經對當事人相當不利，結果瓊斯還要應付當事人自白遭到洩漏的狀況。如果認罪這件事情屬實，那麼瓊斯有三種選擇：第一個是承認這件事情，於是使當事人在大眾和陪審團眼中死無葬身之地；第二是保持緘默，但他很清楚這麼做與前一種作法有同樣的結果；第三是想出合理的反駁之詞。

考慮當時的狀況，其實他也只有第三種選擇。其餘兩條路代表瓊斯選擇真相而非正義，不僅違背了他對當事人的承諾，也等於否定了麥克威受到公平審判的權利。瓊斯沒有這樣的資格。

假如當初瓊斯是捏造供狀一事以求得與證人交談，那狀況就會比較複雜。贊成此作法的專家認為這只是律師的工作，「律師不需要找出真相，除非真相對當事人有幫助。」這是史提芬・基勒斯教授的觀點，還有其他專家則說檢察官的行為可比這還要糟糕得多。就連休士頓檢察官也認同瓊斯以供狀作為引誘的策略，還舉例說如果證人表示母親還活著一天就絕對不說話，那律師就應該「找人從葬禮現場跑去跟證人說他母親被人殺了」。然而，因為檢察官有過更惡劣的行為，就因此認為瓊斯的行為沒錯，這樣似乎就落入了「比爛」的窘境中，「他們比我還過分，所以我也可以這樣做！」

其實還有兩個理由可以支持瓊斯的作法。首先，美國的司法系統一直以來都認為正義與真相之間必須取得均勢。所謂的「法律假設」或「法律擬制」（legal fiction）其實就是對於謊言的委婉用詞，可是這種假設在法庭上卻處處可見：已經受到監禁的被告可以用正常的服裝並卸除手銬出現在庭中；法庭規定陪審團不應聽取無根據的「傳聞」——也就是口耳相傳的證詞；法官如果認為證據帶有偏見或歧視，「超越了作為證據的價值」，則也可以加以禁止。以上規則避免了被告受迫而認罪，或者是性侵案受害者必須在法庭描述案發前的性生活等。即便在民事案件中，法律擬制也相當常見，許多案件內會有「證據免提動議」，也就是雙方分別會要求某些證據不可提出。經驗豐富的法官都知道：法庭上所呈現的絕對不是完整真相，但這的確是為了公平正義著想。

另外一個支持瓊斯的理由是「說真話會傷人」是一個世人皆知的兩難抉擇，比較輕微的像是配偶問：「我漂亮嗎？」極端棘手的就像是納粹士兵攔下一台車，問乘客有沒有猶太人同車。電影「王牌大騙子」裡頭，金凱瑞在他必須說真話的那天，碰上了一個問題，「你喜歡我的衣服嗎？」結果他很誠實地說了：「能讓我不看妳的頭髮我都喜歡。」多數人碰上朋友穿了件不體面的衣服，或者面對一個無辜的難民，說謊了並不會感到不安，然而律師所面對的卻是重大道德抉擇，他們必須在自己知道的真相與自己認為的正義裡頭選擇一邊。

有人提出史蒂芬・瓊斯這個事件詢問門羅・弗里曼教授，他回想到自己以前處理過的住宅歧視案件，當時他也經僱用「測試員」去實驗房地產仲介是不是對於黑人夫妻與白人夫妻會表現出不同態度。弗里曼教授承認這樣的作法也算是作假、說謊，因為測試員並不是真的要買屋，只是為了準備證詞。他表示自己這麼做並不覺得舒服，但卻也認為很難據此判斷律師永遠都不該有作假行為。「我自己也做過」他這麼說：「而且可能以後也會這樣做。」

尾聲：索羅門・托瓦瑞克與移民局

經過三個月，瑪雅・吉特才再度收到索羅門・托瓦瑞克的聯絡。索羅門打電話給她，表示自己與艾蓮娜準備結婚，想請瑪雅幫忙準備所需的文件好幫艾蓮娜留在國內。

「所以一切順利囉，老索？」瑪雅問。

「不錯，不錯」索羅門回答：「艾蓮娜已經申請學校了，她過得很好，也很喜歡這裡，適應沒問題。」

「那你自己呢？」

「我棒極啦！事情都很順利，真是太好了。」

瑪雅說：「那，老索……我明天回電話給你好嗎？我現在得先忙個簡報，下午就得趕出來。」

當天傍晚瑪雅一直思考自己到底想不想擔任這對新人的律師，打從一開始她就存疑，與老索的簡短談話也並不能撥雲見日。瑪雅跟老索認識很久，她知道自己猜不出索羅門的心思，他從兩人剛見面就一直都是個喜怒不形於色的人。深思之後，她想通一點：事情的關鍵在於索羅門跟艾蓮娜到底對於這樁婚事有什麼看法，可是自己卻永遠不可能得到答案。換句話說，依照律師的道德規範，她可以自己選擇要或不要接下這案子，並沒有任何強制存在。

隔天她打電話給索羅門，約好與他和艾蓮娜見面的時間。瑪雅還是不確定這樁婚事的真假，但她也明白自己恐怕一輩子都無法搞清楚這件事。換個角度思考，索羅門一家是好客戶，付帳都很準時，於是瑪雅告訴自己：要是之後的談話中讓她抓到什麼明顯的作假痕跡，那她要從假結婚中抽身也不會太晚。其實瑪雅很清楚這種狀況機率不大，索羅門很精明，所以拒絕的機會其實只有在見面之前而已。最後她心想，自己有些疑慮，但她是個移民律師，現在的工作不就是移民律師的職責嗎？

第九章 守口如瓶（或者說，不知道的事情最可怕）

保密這件事情，和一個自由而民主的政府並不相容。

——哈利．楚門，引述於梅爾．米勒之口述傳記中

將法庭隔絕在大眾對於過程的審視外，就等於是將法律的燈給關上一樣。

——德州最高法院法官（後擔任議員）洛伊德．多格特亦為德州公開法庭紀錄規範制定者

工作目標並不是真相或者正義，工作目標是勝訴。

——路伊斯威爾律師蓋瑞．魏斯針對藥物百憂解之訴訟案，律師企圖阻止證據披露而引發爭議時所發表之論點

波耶特，程式設計師，於四十八歲身亡，留下妻子與五個小孩。波耶特個性好動，一週健身三次，並常在週末與大學時代熟識的好友一同泛舟。過了四十七歲生日後不久，他注意到自

已變得容易疲倦，時常有喘不過氣的感覺，諮詢過醫師意見以後，醫師將他轉診給心臟科。心臟科醫生為他進行好幾次檢驗，最後建議他進行心瓣膜移植手術，並推薦使用瓊斯／漢寧／華頓公司所出產的人工心瓣膜材料，因為該公司的產品在醫學期刊上獲得廣大好評。

手術後剛開始一切都好，波耶特出院之後可以做輕微運動，也想像自己總有一天能回到水上跟大家重享泛舟之樂。但是三個月以後，他的身體快速惡化，到第四個月就過世了。遺孀前往尋求律師安卓雅·哈蒂協助，這位女律師當時在一間小事務所內負責傷害罪原告業務。

安卓雅原本在一間大型事務所工作，可是經過幾年，她一直覺得不大滿意，也認為自己在律師這條路上逐漸迷失。於是十年前，她自願降薪，轉往蓋賽爾與柳廣聯合事務所工作，而結果也沒讓她失望，最後她不僅成為合夥人，甚至去年其他兩位合夥人還將事務所更名為「蓋賽爾、柳廣與哈蒂」聯合事務所。更重要的是，安卓雅在這裡學到很多，成為產品瑕疵方面的專家。她漸漸覺得自己的工作很有價值，可以控訴生產危險產品的公司，這對社會有很大的意義。安卓雅接下了波耶特的案件，並且對瓊斯／漢寧／華頓公司提出告訴。

經過十八個月的努力，不斷地蒐集事證並加以檢驗，安卓雅跟助理終於找到一份備忘錄，內容似乎顯示該公司早已知情，第一代的人工心瓣膜在設計上有缺陷，在某些病人身上可能導致體能惡化甚至致死。她和助理掩不住心中興奮，馬上做出明確的新要求，請對方交出相關文件，安卓雅相信其中必定包含如山鐵證，可以證明該公司根本知道心瓣膜產品有問題。如此一來，除了醫療器材公司必須負起責任，同時在製造商明知產品可能導致危險的情況下還加以販售，有很高的機會求處懲罰性賠償。

對方的律師喬治·柏格一如往常咬緊牙關不肯多說，但事證開示庭法官最後下令他必須提交文件。在規定必須交出文件的那一天，安卓雅相當訝異，因為柏格居然親自來到她的辦公室，要求與她商談。

柏格這麼說：「好，我可以馬上將東西給妳，我想妳也知道會在裡頭找到什麼。不過有件事情希望妳們考慮一下——我們這邊願意出五百萬美元來和解，但是有兩個條件：和解的金額必須保密，還有這些文件全部都得歸還，全部的意思是副本也都要。」安卓雅那時真的呆了，之前柏格信誓旦旦表示那間公司清白無罪、完全不肯提到和解這兩個字。她也很清楚：五百萬遠超過她能在法庭上爭取到的金額，就算加上懲罰性賠償也一樣。這筆費用或許會成為事務所有史以來最大的一筆進帳，而這也代表喬治·柏格帶來的資料裡面確實有她所想到的證據。

安卓雅回答時表示她得先看過文件，而且也得跟客戶討論，才能做出決定。「沒關係」柏格說：「那我一星期之後再來問妳。」當天稍晚，她和助理對著合夥人，閱讀出三件瓊斯／漢寧／華頓公司高階主管所寫的備忘錄，都清楚證明了這間醫療器材公司在波耶特先生接受移植手術前，就已經確定人工心瓣膜的設計有瑕疵。其中一份備忘錄上甚至整理出一百零七件案子，都是由於人工心瓣膜導致病人死亡。至於另外兩份上面則提及該公司如何危機處理，不過最後的結論是他們並不想回收產品，所以打算等到新一代研發完成才全面汰換。

她知道自己也必須與波耶特先生的遺孀談談，但是卻不知道面對柏格這樣的提議，自己到底該給客戶怎樣的建議。安卓雅之所以喜歡現在這份工作，是因為她可以揭發危險產品給大眾知道，而不是因為有機會加以隱瞞。她覺得自己幫對方保密了，那麼其他需要移植心瓣膜的人可能也同樣會遇上危險、喪失性命。但她同時也意識到，身為律師第一要負責任的對象就是客戶，而不是不知名的大眾。現在客戶可以得到的賠償金額可是相當的大。

＊　＊　＊

原告方律師常常為了當事人要跟那些大公司交手過招，無論是在法庭上，或者是在之前的事證戰。律師常常會表示一些刁鑽的手段是為了滿足當事人原則所不可或缺，此外這是禮尚往來，對方同樣可以露出強硬的態度或者使出一些法律技巧。但是當事人原則在這個過程中有可能淪為有心人士的工具，尤其是在大筆金錢捲入案情中時。

律師看見對方願意出巨額金錢進行和解，心中馬上會知道很可能案情尚有蹊蹺。問題多半是出在情報上，通常是一項足以使對方萬劫不復、但對另一邊卻是搖錢樹的資訊；這樣的情報能夠促使大公司心甘情願花大錢來請人將之保密。

訴訟和解與陪審團的決議不同，一般來說和解就不牽涉到過失，但倘若和解金額高達數百萬之類，那社會大眾自然也會認為付錢那方一定犯了錯，假使那項祕密消息遭到披露，影響將更為深遠。此外，單一律師可以獲得這項資訊，則代表其他訴求類似的案件可能都能藉由取得此一資訊而勝訴。

因此不難想像，遭指控販售瑕疵產品、產出毒物的企業，或者包庇失職醫師的醫院，還有一些宗教團體、兄弟會類型組織會因長老有虐童行為遭起訴，他們不管跟誰和解，都希望關鍵資訊能夠不洩漏到外界。這些被告希望能夠隱藏的不只是和解金額數字，還有導致和解的資訊本身，更有可能連和解一事都想隱瞞。

有時進行保密的理由是好的。首先並不是所有訴訟動機都正當，有些人只是想要炒作、想要成名，也有些人只是想敲詐大企業。另外，有些人提出訴訟的出發點也許成立，但案情本身卻有問題——煞車設計有問題並不代表會出車禍的原因就是煞車，駕駛酒醉或者未注意路況都有可能。同理，即便煞車系統真的成為事故肇因之一，事故也可能是好幾種原因一起導致。

更重要的概念在於一個案子成立，其實並不代表其他案子都能比照辦理。某個神職人員也許真的對一個小孩動了手，但並不表示他對別的小孩也動過粗；醫生在一個病人身上犯下大錯，也可能這輩子並沒有第二次意外；煞車有問題，也許真的造成一個駕駛出了車禍，但也許第二個駕駛開著一模一樣的車，發生事故的原因根本不在於煞車，就算是同款車不代表煞車一定會壞，也不能將每一樁和解案都視為煞車有問題的證據。不管事情真假，任何公司都不願意自己的品牌與瑕疵沾上邊，所以碰上通情達理、上了法庭雖非絕對但很有機會勝訴的原告，那與對方和解並且將產品問題暫且保密會是比較聰明的作法。

認同以和解交換保密的人認為一旦每個案子都得公開，那麼貪心的律師和無恥的客戶就會得到激勵，此後一點小事情就會提告。哈佛法學院教授亞瑟・米勒或許是此觀點的主要支持者，他強調目前無法證明禁止「引述式證據」，或者他所謂的「說故事」會對大眾知的權利有損，或者是傷害大眾的健康或安全。

這樣的觀點當然有其可取之處，訴訟其實無法證明任何事情，單一和解案也可能只是公司維護形象的作法。其實就連陪審團的判決也不能證明單一產品有瑕疵，便代表所有同款產品都有瑕疵，只能證明涉案的那一件有問題。然而米勒教授，以及由捲入產品瑕疵訴訟的公司集體組成，並金援米勒教授研究的「產品責任辯護協會」，卻也不能提出證據證明將和解內容公開就會助長興訟的風氣。

米勒教授所提出的許多案例卻反而遠遠超越了所謂「引述」的水準。其中一些顯示出大企業願意在數百件案子與原告祕密和解，因為有明確的證據指出產品危險，而這些企業則盡力保護商品形象；另有一些案件宛如冰山一角，大眾無法即時獲得警告，不知道會出什麼事。

處方用藥（Zomax）、酣樂欣（Halcion）、百憂解（Prozac）的製造廠也都遇上產品有問題的窘境，花費極大心力以求將和解案保密。不過這三種藥物的相關資訊還是洩漏出來，酣樂欣是由於英國方面的調查，Zomax 是因為有一位科學家自己服用後有差點致命過敏症狀，因此主動展開調查並公開結果。Zomax 最後從市場回收，可是卻可能已經導致數十人喪命、超過四百人產生嚴重過敏，但這些原告全都在藥廠的辯護律師麥奈爾奔走下同意祕密和解。

子宮內避孕器達康盾最後也以下架處理，但在回收前已經數次祕密和解，大眾一直被蒙在鼓裡，僅有提出訴訟的人才知道這項產品有多危險。製造廠 A．H．羅賓士公司聘請的律師甚至嘗試要求原告律師達成和解以後不得再接受任何與達康盾相關的案件，但這種意圖買通律師的作法顯然違逆美國各州為了公眾政策著想所訂下的倫理規範。

一九八四年一位名叫瑪麗亞．史登的婦人控告道氏化學公司，並因為矽膠植入物所造成的傷害而獲判賠償金一百七十萬美元。道氏化學公司在上訴前提出和解意願，但表示史登女士及其律師未來不可提及在本案中所發現的任何產品危險資訊，然而史登女士覺得自己有別的路可走，如果真的上訴了，那麼必須面對道氏公司請來更多的法界菁英，即便可以勝訴也要花上好幾年，這段期間她一毛錢都拿不到。於是她還是選擇接受和解。

之後好幾年，社會大眾都不知道矽膠隆乳的危險性，就連食品藥物管理局也一樣。當時擔任管理局局長的大衛．凱斯勒後來很憤怒地表示：食品藥物管理局花了七年的時間才將這產品的問題搞清楚，但這七年中曾經針對此產品提出訴訟的律師什麼都知道，卻也都保持緘默。局長確認狀況以後，馬上就禁止矽膠隆乳，但後來依舊有數萬名婦女對管理局申訴，表示植入物造成嚴重傷害。法學、醫學專家都還持續研究矽膠植入物是否對人體有害，可是更根本的問題在於大眾購買一項產品後，是不是有權力知道相關的風險？

論及各種有不良紀錄的商品，經過最多律師以最多方式進行辯護的，大概就屬通用汽車公司所生產的一種小貨車，這種小貨車的油箱設在側面。第三章中筆者已經提過，當時通用汽車公司曾經採取主動，控告瑞夫．奈達、檢視汽車安全的機構以及一些相關人等，起訴的理由是這些人詆毀該公司的產品。但同時期中，通用汽車公司的律師其實以驚人的頻率不斷私下和解貨車油箱爆炸的案件，根據該公司內部紀錄，通用汽車公司一面宣稱油箱設計毫無問題，但一面卻偷偷處理掉了約兩百件訴訟案。當然，在這些訴訟案中，無論任何一造都不得對外公開任何資訊。

上述藥品或油箱等產品都經歷數百次和解，要人相信一切都是空穴來風實在很難，明顯的趨勢恐怕不是「引述性證據」一詞可以掩蓋，且此趨勢指向該產品對於大眾的健康、安全有負面影響——抑或是造成危險的極高「可能性」。但無論如何，我們必須回頭看看美國的司法制度是否真能承擔這種保密行為。

封鎖證據的作法不只對於大眾有影響，也造成原告、被告雙方立足點不同。原告律師接到案件以後每次都得重頭開始，包括繁瑣的事證開示過程，他們無法找到前例、甚至無法與曾經提出訴訟的人交換意見及想法。但被告律師卻很清楚該產品的訴訟史，他們能從經驗中學習，想出更複雜更難跨越的障礙，但保護的機密其實是之前其他原告律師早就已經取得、但卻承諾不透露的內容。

能夠如此封鎖證據不給外界得知，也與當事人原則有密不可分的關係。若律師必須將每個客戶的權益擺在第一位，那麼代表大眾權益充其量是第二，甚至很可能排在律師個人的收入後面淪為第三。

許多為產品責任進行辯護的律師都表示：依照他們的職責，他們一定要以祕密和解作為隱藏客戶疏失的手段。律師的行為準則不容他們投入個人情緒，同情對手或者保護大眾這都不是理由；他們知道出庭時不說謊、不誤導人，其實也就等於沒有為客戶盡全力，換句話說只要有機會，當然就要保護機密不外洩。安卓雅．哈蒂雖身為原告律師，依照律師操守原則她也應當忠於客戶。許多處境類似的律師都認為他們既然忠於客戶，就應該建議客戶接受最優渥的和解條件，即使他們知道保密條約會造成社會大眾受害。同時，律師也明白不管自己提出怎樣的建議，握有最後決定權的人還是客戶本身。

另一個也加入保密行列的角色竟是法官。許多保密協議的時間點早於和解，而法院有權發出所謂「保護令」（protective orders），其中要求一造必須將特定資訊或文件交給另一方，但前提是這些資料不可用於與案情無關的場合；通常保護令還會要求結案時所有文件必須送回。會有保護令，通常有兩個原因，其中一種是因為涉及「商業機密」，如果公開則可能遭同業競爭對手剽竊；另外一種是依據聯邦政府對於事證開示的規則，「保護一方或一人免於騷擾、困窘、壓迫，以及額外的負擔或支出。」

藥物的危險副作用，或者汽車某零件有瑕疵，實在很難放在「商業機密」的範圍，畢竟競爭對手應當也不會想要竊取產品問題並加諸在自己身上。因此想保持機密，律師多半拿出客戶的隱私權來伸張。「無論進入法庭是自願抑或非自願，訴訟當事者並不因此拋棄其隱私權。」米勒教授這樣主張，他同時也認為即便原告提出告訴時會支付法庭費用，但這也不代表可以強制被告披露「極端個人或機密的訊息」，「兩造皆屬私人，爭議亦具私人性質」，因此法庭不可差別對待。

但原告方也有重要的權利——憲法第一修正案所賦予的言論自由權。亨利八世時代星法院這種祕密法院呼風喚雨，可是那個時代已經結束了，此後一直到當今的美國，法院都是對外公開的場所，是屬於「公眾」的論壇，所以原告方應可在此提出他們對於案情所知的一切，能夠自由表達，而不是像米勒教授所言，僅將法庭視為私人角力場。既可以自由表達，也就是說發現有關案情的資訊以後，可以自由選擇要如何分享。

包括最高法院在內，美國各級法院早已裁定當隱私權以及言論自由權兩者發生牴觸情形時，原則上傾向公開優先，除非法官發現「適切理由」必須保護某件資訊，且保護資訊「對於政府有實質利益」。美國最高法院曾據此保護一宗教團體之成員名單得以不公開，原因在於憲法也保護宗教自由，然而所謂「騷擾」、「困窘」的程度似乎並不嚴重。

由於法院並沒有明文表示該如何處理，尤其牽涉到大眾健康安全的相關往例更少，因此在審判中，法官便在此議題上有莫大的裁奪權力，能夠決定什麼資訊受到保護。遺憾的是未必所有法官都能承擔此一重任，有些法官覺得多一事不如少一事，心想律師自己解決比較簡單；而若訴訟兩造無法達成共識，也有法官認為最安全的方法就是一切都保密。有位婦女服用酣樂欣，結果在情緒產生變化、無法自制的期間內殺死自己母親，但後來保護令卻將藥物帶來此種結果的消息也封鎖了。

相當多法官認為倘若律師都可以達成共識，決定什麼資訊受到保護，那他們又何必插手？

但幾乎所有法庭都鼓勵和解，因為和解不僅是解決爭端，也解決了法院的負擔。所以既然保密條款可以促進和解頻率，那法官更是不願意多說什麼。有人觀察後指出：九成的法官只要看見訴訟雙方都同意，就會跟著同意發出保護令，而原告律師也經常會同意，原因在於這是最快、最省錢、最簡單可以取得事證的辦法。

煙草業也曾經面臨產品責任官司，紐澤西聯邦法官李．沙羅金算是最早審理此案的人，而他則試圖要將案件內容公開給大眾知道。過了幾年他告訴記者：「我也得承認，有很長一段時間裡頭，只要看到雙方律師都同意，我也很習慣地就簽保護令了……可是我漸漸察覺，其實裡頭還有別的考量。」當然，他所謂的考量就是大眾的權益。

祕密和解並非只發生在產品責任官司中，想要隱瞞資訊也不是只能透過保護令以及要求將文件物歸原主這兩種辦法。以下是其他的例子：

- 一間照顧心智問題人士的療養院，其人員遭控性虐待唐氏症患者，後來療養院與原告達成祕密和解，可是該人員私下也承認有對其他住院者施暴。
- 芝加哥天主堂大主教涉入性侵害官司後達成祕密協議，表面上是為了保護孩童，但卻又藉由此隱密性出言批評男孩的父母。《芝加哥律師》進行調查，發現之前十年間，天主堂也有約四百件官司纏訟，其中絕大多數都以祕密和解收場。

● 美國頂尖的「國際通商法律事務所」(Baker & McKenzie)發生一樁與電影《費城》頗為類似的AIDS歧視案件，以和解收場，並要求原告方不對外發言。

醫生、律師、醫療機構以及教會都會被人控訴，這些人物及單位僅是將和解與證據保密都還不會滿意，因為記者還有其他有興趣的律師知道如何調查法院判決紀錄。因此，辯護律師有時也會堅持原告律師與他們合作，要求將法庭紀錄內的名詞加以更改，成為某某事務所、某某療養院等。然後，包括加州在內，許多州法院容許訴訟兩造以其達成之共識推翻陪審團的判決，於是所謂勝訴的一方可以取得賠償並且避免另一方提出上訴，但是輸了官司的那一邊也有好處，就是能夠避免法院宣布其敗訴。此外，律師在雙方同意下，也可以要求法院「反公開」書面意見，藉此預防未來類似官司中原告律師可以找到資料。前述瑪麗亞．史登的胸部植入物案件，被告律師也是等到陪審團做出賠償裁決以後，才堅持要取消判決並封鎖所有法庭紀錄不使外界知道。

由於法院紀錄中相關名詞已經修改，外人很難確定這種情況發生頻率有多高。一般而言，雙方協定也需要法官同意；原本可以假設的是法官並不會輕易點頭，但由於兩造和解即代表繁重的法院業務又少了一件，因此某些法官並不會仔細檢查保密原因為何，就直接簽署同意了。辯護律師會堅稱此過程只是他們應盡的義務，也如米勒教授一般，認為法院存在的目的並不是「情報站」，法官也並不適合擔任「資訊視察官」之類的角色。

原告律師當然比較不願意配合對方隱瞞訊息，可是他們也覺得自己選擇不多。根據他們的責任，應當要接受條件優渥的和解，在許多案件中原告律師則認為不接受保密協定，根本就不可能達成和解。原告律師或許會覺得保密不合乎道德原則，但他們對於客戶的義務卻優先於這樣的顧慮，更不用說他們也考慮到拒絕和解、堅持出庭，未必對於自己這邊有利，面對被告的堅強律師陣容以及十二位陌生的陪審員，客戶的立場即便穩固也不是不可能敗陣。此外，訴訟費用也是原告律師不得不考慮的一件事，畢竟收費取決於打官司結果，接受祕密和解的狀況可以收到的金額也高得多了。

雖說客戶優先，但有時候保護證據的手段還是太過頭，就像路易斯維爾法庭審理過的「芬垂斯對禮來公司」案。

一九八九年九月，喬瑟夫·韋貝克正值四十七歲，他有十年精神病史，至少兩次自殺未遂紀錄。案發時他拿了AK－47自動步槍衝進自己工作的印刷廠開始掃射，等到驚悚的場面結束他已經殺死八人、重創十二人，最後把自己的頭也打爆。在案發一個月前，韋貝克開始服用百憂解，因此掃射被害者的律師馬上開始調查百憂解是否與韋貝克的異常暴力行為有關。

本案稱為芬垂斯案是取名於一位被害者，但本案同時也是百憂解所引發的一百六十個案件中，第一個真的進入審判程序者。禮來藥品公司及其辯護律師自然盡力想保住產品名聲，芬垂斯案進入法庭已經是一九九四年秋季，當時百憂解如日中天，宛如抗憂鬱藥物中的阿斯匹靈，大家都在談、市場有好幾百萬的價值。該年度中，百憂解占有禮來公司三分之一的銷售業績，估計有十七億美元之高，所以衝擊相當大。倘若禮來輸了這個官司，後面排隊的其他人就會氣勢高漲，然而如果禮來可以勝訴，那麼其他原告可能會三思而後行。

原本芬垂斯案在各種百憂解相關訴訟中算是立場較弱的一件，禮來公司也因此信心十足，認為自己應該可以勝訴。其他的訴訟中，原告多半是自己有服藥，經歷了嚴重的副作用，但是芬垂斯案裡頭原告都不是服用百憂解的人，只能聲稱遭到第三者，也就是韋貝克的傷害；要證明百憂解造成韋貝克的行為，其實並不容易。

本案移往路易斯維爾進行審判，由傑佛遜巡迴法官約翰·波特主持審理過程，這位法官同時具備哈佛法學院的聰敏銳利以及南方人的和藹可親。原告律師分別是達拉斯的保羅·史密斯以及伊利諾的南西·潔樂，兩位律師一直要求波特法官准許他們取得禮來公司另一項產品，消炎藥Oraflex的相關資料。這種藥品自一九八二年起因為具有危險性所以從市場下架，一九八五年時禮來公司針對二十五項罪名自請有罪，表示他們未能及早對食物藥品管理局提出副作用報告，受副作用影響的病患中有四人因此死亡；該公司研發專家的主任也因此遭到十五項起訴。史密斯與潔樂認為，如果提出Oraflex這個前例，便能推論禮來藥品公司又重蹈覆轍；然而波特法官卻不同意他們的訴求，認為前事與本案的相關性過低，且會導致尚未有實證的情況下便使陪審團有了刻板印象。

官司開打之後幾個星期，禮來公司的辯護團隊卻犯下一個大錯。該公司主管證詞表示禮來在回報藥品損害人體問題（他們委婉稱之為「不良效果」）方面名聲良好，高階研發科學家（接手數年前遭到起訴的那位）也聲稱美國食品暨藥物管理局「一再表示我們禮來公司針對不良效果有最好的蒐集分析制度」。

此證詞一出，等於直接和禮來公司之前就Oraflex的犯罪紀錄衝突。由於原告方勝訴的關鍵在於是否可以證明禮來公司未能準確報告藥品副作用，於是兩位律師馬上重新要求法官准許他們取得Oraflex案的相關資料。一九九四年十二月七日，基於「禮來公司主動將本議題帶入案情」，波特法官這次同意了。

法官做出這項決定之後，法庭上動作不斷，原告與被告雙方同時要求長時間的休庭，期間由路易斯維爾當地趕來十幾名雙方所屬的年輕律師協助，於是媒體也到場一探究竟。律師擠在法院走廊上，午後還一起向法官表示要將本案延到隔日。事情至此，空氣中都嗅得到和解的味道。

波特法官隔天下午重新開庭，但卻聽到意外的消息。原告律師史密斯宣布他們將不會提出Oraflex案作為證據，除非審判推演到第二階段，也就是討論禮來藥品公司必須付出的賠償金。然而，所謂第二階段僅在陪審團於第一階段中認定禮來公司有責任才會發生；反之，陪審團若認為禮來公司不需負責，那審判也就自動結束，這件證據根本不會有人提出。波特法官很懷疑為什麼原告方採取風險這麼高的戰略，最有力的證據不提出，他們很有可能敗訴。因此法官詢問律師：他們是不是準備和解？可是所有律師全部表示沒有這回事。

原告方就此停止提出證據，隔天就進行結辯。十二月十二日，距離波特法官准許原告提出Oraflex案作為證據才三天，陪審團已經可以做出決定：以最低限度四分之三的門檻，九票對三票確認禮來公司無須負責，案件就此告結。一九九五年一月，波特法官正式宣判本案駁回。

判決確定之後，禮來公司與其律師對全國公開喊話。禮來方辯護團隊首席律師，紐澤西紐瓦克的約翰·麥葛椎說：「我們終於可以在法庭上大聲說——拿出證據，不然閉嘴……本案算是對這個藥品最佳的辯護。」禮來公司發言人伊德·偉斯特接受《信使日報》記者萊斯利·史坎龍採訪，清楚表示希望這次判決可以傳達訊息給美國其他指控百憂解的人，也認為另外一百六十件案子一定都會「駁回或者棄訴」。

百憂解這個案子若不是由約翰·波特擔任法官，恐怕會到此劃上句點。可是波特法官對於十二月的事件很困惑，他不懂為什麼原告律師努力爭取到可以提出Oraflex案作為證據的機會，卻又在最重要的一刻選擇保留。雖然雙方律師都否認，他還是認為原告與被告間達成某種協議，波特法官選擇拭目以待，想知道原告會不會按照慣例，敗訴之後提出上訴，結果自然是沒有。

可以提出上訴的時限結束後，波特法官將兩造律師都找來談話，可是雙方律師持續否認他們達成協議。然而波特法官經過這次會談，卻更肯定這兩派人馬一定偷偷和解了，換句話說禮來公司花錢消災，確保不會有人在法庭上提到Oraflex案。問題在於已經結案，波特無權過問，他唯一可以動的就是自己的案件駁回裁定。一九九五年四月，他指出「本案和解的可能性較大」，並據此提出一項相當罕見的申請：他以動議方式要求將自己在開庭後的判決由「駁回」改為「因和解而駁回」，並打算在五月召開聽證會。

波特法官這項動議使路易斯維爾法界震盪分裂。肯塔基大學訴訟律師學會會長瑞查．赫伊向記者表示：如果金錢可以交換證據，那麼審判本身就是「造假」，好比「拳擊賽事先套好招」。另一方面，路易斯維爾當地的訴訟律師蓋瑞．魏斯卻在《信使日報》記者萊斯利．史坎龍說他不認為本案有問題，原因是律師的工作目標「並不是真相或者正義，工作目標是勝訴……保羅．史密斯受僱並不是要為藥品管理局工作……客戶僱用他是要爭取更高的金額。」

這時雙方律師都保持沉默，到了四月底禮來發言人伊德．偉斯特終於鬆口，表示雙方確實都同意不上訴，但他並不願意透露更多訊息，只對《信使日報》說「本案並未和解」。可想而知，假使禮來承認這個案子是靠和解解決，那就削弱了之前公開宣稱透過訴訟得勝的說詞。五月中，兩邊的律師聯合起來，對肯塔基上訴法院提出抗議，他們認為此案已經終結，波特法官不應召開聽證會。

原告律師保羅．史密斯也在五月中開口：「沒有祕密和解……這是個不好打的官司。」禮來的律師則繼續對媒體保持沉默，代表公司發言的只有伊德．偉斯特以及總裁史蒂芬．史提托。「我們從未在經陪審團裁定以前，取得協議甚至討論和解一事。」這段話出現在史提托寫給《信使日報》的投書中，投書以漂亮的法律措辭書寫，卻無法釐清陪審團究竟是在案情明朗的情況下做出裁定，還是對許多事情渾然不覺就參與了一場假審判。

由於芬垂斯一案的律師提出抗議，於是提出動議的波特法官也被迫必須聘請自己的律師。他在報紙上找到可以代表自己的人，因為他看到瑞查．赫伊的文章，知道赫伊也認為那次審判根本是假的。他找到赫伊，還問他看這案子有多不順眼，結果赫伊說：「夠要我幫你辯護了。」之後波特和赫伊便聯合提出一份訟案給上訴法院，內容大膽直接地說：「原告訴訟的基礎論點便是禮來公司隱瞞資訊不公開，如今卻與其達成和解、為其保密，實在令人難以置信。（中略）隱私權和使用百憂解的數百萬民眾、數萬名醫師相比，並沒有更加重要。大眾需要知道真相。」波特並未主張百憂解有任何問題，僅強調無論正反面，大眾皆有知的權利。

芬垂斯案對外公開的部分現在才展開。一九九五年六月十二日，上訴法院開始聽取兩方說法，三天之後站在禮來和芬垂斯案原告律師一方，認為波特法官對本案已無權力，於是波特法官又上訴到肯塔基最高法院。

一九九五年春季、夏季，和解案的詳情一點一滴浮出檯面，在六月上訴法院進行聽證之前，禮來發言人偉斯特終於承認公司與原告成協議，原告方將不會以Oraflex作為證據；秋季最高法院也要進行聽證，在此之前雙方律師都招了，他們確實已經談妥價錢，並且決定無論結果為何，雙方律師只會在法庭的第一階段過招而已。不過截至此時，都還沒有人說出細節。

上訴至最高法院後，波特和赫伊採取另一種戰略，不再強調對於大眾揭露資訊的重要性，主攻案件中雙方律師沒有對法官誠實這一點。他們在最早提出的訟案中便表示過兩人認為芬垂斯案的原告與被告雙方都否定了大眾獲得重要訊息的權利，而且這是禮來公司「花錢買來的」結果，然而這個訴求卻沒有達成目的；第二次的訴求因此更改為律師並未誠實，也真的引起最高法院重視。畢竟對法庭說謊或加以誤導明顯違反律師操守規則，當然在法官眼中更是不可原諒。

這次上訴時，波特跟赫伊引述了聽證會上的紀錄，由紀錄內容來看，怎麼樣都無法相信兩造律師有對法庭坦白；如果以更嚴格的角度來說，這些律師根本就是說謊。

芬垂斯案一次法官與律師闢室會談時，陪審團還在討論案情，但卻有一位女性陪審員闖進去，對波特表示她在走廊聽見律師討論和解內容。她當著所有律師的面這麼說完，然後離開房間。波特轉頭問所有律師：「有人有話要說嗎？」過了一會兒又問一次：「有人知道她為什麼那樣說嗎？」「我不知道。」原告律師史密斯這麼回答。「我猜不出來。」被告律師艾德華．史拓佛也這麼說。史拓佛有可能真的不知道和解一事，但整個房間的律師卻都沒說話。

這些律師其實很清楚，雙方達成協議之後，案件根本不會到討論賠償金額的第二階段，然而他們卻也一再誤導波特法官，使他以為審判還會持續下去。史密斯刻意向波特詢問「基本規則」，想知道他在第一階段結辯中，可以針對第二階段先提及什麼；辯方律師也配合得很好，特別提出抗議禁止史密斯先行談論下一階段的議題。就連波特法官跟大家討論兩階段之間需要間隔多久時，這些律師都還裝模作樣，史密斯甚至打哈哈問聖誕禮物能不能寄放在法院。法官又提議第一階段如果確認原告獲勝，兩邊要不要乾脆和解，結果被告辯護律師裘．弗利曼——他在本書第三章也出現過，曾經在亞特蘭大因為鈴木公司翻車案遭到懲處——他向法官保證屆時禮來會派一位有權談和解的主管到現場，但他當然根本知道禮來已經跟原告談好和解細節。

同一時期，禮來在根據地印第安納波里又有好幾樁百憂解官司確定要進入審判程序，由聯邦地區法院法官修．迪林負責。一開始保羅．史密斯也在這幾個案子裡占有主導地位，因為他會負責取證、蒐集文件等，可是在一九九五年夏天，也就是路易斯維爾這個案子開始上訴後，他便忽然推辭印第安納波里這邊所有的案件職責。這些案件的其他原告律師便詢問法官：史密斯是不是在芬垂斯案與禮來公司達成和解？史密斯本人不願意回答，法官也並未深入調查。

一九九六年五月二十三日，肯塔基最高法院決定波特法官在上訴案中勝訴，並以重話抨擊芬垂斯案中兩造律師：「對法院嚴重缺乏坦承，且可能有惡意欺騙之行為；立意不當，濫用司法程序，可能涉及欺詐。」波特與赫伊將焦點由大眾權益轉向法院這一招奏效，最高法院的意見不止針對祕密協議一件事，也責備了律師此種欺瞞行為。不過，即便法院說將芬垂斯案中兩造協議加以公開，「唯一結果」就是「真相得以水落石出」，但這項決定其實也不算是鼓勵和解資訊必須公開，僅是確保法官會參與機密討論。

還好波特法官也明白這一點，有了最高法院授權可以調查、舉行聽證會，他請該州副檢察長安．謝德爾開始瞭解真相，並給予她傳訊重要文件、要求涉案者發誓後提供證詞等。一九九七年三月，謝德爾提出報告，案情又有重大轉折：禮來與原告律師之間確實存在協議，可是協議內容竟複雜到未以文字方式詳細記載，謝德爾僅能找到一份依據口頭陳述寫下的書面大綱，但沒有律師願意承認是自己所寫，原告方當然也不會有這個文件。

協議內容包括原告及其律師都不可將Oraflex案當成證據提出，但無論原告方在第一階段是輸是贏，都可以獲得一筆金錢，唯一例外狀況是陪審團懸而未決。此外，原告方若還是勝訴，依照陪審團票數比例，認為禮來公司需負責的陪審員超過三成則金額提高一次，能超過五成則金額翻高兩次。但是慘案畢竟是韋貝克開的槍，不是禮來公司，換句話說陪審團認為他們需要負責的票數不太可能這樣高，也就是說禮來公司願意付錢主要是想換取原告的緘默。和解的金額有多高，謝德爾副檢察長也查不出來。

至於原告方律師主持者保羅．史密斯，他必須付出的代價是手上所有與百憂解相關的案件，包括印第安納波里那裡的案子在內，全部都必須和解，但禮來願意支付這些案件一半的訴訟費用。如此一來，史密斯會成為芬垂斯案和解時的最大獲益者。

一九九七年三月二十七日，波特法官原本打算召開聽證會取證，但這場聽證會沒開成。三月二十四日時，涉案雙方突如其來派出律師，代表禮來的是約翰．泰特，代表原告方的是威廉．諾德，他們提出新的法院命令，上面顯示芬垂斯案是「因和解而駁回」，確實符合了波特法官原本的要求，於是法官也簽署了。

三月二十五日，《信使日報》頭條刊載萊斯利．史坎龍的新聞稿：「禮來公司昨日已經承認傑佛遜巡迴法官約翰．波特兩年前所提出之動議，亦即百憂解案件是與原告方達成協議後祕密和解。」原告方律師諾德也已經招認了，可是到了三月二十六日報紙卻又得刊出「更正啟事」，因為禮來公司否認他們在陪審團做出決議前便已經和解案件，於是與泰特對法官的說法又有不同。

三月二十七日，泰特持著新的法院命令，前往肯塔基上訴法院希望藉此迴避波特欲舉行的聽證會，他主張波特違反法官倫理，對於禮來公司有私人夙怨，還表示將芬垂斯案當成「造假」才是不實說法。隔天波特法官意識到自己將會成為禮來公司轉移焦點的工具，於是發出簡短聲明並與芬垂斯案切斷關係。他在公文中提到：「簡單地說，重點應該是……法院紀錄中少了什麼，而不是想查清楚的人是誰。」

這一次法官終於成功修正法院紀錄，雙方共謀下的和解內容不再保密。但是一九九四年十二月原本約一百六十件與百憂解相關的案子，至此只剩下不到一半。而且肯塔基上訴法院後來決定與芬垂斯案相關的聽證會，內容今後也不對大眾公開，所以當地報紙或一些法界的刊物或許能捕捉到一些和解案的過程，但是這個案件在全國性的媒體幾乎沒有登場。原告律師保羅．史密斯目前仍在達拉斯繼續執業，外人對於和解金額所知的，僅有路易斯維爾某位曾為芬垂斯案中原告辦理離婚的律師的描述。該律師說是一筆「巨額」的金錢。

芬垂斯案將祕密和解推至一個新高，因為在本案中出現的情況不只是隱瞞了某項對大眾的潛在危險，甚至也創造了「反資訊」，成功地說服原告方不提出重要證據。其實這種行為並不少見，不過本案獨特之處在於那群律師碰上一位極度具有勇氣的法官。

也許有人還是很難理解，但是芬垂斯案中，原告、被告兩方律師的行為都很容易解釋。被告辯護律師可以主張他們是「善盡職責」，目標不僅是在單一案件中勝訴，而是必須保護客戶最重大的資產，也就是藥品百憂解。因此，律師所採取策略是要降低全國等級的傷害；而根據情勢而言，芬垂斯案並無法證明百憂解不安全，只能證明辯護團隊會盡力阻止人民對此藥物進行檢視，也會封鎖相關資訊以求藥物不受檢驗。

就原告律師而言，議題不太一樣。許多律師認為芬垂斯一案足以毀掉原告律師團隊，然而除了欺騙法庭這回事之外，也有很多人承認一旦客戶能收到「巨額」的金錢，很可能做出同樣的事情。其他律師這麼說，是因為他們明白進退維谷的原因：依據職業操守，律師最重要的工作是在合法範圍內爭取客戶的利益，至於大眾的權利則次之。不過操守規範的白紙黑字，卻與社會普遍的道德觀念有所衝突，一般人認為隱瞞對於大眾造成潛在危險的資訊就是不對，以不實證據誤導民眾更是惡劣的行為。但相對來說，如同一位西岸的律師所言，要是禮來願意給他所有客戶每人一百萬美元，只求交換某些證據不在法庭出現，那麼對他來說也必須以客戶為優先，這包括收下巨款。這位律師卻也說：「但是呢，還是會捫心自問——其他案子裡其他受害者該怎麼辦？」

不是所有律師都會這麼關心他人，貪婪也一直都是人性本色。芬垂斯案已經顯示出有錢能使鬼推磨，要使原本勢不兩立的原告律師變成守口如瓶的伙伴並非不可能。保羅．史密斯的決定出自於貪心嗎？只有他自己知道，但可以確定大部分律師一定會心動。這些律師大半時候都與有錢有勢的企業對抗，只有勝訴才可以拿到錢，好不容易立場顛倒、對手拿出大把鈔票求自己和解，即便開出了些怪條件，律師又怎麼能不慎重考慮呢？

一九九五年九月，《美國律師》針對路易斯維爾百憂解案做了專題報導，訪問六位「職業倫理專家」對於芬垂斯案中各方律師的意見。六位專家一致同意誤導法官不是正當行徑，可是其中五位卻認為協議本身、以及付錢封鎖證據的行為都還是倫理規範所容許的程度。這麼強烈的共識，反倒凸顯一個問題，也就是律師的倫理規範是不是與一般社會處理事務的標準難以連結。

大家不能一味期待法官可以處理道德問題。如李．沙羅金這樣相信自己必須維護大眾利益的法官並不多，而如同約翰．波特一樣願意冒險去試探一樁祕密協議的法官則更是難得一見。因此，除非遊戲規則有所改變，禁止律師隱瞞社會大眾在意的訊息，否則芬垂斯案這樣的審判過程以及類似的私下協議都不會完全絕跡。

保密也不是所有類似案件的必然結論，在某些例子中，原告律師依舊展現出對抗被告方的能力，並且拒絕在不得公開資訊的情況下加以和解。一九八四年，達康盾官司的原告律師和解了兩百個案件，可是他們始終堅持所有文件、取證紀錄都要公開給其他原告律師調閱；然而這個案例中，原告律師有麥爾斯．洛德法官撐腰，這位法官對於A．H．羅賓士公司的保密態度採取極其強硬的態度。至於其他更多同性質的案件中，因為缺乏法律力量作為後盾，律師覺得自己無力對抗大環境。

於是也出現一些相關法規。一九九〇年，德州通過民事訴訟規定76a，大體而言禁絕了祕密協議。這條規定開宗明義便說所有法庭紀律都必須公開，法官不得禁止公眾調閱特定資料，且與雙方律師是否皆同意並無關聯，唯一例外是法官認定「特殊、重要且實質之利益」必須獲得保護，而保密正好是唯一的途徑。真正需要這種保護的族群包括受虐的小孩，以及年長易受詐騙的人，但僅僅想要掩飾自己錯誤者則排除在外。

德州這條規定還有另外三個重點。第一是本棟不只包括一般的法庭過程紀錄，而是將所有種類文件納入在內，不管是法院發出的、或者是事證開示過程中取得的。第二，法院的命令書與意見函絕對無法封鎖，也就是說其中的人名地名等不可更改，審判決議無法「反公開」並保護有罪者。第三則是法院若發出保密命令，可以對其提出反對者將不只是涉案兩造，而是包括媒體、消費者團體在內的任何人。

德州能出現這種規定，當然也經過一番奮鬥，而且也是有心人的努力成果。洛伊德·多格特議員便是此規定的催生推手，他加入德州的立法單位並且起草此案，後來擔任德州最高法院首席法官便舉行投票，最後以五比四通過。他強力訴求大眾權益應獲得保障，並引述多位最高法院首席法官、哲學家，以及自傑佛遜至尼克遜等美國總統的名言，當然主要都是反對過度保密。

這條規定通過之前，反對者以他們的警語轟炸法院，包括徹底公開將會引起經濟問題、什麼都得公開就沒人要和解、會有太多人想要解禁保密令，法院也會因此疲於應付。結果證明他們都是杞人憂天，規定實行三年半後，也只有一次成功解禁的案例。

一九九〇年起，其他十幾州加入行列，想要立法禁止對大眾隱匿資訊的行為。其中一些州設置的法條效果薄弱有限，但也有幾個州相當大刀闊斧，如加州在一九九〇年提出訴訟陽光法案，直接創造「公眾危害」這個範圍很廣的詞彙，並禁止所有公眾危害相關的祕密和解、保密命令。一九九三年，華盛頓州也通過類似的規定，稱為「大眾知的權利」法案。

可惜任何法律、規定都不可能完美無缺，德州與佛州的法規效力雖強，但弱點也很明顯。一如多數法律規定，這兩州的反保密制度也有爭辯空間，所以取決於法官是不是立場強硬；多數法官不像約翰·波特一樣信念堅定，他們比較想要鼓勵和解，也認為保密命令是最好的工具。

更重要的一點是：佛州、德州的法規同樣沒有直接針對律師行為進行解釋。在德州，原告律師與被告律師還是可以聯合起來，嘗試說服法官該案件非常「特別」因此需要保密。佛州禁止了祕密協議，可是並未設立罰則。至於華盛頓州，訴訟兩造如果達成祕密協議，則視同違反消費者保護法，但問題還是在於沒有直接懲罰到律師。也就是說，律師的立場跟之前沒有太多不同，他們依舊想要積極辯護、將大眾擺在第二順位，現行的操守規範不禁止，只有客戶至上的原則繼續推著律師前進。

然後效力較強的陽光法案則是持續遭到夾攻。一九九三年，德州一樁行政訴訟案最後禁止不相關者針對保密命令提出反對；一九九二年也有一個訴訟案對於佛州的相關法令進行挑戰，主張企業一樣受憲法賦予隱私權。至於別州，陽光法案出生之前便胎死腹中，例如一九九一年加州想要通過議員法案711，這項法案規定所有與產品瑕疵、環境污染、金融詐欺相關保密命令及祕密協議全部違法，原本在立法機關已經得到兩院通過，最後竟在州長比特・威爾森處遭到否決。

加州的議員法案711也確實針對進行祕密和解的律師加以規範，這代表立法找到了正確方向。只要律師受到的操守規範要求他們不可將客戶利益置於大眾健康、安全前面，而他們這麼做之後也會受到懲處，他們才會真的不去鑽「陽光法案」的漏洞。未能完成此種立法時，多數律師仍會主張客戶利益為自身職責，於是社會利益便會遭受威脅，並造成無辜民眾受傷或身亡。

尾聲：波耶特案和解過程

得到文件、對方也提出五百萬美元的和解條件，安卓雅・哈蒂當天晚上和隔天一整天幾乎都躲在會議室內，與兩位合夥人探討該給波耶特一家何種建議。三個人很快就得到兩項共識：隱瞞心瓣膜的產品危險不是正當的作法，可是五百萬美元之中有三分之一會是律師費，這是相當大的金額。

其他兩位合夥人明白，安卓雅有義務提供波耶特一家人建議，提供建議時有些律師保持客觀，僅列出每種選擇的優劣，也有些律師會大力推銷個人認為較好的作法。一開始安卓雅想要叫波耶特太太拒絕和解要求：「我們都知道如果大眾沒得到警告，一定還會有人送命，這樣子我們怎麼可以叫人接受和解呢？」「但是我們又怎麼可以叫他們不要接受？」另一位合夥人諾曼．柳廣指出：「我們必須對客戶負責吧？那怎麼可以叫錦妮．波耶特拒絕呢？她有五個孩子要帶大，其中兩個還在上高中，另外三個也還在上大學。妳覺得可以把自己的道德觀念強行灌輸給她嗎？」

裘．蓋賽爾比較「照本宣科」，他花了大半天時間查書，希望從該州律師相關規定中找到標準，結果發現有好幾處都指出律師要「盡力」、「勤奮」、「積極」維護客戶權利，但是並沒有規定禁止律師接受祕密和解，即便大眾會因此受害也一樣。蓋賽爾也查閱了法院書面意見，其中有好幾個案子都是在雙方同意後，法官即同意祕密和解，而且並沒有直接討論對於社會的壞處。「安卓雅，資料寫得很清楚」他後來說：「沒有法規禁止我們跟對方和解，仔細探討的話甚至算是支持諾曼的說法，也就是我們依照職責應該建議波耶特最有利的選擇。」「可是什麼叫做『最有利』呢？」安卓雅激動地反問：「他們一家人下半輩子都得面對這件事情，要他們就這麼放任其他人送命嗎？波耶特一家人是不是也該考慮這件事呢？」

安卓雅終究軟化立場，她同意會將兩面觀點都說給錦妮．波耶特聽，但是不會提出建議，請那家人自己考慮。後來她跟波耶特太太以及波耶特的長子約翰碰頭，說了對方提出的和解金額及兩項保密條件，也坦承如果上法庭的話恐怕也不可能爭取到這麼優渥的賠償金。同時安卓雅還是提醒他們：真相沒有水落石出，其他使用同樣心瓣膜產品的人可能也會受害、死亡。然而她點到為止，沒有提出個人意見，沒有建議波耶特一家考量巨大的道德成本並進而拒絕這項和解提議。

那天晚上安卓雅回想了自己說些什麼，結果很後悔為什麼沒有把話說清楚——她沒有提到其他與波耶特相同、只是運氣好還沒碰上問題的病患，沒有提到其他與波耶特一家同樣失去親人的家庭，這些人想打官司的話得從頭來過。此外，雖然五百萬美元是不太可能，但進入審判程序後，波耶特一家依舊能取得相當高的賠償。安卓雅知道自己如果說了這些，應該可以打動客戶，但她下午卻相當收斂。

她跟合夥人談及可以收取多少費用時都覺得興奮，五百萬美元的三分之一，這真的是一筆很大的金額。然而，安卓雅感到欣慰，這間公司的人並沒有受到金錢蠱惑、從金錢為出發點來建議客戶。安卓雅還是會懷疑當自己跟波耶特太太談話時，到底下意識有多少程度想著這筆錢，畢竟這巨款不僅可以幫助波耶特一家人，也會幫到自己的兩個小孩。隔天約翰．波耶特打電話來表示他們一家討論後決定接受和解條件，安卓雅也並不覺得意外。

之後幾個星期裡，安卓雅卻又質疑這個結果不下百次。波耶特一家人都很好，她懷疑經過六個月、一年以後，這家人回頭思考為對方保密這件事情，又會有什麼不同的想法；還有她知道就算當初不接受保密條款，對方為了不要鬧上法庭，後來應當還是願意用蠻高的數字和解。安卓雅為此失眠，好不容易睡了，卻居然夢見醫院中更換心瓣膜的病患一個一個倒下，或者是她召開了一場現實生活中沒有機會召開的記者會，她在會上公開了那些血淋淋的證據。

她終於還是去跟另外兩位合夥人開口了，安卓雅希望以後不用再面對同樣的難題，不必從公眾安全與客戶權益中二選一，所以她提議在公司的收費契約中加上一條：「客戶需注意若案情顯示大眾健康可能遭到嚴重威脅，賽賽爾、柳廣、哈蒂聯合事務所拒絕阻止揭露相關證據的和解協議；客戶同意委託本事務所時，亦即同意不接受包含此類內容的協議。」

另外兩位合夥人同意將這一條加在合約中，後來並沒有客戶因此排斥這間事務所，反而有人為此稱讚安卓雅。不過，安卓雅心中也非常明白：客戶一開始很容易接受這件事情，因為他們在案件起始時能夠以同理心顧及其他受害者，然而案子快結束時狀況就不同了，錢都擺在眼前，客戶的思考也會改變。

安卓雅和同事也有清楚的認知：當對方提出和解，自己的職責就是一定得告知客戶。案子最後怎樣收場操之於客戶，安卓雅也並不想要僭越這條分際；客戶有權決定如何處理、客戶也有權隨時更換律師，所以事實上只要客戶堅持和解，她也無力阻止。更何況該州的律師倫理規範要求她們將客戶的利益擺在第一位，所以公眾安全問題反倒變得奢侈，不是每次都能顧及的問題。

第十章　集體訴訟：保護大眾抑或是律師的意外之財？

一種維護公眾利益的強大力量。

——律師亞瑟·布來恩對於集體訴訟之總論

其公眾正義訴訟律師會設置有「集體訴訟濫用防制專案」

尋常百姓不能理解的法律名詞。

——前緬因州參議員威廉·柯漢描述一項典型集體訴訟通知時所言

第一件事就是付錢給律師。

——《紐約時報》一九九七年頭條二手煙集體訴訟案達成和解，和解協議包括律師費用高達四千九百萬美元

溫斯頓夫婦喬瑟夫與裘拉都在自己家鄉的中學教書，那是美國中西部一處中等規模的城

市。喬瑟夫教數學，也擔任學校橄欖球隊教練，裘拉則是英文老師。八個月之前，這對夫妻的郵筒出現一包東西，信封上回信地址是「三郡電腦公司訴訟案相關」，裡面裝了兩樣文件，都是單行間距、寬八吋半高十一吋的印刷品小手冊。兩本手冊一打開都重複「三郡電腦公司訴訟案相關」這句話，然後是一個案件編號，之後提到兩家公司的名字，最後有附近的地區法院地址。第一本手冊有十二頁厚，標題是「集體訴訟」，標題下面一行字寫著「繫屬與和解通知」。第二本冊子只有五頁，封面是「索賠與放棄證明」，下面一樣有另一行字：「常規說明」。

溫斯頓夫婦沒聽過這幾個律師的名字，也搞不清楚自己為什麼會收到這封信。他們倒是知道三郡電腦公司，因為那是當地最大的電腦零售商，幾年之前這對夫妻也從那兒買過家用電腦。他們打開第一本手冊，頭一頁以大寫字母標示：「請仔細閱讀本通知，其中包含本集體訴訟案之繫屬狀態與和解條件，若貴方符合此訴訟之性質，請參考下列重要訊息以便取得和解賠償。」

他們倆根本不知道什麼和解的事情，既沒聽說過也沒看報紙上有報導，但是靜下心來將文件都讀過，尤其「和解提議」有四頁單行間距、總共十一小節的內容。只不過看完以後，他們比起沒看之前還要困惑。

隔天裘拉請當地律師公會介紹一個律師，針對這份文件給予法律諮詢，她花了二十五美元和律師談了半小時。那位律師解釋：三郡電腦公司因為不實促銷手法而遭到集體訴訟，這個案子才剛和解而已，如果溫斯頓夫妻在文件標示的時間範圍內有與三郡公司購買電腦，那麼便符合訴訟內容並且可以分到和解金額一部分。「只是呢」律師又說：「這種案子很複雜，所以你們最好是打電話給單子上列出來的事務所問一下。」

隔天他們就打電話到手冊上「更多資訊請見」下面給的免付費電話，打了三次卻都是電腦語音，重複播放他們已經知道的內容。直到這時候，溫斯頓夫婦都無法搞清楚這案子的內容是什麼、與自己有何關係，而且他們很生氣，為什麼律師可以不經他們同意就使他們成為訴訟案的成員，也覺得規則怎麼會如此複雜，他們連找人給點建議都找不到。

集體訴訟通知書上第一間事務所是史塔克豪瑟與普雷文，這間事務所距離溫斯頓夫妻住處才幾英里遠，已經開業三十多年。史塔克豪瑟專注在「交易」類業務，例如擬定契約、遺囑、信託等等，而普雷文就埋首於訴訟業務，並且慢慢轉向集體訴訟這塊領域。近幾年有兩位新進律師幫忙，於是他幾乎只處理集體訴訟案了。

普雷文沒有人力、財力去打大型侵權官司以及可能涉及百萬人的大案，但是他注意到許多當地的小型事件還在掌握範圍中。他喜歡這份工作，因為他自認為是在幫助消費者，同時卻又能有比以往更多的進帳。他很久以前就已經明白集體訴訟案大半都以和解收場，會上法庭的少之又少；每次和解協議中幾乎都會包括被告必須支付他的律師費用。一開始想要找到好的集體訴訟案並不容易，但是耕耘幾年以後普雷文嗅覺敏銳起來，甚至不用出去找，案子自己會送上門來。

他最近這個大案子是在高爾夫球場上接到的。當時他與山姆・基姆一起玩雙打，山姆開了一間大型電腦硬體店鋪。在球場上，山姆與普雷文提到三郡電腦公司幹的好事：「我覺得他們傳單上寫得很清楚啊，買一台電腦就送一台螢幕跟一台印表機。他們給的當然都是快淘汰的機型，但總比我之前用的破電腦好一點，所以就買了三台電腦，一台放辦公室、一台擺家裡、還有一台給我孫女用。問題是我壓根兒沒拿到半台印表機。」

「怎麼回事啊？」普雷文問。山姆回答：「我買電腦的時候，他們店員說印表機缺貨，後來我就叫我的店經理一兩個星期就打去問一下，結果一直都說沒有貨。上個月他們居然說特惠已經結束了，結束了！我也是做生意的，盤點這檔事我很清楚，他們根本一開始就沒有準備夠印表機啊，偏偏那一型印表機已經停產了，所以他們也不可能拿得到貨。」

普雷文忽然有興趣了：「等一下，山姆，你是說你付錢買下電腦的時候，三郡公司就根本不可能給你印表機嗎？」「當然不可能。」山姆說：「我敢打包票，那種印表機在他們推出特惠方案之前就已經停產了，不然他們幹嘛大放送？」

聽在普雷文耳裡，這代表三郡公司承諾了貨物，卻根本不可能交貨，也就是不實廣告。更重要的是，倘若三郡公司在特惠期間賣出大量電腦，則會構成一個絕佳的集體訴訟案；三郡公司的行為像流氓，不過一般人不會為了一台一百五十美元的印表機鬧上法庭，然而若普雷文提出「集體」訴訟，那麼就可以包含所有買了電腦卻沒拿到印表機的人，於是不僅可以幫這些買家爭取權益，他自己也能賺到錢。另外，這件案子算是很簡單，他只需要清查三郡公司到底賣出多少電腦，其中又有多少客人沒有拿到印表機。普雷文說：「山姆，我明天去看看三郡公司的廣告微縮片，要是他們真的做了你說的事情，你要不要來當集體訴訟案的原告人？」

※ ※ ※

集體訴訟提供民眾一條絕佳管道，可以集結起來為自己所受到的輕微損害加以反擊，少了這條管道大家就只能在沉默中忍受一切。但是集體訴訟也創造出史無前例的機會，不問是非的律師濫用此種機制並非為了保護他們理應幫助的人，而是為了賺大錢。亞瑟・布萊恩是「公眾正義訴訟律師會」的會長，這個協會有一套集體訴訟濫用防制專案，可以說是業界的守門員，而布萊恩則曾經表示集體訴訟是「一種維護公眾利益的強大力量」，因為他知道失去集體訴訟的話另一條路就是大家都不說話，畢竟造成的個別損害太小了。但是鳳凰城律師約翰・法蘭克有別的意見，他曾經在多個委員會擔任要職，負責針對集體訴訟的規定對法院提出建議。法蘭克認為集體訴訟只是種「勾當」，或者說是現代的「律師救濟專案」。的確，如布萊恩所屬的律師會這類消費者保護團體長期以來都是集體訴訟律師的眼中釘，因為這些團體會抗議和解案內容，主要原因是律師收取的費用太高，但是集體訴訟人獲得的賠償卻太少。

集體訴訟這種制度存在已久，但直到六〇年代的消費者保護運動時才變得相當盛行。一般民眾開始瞭解到原來日常生活中出現的產品都可能有瑕疵與危險，於是聯邦政府的集體訴訟規則也容許民眾聚結為「集體」並要求金錢賠償，不再如以往侷限於政府命令，僅能要求廠商改善卻不能索賠。

扯上了錢，所以很多集體訴訟案浮上檯面。最早集體訴訟都還是以單一消費者提告太缺乏經濟效益的情況為主，例如有問題的烤麵包機、攪拌機這類小東西而已；後來出現的信用卡或貸款超收利息卻又退款不齊等；再者是租車公司堅持顧客必須購買無意義的保險。後來出現更多種類，律師將集體訴訟用在價值比較高的東西上面，例如汽車零件、股票，或者是職場的僱用及升遷，還有毒物排放，甚至是牽涉到幾萬人甚至上百萬人的大型侵權官司，包括了隆乳的植入物、石棉造成疾病等。

集體訴訟大開機會之門，將影響到一般人的許多問題都給挖了出來，以下有幾個例子：

- 博士倫公司曾經將「完全一樣」的隱形眼鏡以三種不同包裝出售，第一種每副七十美元並聲稱可用一年，第二種一打九十美元但宣稱只能用一至三個月，最後一種每打八十美元卻又表示只能配戴一兩週而已。集體訴訟官司戳破了這種銷售手法後加以禁止，並處以三千四百萬美元現金，加上三千四百萬美元的貨品賠償給受害民眾——每購買一副就可以獲得五美元現金及五美元商品的賠償。
- 一樁投資詐欺案中，最後只留下破產的被告準備入獄服刑。舊金山律師威廉·本斯坦提出集體訴訟，要求被告的保險公司「Fireman's Fund」照價支付受害者，結果該保險公司付出五千五百萬美元，超過了法定限制許多倍，原因是投資合約上註明「完全擔保」。
- 美孚公司的AV1飛機用油經檢驗發現瑕疵，集體訴訟結果是超過使用該產品的六百架小飛機將要完全拆解經過維修再重新組裝，這些費用全部由美孚支付。

- 州農保險（State Farm Insurance）遭律師提出集體訴訟，認為該公司僱用員工時有性別歧視之嫌，結果約一千位婦女領到總計一億五千萬美元的賠償。有些婦女可以證明自己比受僱的男性員工更適任，這些人和的賠償金額在十三萬五千美元到八十萬美元之間。

即便集體訴訟有如此光輝的紀錄，這個制度卻也賦予律師未曾有過的強大權力，同時根本難以控制所謂「集體」中的各個訴訟人。展開集體訴訟的律師有權力去創造這個集體，定義其範圍、找人作為該集體授權之「代表」，還有權接受對於集體成員沒什麼幫助、自己卻能領到高達八位數訴訟費用的和解條件，此外也可以跟對方的律師攜手合作，於是根本不需提出訴訟。每位訴訟人是否同意，那是事後才去思考的問題，對律師而言微不足道。

集體訴訟與傳統原告、被告的案件不同，也與有多位原告的情況不一樣。多原告的案件中，每位原告都是不同的客戶，律師對客戶及其案件需保持忠誠。但在集體訴訟中既不是、也不可能出現這種關係，單是該集體可能包括的潛在巨大成員數便代表一件事：如果和解需要通過所有訴訟人同意，那集體訴訟根本就沒完沒了，不會有人敢碰。

不少律師會寧願以略低於案件實際價值的金額進行和解，以求盡快可以收費，這樣的誘因在集體訴訟之中又更為強烈，主要由於律師與客戶之間沒有緊密的關係。一般原告律師會瞭解客戶的身家背景、人格特質、需求及期望等，但是集體訴訟中就算是所謂的「代表」充其量只能算是律師的道具，依照律師的指令行動。此外，一般律師如果進行祕密和解可以獲得額外津貼，但集體訴訟律師沒辦法這樣子從所謂積極辯護中取得更多好處。

律師發誓要遵守的職業倫理規範中對於集體訴訟隻字未提，根本就沒有將此類特殊訴訟型態納入考慮。因此，律師無法從規範中找到自己對於集體成員責任所在，於是各單位——也就是州政府以及各級聯邦法庭——能夠依己意自行詮釋，再次擴張律師可以操作的程度。

法庭終究要顧及集體訴訟的公正性，可是多數法庭沒那麼看重集體成員的觀點，反而比較注意律師的說法，就連該集體的代表人名字明明寫在案件名稱上、而且理當負責為整個集體發聲，但通常根本無權置喙。代表多半透過律師發言，少數自己說話的場合在法官眼中也缺乏信用。

在案件開始之前，必須先由法官同意該集體的「分類法」，也就是這個群體要有足夠的共同特徵才可以聚集在一塊兒，同時法官也可以決定由誰擔任原告律師。多數律師認為這部分的問題還比較大，一旦該集體獲得法官「認證」，和解就只是時間問題——至少律師是這麼想。

聯邦層級與州層級已經忽視集體訴訟中律師應負的職責，結果多數法官同樣也不會認真檢視，只當成一般案件來看待。對法官而言，和解就是好事，而且他們會假設和解本身就是公平的事情；若是多數案件不能達成和解，那麼法院紀錄會多到裝不下。更不用提的是，集體訴訟案情複雜，會比一般案件花上更多時間才能夠處理完畢。

美國國內一些頂尖的消費者權益律師也接集體訴訟案，他們認為在集體訴訟中律師面對的誘惑非常大，因為一個案子可能跑了好幾年，要是進入審判過程卻變得更棘手，比起一般案子也耗費更多時間金錢。風險這麼大、牽涉的收入金額又高，律師當然很容易說服自己：即便和解金額稍低，但先拿到總是好事。

這種誘惑一部分來自於被告律師，他們寧願拿一大筆錢付給集體訴訟中的原告律師，也不願意花更多錢在那些集體成員身上。即使最後真的要付錢給集體成員，到底會是多少錢也少有人知道，一切都在律師交給法官的評估報告中。這筆錢其實常常都是以不直接、不確定的型態支付，所以不直接代表可能是禮券或購物折扣，不確定則是因為賠償金還有條件限制，集體成員可能要琢磨好一陣子才搞得清楚到底自己可以拿多少。

金錢也不一定就是最大的考量，有時候集體訴訟要的是「衡平救濟」（equitable relief），也就是要求被告改正其行為，確保不會繼續有超收款項、產品瑕疵、職場歧視等問題出現。以被告的立場來說，有時他們寧願付錢也不願意答應這種事情，因為這可能徹底改變他們原本營運的模式。論及此事，就連原本較有良心的律師可能也會自己告訴自己：我已經幫大家爭取到他們要的東西了——那就是錢——但實際上，根本沒辦法保證被告的行為會有所改變。

一九九四年阿拉巴馬一位州法院法官同意了波士頓銀行的和解案，案子裡銀行被控不願將託管帳戶的利息付予客戶，反而將其扣留下來。集體訴訟成員共有七十一萬五千人，他們在不同時間與銀行質押借貸，且無論原告或被告方的律師都聲稱這個案子的和解金額會超過四千萬美元。不過，事後一些研究過這個案子的人表示數字誇大了；根據《紐約時報》報導，單一成員最多也只獲得八點七六美元而已，更何況在案情而言，一開始就沒有任何一方堅稱這筆錢不該付給那些銀行客戶，真正的問題出在「何時」應該匯入他們戶頭。但法官終究批准了和解案，而且原告律師費用高達八百五十萬美元。

伊利諾州聯邦法官米爾頓．蕭德便指出：該銀行兩年以前其實針對同樣一批集體訴訟人提出過類似的和解方案，但當初原告律師「只能」獲得五十萬費用。而且更誇張的則是原先的和解方式裡，律師費由銀行負擔，但到了第二次和解時，律師費卻必須獨立在集體賠償以外。集體成員中有一些人跟銀行間的契約已經結束，換句話說高額律師費用將只由剩下來還與銀行有往來的人一起負擔。

這個案件也因此具有特殊意義，因為有些人勝訴所得的利息遠低於他們必須付出的律師費用。緬因州一對夫妻在訴訟之後獲得二點一九美元，但是卻付了九十一點三三美元給律師，還有更多人根本不知道自己也成為這樁集體訴訟的原告之一，一直到他們的戶頭明細出現「其他費用」一項支出付錢給律師才恍然大悟。於是大家當然想要討公道，便針對原告律師與銀行提出集體訴訟，控訴他們的行為是詐欺，然而這個案子無疾而終，因為提出時間太晚，超過了可以反對和解的期限。

波士頓銀行這個和解案引發許多人忿忿不平，其中有一位是佛州檢察官，佛州正好也是波士頓銀行主要的貸款公司所在地。另外，消費者團體「公民」（Public Citizen）代表布萊恩．沃夫曼說這是「惡劣至極」的一個集體訴訟和解案例，其他原告律師更是爭相走避，不想與此案沾上邊。蕭德法官用詞直接，他說這個案子會成為「集體訴訟界的威利．荷頓」[1]。可是原告律師與銀行律師都強調這個和解案經由法官裁定核准，也就是說法官完全瞭解和解條件、也聽過所有反對意見。加上銀行方面也的確依據和解協議，修正了部分的措施，因此「根本沒有任何欺詐或不當之處」——這是原告律師之一，芝加哥的丹尼爾．艾德曼告訴《紐約時報》所說的內容。

另一方面，這位丹尼爾．艾德曼律師遭人詬病的卻並不僅止於波士頓銀行這個案件。批評他的聲音不少，其中包括「公民」以及汽車安全中心，這兩個單位認為艾德曼處理過許多消費者信用官司，但看來他只是想中飽私囊，並不打算為民謀福。經過調查，艾德曼其實應當很擅長集體訴訟，但後來卻常常以低金額快速和解，以求短時間內可以索費。

讀過汽車租賃合約的人都明白內容相當艱深，有些集體訴訟律師認為這樣的契約不單純是要人看不懂，事實上租車公司有超收費用的嫌疑，因此這群律師很積極地針對租車公司發起集體訴訟，其中也見得到丹尼爾．艾德曼的身影。他對豐田（Toyota）、富國（Wells Fargo）、福特（Ford）等長期車賃公司提出控訴，但他不管是動手的速度或者是和解的速度，似乎都比別的律師要早了一步。

有一次與福特公司交手，艾德曼對法院提出的和解內容是賠償四十二萬五千美元，加上貼現六十七萬五千美元，還有日後分期付款折抵一百二十萬美元。相較之下他只打算收取律師費用二十五萬美元——只是消費者團體仔細核對之後卻駭然失色，連忙對法院提出正式的異議。

首先，這次和解影響到福特汽車貸款公司數年來的租約，牽涉約兩百萬人。也就是說，每位消費者平均分到大約一美元，但事實上每一筆契約的金額少則幾百美元、多則上萬元，兩者根本不成比例。更糟糕的則是和解條件中的四十二萬五千美元賠償，支付方式居然是由此一集體中隨機選出十萬名成員，獲選者每位將可得到四點二五美元，未獲選的人則一毛錢也拿不到。這種作法簡直是買刮刮樂一樣，也因此提出抗議的單位便以「非法樂透」來形容這樁和解案。

另外一次，艾德曼對上的是富國，他提出集體訴訟之後很快就達成和解，條件是每一位集體訴訟人將會得到一張七十五美元、不可轉讓的禮券，可用於支付任何富國公司名下的租約——唯獨訴訟人「當時」的契約卻被排除在外。於是又一次，其他集體訴訟律師以及消費者團體都疾聲抗議，表示這樣的協議根本對於一般消費者毫無意義可言。每位訴訟人在當時所必

注釋

【1】譯注：黑人罪犯，意指夢魘或眾矢之的。

須繳交的租金根本沒有降低，且若想要運用該禮券，則就必須再一次跟「被告」富國公司租車、遵照他們的標準來辦事。就艾德曼請款的紀錄來看，他只用了不到二十四小時的時間，卻因此可以獲得七萬五千美元的律師費。

某些層面上，這與第六章提到可以快速達成和解的汽車擦撞小事件有點類似，然而對於社會整體的損傷卻又遠高出許多。惡質的集體訴訟和解就像著名的傷寒瑪麗一樣，到哪兒都會影響周邊的人。每一次集體訴訟案經批准和解以後，不僅是將具名的訴訟代表所有後續權利給切斷，也是將未具名的訴訟人也一起打發。集體訴訟可以由不同地區的不同律師重新提出，但是同類型的案件中，第一個案子多半會成為參考，和解條件多半都直接沿用在其他案件中。消保團體「公民」幹部沃夫曼認為此種「先搶先贏」的機制，便是當今集體訴訟的最大弊病。

這種機制的效應就如同逆向操作的拍賣會，過程中並不是將價錢不斷喊高，反而是追求位於谷底的那個金額；被告可以貨比三家、跟每一位提出集體訴訟的原告律師談價錢，然後找到願意為訴訟人爭取最少權益的那一位。律師這麼做，換來的是律師費，至於那些堅持要替訴訟人爭取權益的律師則直接忽視、趕到門外。以惡劣程度而言，並不下於祕密和解，原告律師不僅屈服於誘惑，而且也為了自身利益而罔顧自己對於所有集體訴訟人的責任。

有三種方法可以避開這種和解結果。部分律師提出訴訟時，對於訴訟人團體的限制較多，例如可能僅於單一州內有效。同樣也是福特公司的例子，有四州出現律師提起集體訴訟，認為福特租車公司出售「強制」汽車保險，也就是強迫顧客必須購買該企業子公司的碰撞險或綜合險，但是收費卻又令人咋舌，單一保險金便高達六千美元，而其中上不包括責任險。倘若租車客戶不願購買，福特租車便可將汽車直接收回。

加州律師貝利．巴斯金以五千八百萬美元代表顧客與福特租車進行和解，並且禁止福特公司日後採取同樣規定；佛羅里達、亞利桑納、密蘇里三地也有類似結果，而這四州的居民則是幸運兒，因為他們搶在丹尼爾．艾德曼以全國為單位提出集體訴訟，其他四十六州都無法倖免。全國級的集體訴訟最後和解金額才與加州一地大約等同，考量其訴訟人數之多，每個人可以得到的賠償難以相提並論。

另一條可以逃離劣質和解的出路很簡單，就是提出反對。法官同意任何和解以前，都必須舉辦「公平聽證」（fairness hearing），此時任一位訴訟人都可以因為金額太低或其他因素表示異議。不過，法官通常不會在乎有人抗議，也不會認真判斷和解條件的利弊得失，一心想著要清空法院堆積的案件量；想要提高機會，則必須由署名的訴訟人代表親自提出反對，再不然就是交給「公民」、「公眾正義訴訟律師會」這些單位在聽證會上組織抗議者。福特公司的和解案，則是因為以華盛頓特區為總部的汽車安全中心出面提出抗議，所以法官根本直接取消公平聽證，要求雙方找出更合理的解決方式。但須注意的是，法官基本上不會認為和解有不公平之處。

在某些地區，即便所有署名的訴訟人都提出抗議，法官還是有權批准和解案，無須顧忌這些訴訟人代表理論上就代表整個訴訟集體。透過相關單位進行有組織的抗議會有幫助，但也很難力挽狂瀾，因為提出反對者必須要能勝過案件兩造，分別是被告及其律師、還有原告集體及其代表律師，他們在法庭上會聯手塑造和解內容公正不倚的氣氛。

想達成和解，最簡單的方法當然就是完全沒有人反對。舊金山有一群集體訴訟律師在和解通知書上一如往常註明了「所有符合集體條件者皆可提出反對」，但又補上一句令人看了膽戰心驚的規定：「若反對原因甚無重要性，將對提出者處以罰金。」相對地，訴訟人也獲得另一項警告，也就是他們必須提出異議才可以「獲得含費用聽證在內之一切後續聽證會訊息」。如此一來，這些律師創造出一個動輒得咎的情境：訴訟人想要獲得後續資訊就必須提出抗議，可是行使異議權卻又受到罰金威脅。以此威脅訴訟人的律師顯然手段用過頭了，但也的確對於那些有異議的人造成了傷害。

第三種可以擺脫集體訴訟和解的辦法，也是唯一一種每位訴訟人自己可以採取的手段。成為訴訟人之後，還是可以自願退出和解協議，並因此保留對於被告追訴的權力，這包括之後以個人身分提出訴訟，或者是加入其他條件較佳的集體訴訟案中。以集體訴訟尋求金錢賠償的相關規定，原本僅適用於自願「參與」該案的人，但這麼一來會限制集體訴訟對於消費者的廣泛保護作用，所以一九六六年修訂相關法規時便做出一項極具爭議的改變，也就是集體訴訟會將所有資格符合的人都直接囊括在訴訟人中，不願意者必須主動要求退出。有一位法官將這種制度比喻為讀書會，參與讀書會就會自動收到書單上的選書，除非主動拒絕。

制度上的轉變造成集體訴訟的運用層面擴展很廣，但代價是犧牲了個別訴訟人的獨立性。

從波士頓銀行這個案例中可以發現：許多人連自己成為訴訟人這件事都不知道，又遑論主動要求退出？而制度之所以會這樣更動，秉持的理由是法院在進行集體訴訟審理前需「直接通知該集體內各訴訟人其所具有之權利」，但說是一回事，真要做到當然又是另外一回事。

通知成千上萬的人，不管利用郵件、報紙、廣告等，即便法院與律師全力運作也很難辦得完美無缺。再者，通知書內容冗長複雜，個別的訴訟人時常要到時效已過，才驚覺原來他還有退出訴訟這個選擇。至於真的退出訴訟的人，他們本身受到的損害極小，循法律途徑索討完全不實際，而若真想捍衛自身權益則又得與他人結合起來展開另一次集體訴訟。

一九九三年亞特蘭大聯邦法庭批准一項航空公司定價的集體訴訟案，據報導高達三億六千八百萬美元，訴訟人數超過四百萬人，律師費用也達到驚人的一千四百萬美元。律師費用與賠償金額相比才不到百分之四，但值得注意的是巨額賠償並不是以現金來「支付」，而是以十美元和二十五美元面額的禮券用於未來的航程上。禮券在使用時也有所限制，實用性大減，更麻煩的是不能一次使用多張，而是小額漸進，例如兩百五十美元以下的機票就只能使用十美元禮券一張，五百美元以下的機票才可以使用二十五美元禮券一張。這麼麻煩的兌換規則，對乘客而言不如使用一般的里程酬賓回饋還簡單得多。航空公司對外宣稱無法估計禮券的使用狀況，可是多數觀察者認為實際消耗掉的一定僅有極少數而已。

以禮券方式作為補償，最具爭議的作法出現在本書一大要角身上：通用汽車公司將油箱安裝在兩側的小貨車引起全美各地許多律師提出傷害或致死官司，集體訴訟律師也代表各地「未受傷」的車主提出數件訴訟案，以側邊油箱可能導致意外並因此降低貨車價值提告。一九九三年七月，於費城聯邦法庭上，通用汽車公司與原告律師提出和解協議，影響所及為五百七十萬名貨車持有者。每位車主可以獲得價值一千美元的禮券，下次購買輕量貨車時可以使用，而原告律師費用為九百五十萬美元。

消費者團體怒不可抑，其中布伐瑞夫．奈達所成立的汽車安全中心以及「公民」兩個單位一語道破：禮券根本毫無價值可言，而且理由有好幾種。其一，禮券的轉讓僅限於親屬間，或者透過出售貨車才可間接達成。其二，禮券限制不得與其他折扣、促銷專案並用。其三，禮券使用期限竟是以和解生效開始的十五個月。可是法官小威廉．攸恩卻無視於消保團體意見，於一九九三年十二月逕自准許和解成立，於是律師也就得到那九百五十萬美元。攸恩法官選擇採信律師提出的分析報告，認為只有超過三分之一的禮券會實際運用，所以和解案的價值大概在十八億至二十億美元間。

縱使五千位車主主動退出和解協議，且另有六千四百位車主提出正式反對聲明，但攸恩法官認定此數字「極小」，並將多數訴訟人的沉默當作同意的證據。「超過百分之九十九的集體訴訟人表示同意或者沉默，這顯示絕大多數訴訟人認同此次和解。」攸恩法官更進而迴避汽車安全中心的訴求，他們指控這款車的油箱設計瑕疵已經造成數百人喪命、數千人燒傷，和解協議應當著重在安全問題才對。「能比這台車瑕疵更大的，就是攸恩法官的判決。」汽車安全中心的理事長克列倫斯．迪特洛後來這麼說。

抗議者繼續將這個案子帶到聯邦第三巡迴上訴法院中，過了一年半盼到一個令人驚喜的結果：一百零三頁的裁決書中，上訴法院一致同意駁回這個和解案，並指稱其「不正當、不合宜」，可說淪為「通用汽車的促銷工具」。上訴法院認為這種和解內容「完全無益於不願或無力再購買一輛通用汽車產品者……且未針對尚在行駛的危險車輛有任何措施。」以上出自於法官艾德華·貝克之筆，這位法官也尖銳批評高額的律師費用，認為通用汽車公司竟不提出反對，更是「此地無銀三百兩」，顯然是因為和解協議有蹊蹺。於是這個案子撤回攸恩法官那兒重審，過幾個月德州最高法院也駁回類似的案子，同樣是通用汽車公司的側邊油箱貨車，也同樣是對於九百五十萬美元的律師費有疑問。

不過聯邦上訴法院對於本案的看法還不代表一切拍板定論。在攸恩法官做出新的裁決之前，原告律師調出新的事證以求符合上訴法院要求，並另提出控訴以另闢戰場，還有其他律師則將目光放在其他州已經沉寂的同一案。一九九三年，就在費城協議的兩個月前，路易斯安納州一位州法院法官核准了通用汽車的貨車車主可以提出集體訴訟，而費城協議到一九九六年七月已然破局，路易斯安納那位法官又准許多數費城一案中的訴訟人加入，並且再度同意了以一千美元禮券作為補償的方式。

當然又是反對聲四起，雖說這次和解最終成立，但抗議聲浪也多少造成改變。與費城的協議不同，禮券轉讓不再受到限制，因此可流通於所謂二手市場，也就是禮券有了真正的市值；加上禮券可以與其他折扣、促銷並用，且不僅可購買通用汽車公司的貨車，也可購買其他車輛，所以價值又提高了一些。但最重要的是，通用汽車公司承諾將花四百萬美元研究汽車著火的意外，且在汽車安全中心堅持之下將由律師從收取費用中撥出一百萬美元進行改裝研究。這也是自一九七三年該款貨車生產以來，第一次有人嘗試要將油箱挪到比較安全的位置。

這次律師請求的費用逼近費城、德州兩地所有案件總和，將近一千九百萬美元。路易斯安納州這邊的和解條件顯然較好，可是費城一案的律師還是堅持自己也沒做錯。「我的家鄉可是大家都開貨車的。」費城這裡律師團的首腦之一，舊金山律師伊莉沙白．卡培瑟以這句話表示她瞭解貨車車主心聲。她認為快速和解也是重點，因為這些貨車大都有十年歷史了，對許多車主而言一千美元可以當成下一輛車的頭期款，她甚至推測福特及克萊斯勒等公司會因為知道市場上出現一千美元禮券，因此調整價格以保持競爭力。

卡培瑟堅稱費城案的和解內容是「我們當時能爭取的最佳結果」，然而路易斯安納這兒的和解條件卻毫無疑問優渥得多。「公民」以及汽車安全中心兩個組織最後不再繼續針對路易斯安納的和解協議提出異議，可是克列倫斯．迪特洛認為這次和解「還是不怎麼好」，實際的補償也「少得可憐」，他覺得禮券的面額對多數車主來說沒有高得足以構成換車折扣，於是這些人還是會開車上路、繼續冒險。不過迪特洛也接受無奈的現實，這次和解至少有「一點」價值，而這個價值可以通過上訴法院的考驗。

無論是汽車安全中心或者是「公民」都未參與律師費用的爭議，有趣的是通用汽車公司在費城以及德州兩處法院都沒有任何意見，卻在路易斯安納這裡提出反對。汽車安全中心懷疑這牽涉到一百萬美元的改裝研究經費，迪特洛說：「通用汽車不肯花自己的錢給車主買個安全，就連花別人的錢來做這件事都一樣小氣。」

近年大規模傷害事件中，集體訴訟的運用頻率大幅度提高。原本集體訴訟制度並非用於解決個別的傷害案件，但一九八〇年時，紐約州聯邦法官傑克·威斯坦下令將所有越戰中因橘劑受害的案件集中為一樁集體訴訟後送至他的法庭，後來上訴法庭也認可該法官作法，不過提出每個個體的索賠可以不同。此案例開啟集體侵權訴訟大門，後來出現許多有名的案子，如有毒廢棄物官司、達康盾子宮內避孕器事件、矽膠隆乳植入物問題，以及石棉危害人體的爭議。在這些案件中，每位原告遇上的狀況及提出的索賠都不同，影響幅度相當大。

這類大型侵權官司有幾項好處：法庭運作效率高、法院命令一致度也高，且可以確保所有受損者皆可得到一定的補償。但是這些大案件有時牽涉數百萬人，也就造成新的問題。被告害怕的是某些律師居心不良，提出本身值得商榷的集體訴訟，然後以聯邦上訴法院法官瑞查·波斯納所謂「敲詐和解」的手法牟利；波斯納法官認為這個現象是「重大決斷下的些微可能性」，不過足以「整垮各大企業」。

但從另一個角度來看，許多大型侵權訴訟立意明確，如果都以集體訴訟方式處理，對於被告及其律師來說成為絕佳的機會，能夠「花錢消災」，將過去、現在，以致於未來所有官司都給弭平。在訴訟案將成立時，事先定義該集體不只包括已經因為被告產品而受傷者，且擴及於未來「可能」因為該產品而受傷的人，被告付錢可以交易到永久的安寧；然想達成此目的，被告當然也必須與原告律師達成協議，而在九〇年代初期的石棉爭議中，雙方確實有了共識。

一九九一年，費城聯邦法院受理石棉造成人體損害案件，有二十家公司的工人暴露於石棉威脅中，這些公司集結起來組成索賠處理中心（Center for Claims Resolution, CCR）。一九九三年一月某日，原告方有兩間事務所提出了集體訴訟，於是索賠處理中心的律師也加以回應，雙方很快達成協議，所以訴訟案還未展開就已經結束。擬定和解條件時，雙方律師企圖囊括該中心二十幾間公司「因職業關係」接觸石棉的「所有人」，並進一步包括這些員工的家人。問題在於僅只目前確定因石棉出現疾病的人可以獲得賠償，其他未來可能生病的人、他們的家人都只能依照律師出的公式領取一筆錢，而且想必不多。

這個和解提議不只惡毒，也是精明到家，雖然條件上容許集體訴訟人退出協議，可是想退出的前提當然是先知道自己成為訴訟人，而以石棉受害者而言很多人根本無從得知，唯一發現的辦法就是等到身體真的出狀況。石棉外露問題持續很長一段時間，因此唯一可將此事昭告天下的管道就是電視、平面廣告以及八〇〇服務電話，然而有些人根本無法查知自己是否曾經接觸石棉，還有許多建築工人為許多不同廠商工作過，根本記不得那些雇主的名字，所以這些通知管道難以發揮多大作用。

更糟糕的一點是和解協議不僅對現在接觸到石棉的配偶、家人有效，對於「未來」——也就是尚未結婚的對象、尚未受孕的子女甚至於連會不會生下來的小孩都算在裡頭了。

由於正式訴訟之前就已經達成和解，因此和解案進入法庭申請批准時便已經將條件都談定了，換句話說原告律師一開始就只想和解不想打官司——這個案件若真的打起官司，許多人都認為難如登天，不僅案情複雜，而且又想要將未來才會出現的受害者也納入討論。不料費城聯邦審判法院竟也同意了這樣的和解，並禁止所有涵蓋在本集體訴訟中的人以個人名義再提起訴訟。如提出集體訴訟濫用防制專案的公眾正義訴訟律師會等消保團體又提出上訴，結果第三巡迴上訴法庭的貝克法官秉持了如通用汽車一案的立場，不僅反對此一集體之定義，也拒絕承認和解內容，他認為成立集體時不應以和解為目的，而應當符合訴訟的標準，後來一九九七年六月，以六比二的票數在最高法院中呼應了他的見解。

單純為了達成和解而批准集體訴訟，其危險性不言可喻，正如公眾正義訴訟律師會幹部雷斯利·布盧納曾在研究此問題的委員會前所言，雙方的律師「有極強烈動機做出對集體訴訟人不利之決定」。被告方面是把握機會花錢了事，原告方面的問題則是律師很清楚只要他們挑對時機出面，將能夠輕鬆賺進一大筆錢。

美國人民還是需要集體訴訟以及勝訴收費兩種制度，因為這兩種制度可以使大家站在同樣立足點，協助一般民眾也得以進入法庭。但是若要使集體訴訟達成其原本目的，則必須以更有智慧的方式進行，也就是說必須從兩造律師手中取得更多主導權。

對於集體訴訟的改革方式，有人提出了荒謬的手段，比如有一位教授主張完全根除這個制度，全部改以個別辯護的方式處理；但也有一些崇高的想法，例如前緬因參議員威廉·柯漢提議修法，將集體訴訟通知以淺顯清楚的文字加以歸納，不要使用「尋常百姓不能理解的法律名詞」。學術期刊上也有不少針對聯邦法規修訂的辯論，其中一些觀點很合理，譬如公平聽證不應只辦一次，而是多次。然而，這些建議都未能直接針對律師行為加以控制。

侵權官司改革的倡議者則主張集體訴訟官司就規模而言應當受到嚴格限制，他們的確也一度通過立法（不過在總統處遭到否決）禁止針對債券詐欺提出集體訴訟。值得注意的是侵權官司改革派立場較偏向企業而非一般民眾，而公益團體所強調的訴求卻常常只是亡羊補牢，只能防止消費者權益更進一步受到侵害。

無論抱持何種主張，多數倡議改革者都支持法官應就集體訴訟接受教育，同時客觀司法審查在訴訟過程中比例應當提高。不過增加司法權介入，並不會對多數集體訴訟造成顯著影響，因為公益團體的律師不會受到動員，法官也繼續面對兩邊律師一直聲稱和解條件很公平。將集體訴訟通知書內容改得淺顯易懂當然是一件值得鼓勵的事情，只不過說起來容易做起來難，特別是有些案件要求很久以前的紀錄文件或者事實追溯時。

另有一位法律教授認為在集體訴訟案中，訴訟人代表都有名無實，這個觀點得到一些迴響。美國參議院水門案調查組長山繆·達許目前在喬治城大學教書，他不僅相信、也表示自己就實務上的經驗而言，身為集體訴訟的原告律師根本就必須身兼客戶。

可是最好的改革手段卻可能跟這些人的信念背道而馳：將權力放出來交給掛名的代表比

較有效。上述提到的各種變革，律師討論時還是將焦點放在律師、法官，以及法規的技術性轉變，但假使掛名的訴訟人代表能夠真正獨立於律師之外、真正成為該集體的代表者，再加上代表的人數夠多所以不會有單獨一人主導全局的情況，並賦予他們在律師「建議」而非「指使」下與被告進行和解的權力，如此一來控制權將回到真正的受害者手中。

這樣做的同時也等於是加一層限制在律師身上——這包括原本就存心不良的律師，還有以往都很正直但卻正好受不住誘惑的律師——他們不再能夠為了錢隨便與對方達成和解。另一方面，被告律師有錢好辦事的態度也必須收斂，他們不能繼續挖東牆補西牆、藉由犧牲部分訴訟人權益以滿足其他訴訟人的方式滿足和解條件。只要掛名的訴訟人代表真的可以代表集體的「所有群體」，那麼便可以對於所有訴訟人提供更大的保障。

大型侵權集體訴訟官司應當減少，這種情況只是考量司法效率的便宜行事，將所有案件集中處理的變通手段而已。無論就理論或實務來看，都不構成要個人放棄追訴權的理由，而個人提出的告訴依舊會是對抗大企業的主要途徑。

大型侵權集體訴訟將所有人拉在一塊兒，好處是不小心漏掉的人比較少，但壞處是分界非常模糊廣泛。聯邦法官威廉·舒瓦沙曾經提出兩項集體訴訟之所以成立的原則，分別是每個個案影響所及甚小因此不適合個別審理，以及「所有個案皆有相同之問題」影響到訴訟人；大型的侵權官司通常並不符合這兩項原則。

就算只看第二條原則，大型侵權官司轉為集體訴訟也必須將範圍界定得更小，以求掛名的訴訟人代表跟其他訴訟人相距不會太遠。運用在某些官司上的話，意思就是集體訴訟僅用於決定被告是否有責任，但個別的金錢賠償則進入個別案件審理；而若有必要，集體訴訟甚至可分為兩個甚至更多不同部分，重點在於確保訴訟人代表與其所代表的集體間存在共同利益。目前鐘擺盪得太遠，由個案及其個別的訴求盪到了一個涵蓋所有人的大型集體訴訟案。成千上萬的個別訴訟案化為兩個、三個甚至七個集體訴訟都能夠增加效率，但若只能變成一個案子就不夠公平。

尾聲：三郡電腦公司訴訟案

蓋布瑞．普雷文進行和解時沒費太多力氣，三郡公司在促銷專案期間總共賣出兩萬兩千組電腦，但卻只送出了一千四百台印表機；此外印表機的市價明明最高也才一百三十五美元，三郡公司卻在廣告上宣稱「價值兩百五十九美元」。掌握這些證據以後，普雷文想跟三郡公司的律師談判並不困難，後來針對和解條件提出反對者也只有十三人，其中三人參加公平聽證，所以法官很快就批准了和解內容。大概兩萬名的訴訟人每個人只能分到二點五美元，不過也會拿到一張價值九十美元的三郡公司商品禮券，效期為一年。然而，想要得到禮券，訴訟人必須提供當初購買電腦的憑據，並且正確填寫申請表。無論如何，普雷文可以聲稱這個案子的總價高達一百八十五萬美元，也就是二點五美元加上九十美元禮券乘以兩萬倍，乍看之下他所收取的四十二萬五千美元律師費用並不算高。

喬瑟夫與裘拉夫婦打了多次八〇〇服務電話卻找不到活生生的服務人員，最後決定親力親為，盡可能將申請表填妥。他們光是想找到買電腦時的收據就找很久，最後才知道原來東西連同保證書一起放在信封中，表格填完連同收據一起寄出後，過了三個星期收到二點五美元支票與一張九十美元商品禮券。溫斯頓夫婦自己用電腦的頻率不高，所以想將禮券轉給念大學、每天都用得著電腦的兒子史丹，問題是史丹拿著禮券去買東西卻經由店原告知禮券不可轉讓，於是喬瑟夫又親自陪著兒子去三郡電腦公司挑了一套他需要的軟體。經過一番折騰，這家人挺懷疑到底划不划算。

蓋布瑞．普雷文對於自己這番努力的價值則深信不疑，不過他和三郡公司都不願意公開到底有多少人真的填了單子、又有多少人實際以禮券購物。當地的消費者團體則認為現金賠償加上使用掉的禮券，也還是不會比普雷文拿到的律師費要高。

結論 是否有轉機？可以怎麼做？

若有人問我美國的貴族階級何在，我應當會毫不遲疑回答：美國的貴族並非欠缺凝聚力的有錢人，而是一齊坐在法官位置或者律師公會的那群人。

——托克維爾，《美國民主》，一八四〇年

百分之九十的律師服務百分之十的人民，律師太多、需要的人卻得不到。

——美國總統吉米．卡特，一九七八年

成為律師以前，我們都是人。

——舊金山大學法學院新生戴米安．佛克斯，一九九七年入學第二日

或許並非全部，但多數美國人確實認為美國的司法制度正在崩潰。司法制度以當事人原則為引擎，但這台引擎卻不再運作順暢，好像只有幾個汽缸會動。我們面對好幾個問題：

法律專業一直都是獨占事業，只有律師公會的會員可以在美國的法庭工作，可是當今法律

比起以往更加冷僻、艱深，什麼案子都能處理的律師幾乎可說已經絕跡，一般民眾要在分門專精的市場中找到適合的律師相當麻煩。目前律師的背景比起五十年、甚至二十年前都要來得多元，但是這個領域本身卻比托克維爾的時代還要與世隔絕，當時律師實習生只要「讀法律書」就可以了。現代美國大部分地區都要求律師進修三年的研究所課程，而且進修機構必須由美國最大的法律專業組織、也就是美國律師公會認可才行，所以美國律師公會是勢力龐大的獨占體。

大型律師事務所依舊擴張，行為模式也更像是商業機構而非專業人士團體。現在多數龍頭事務所是以有限責任合夥（limited liability partnerships）或者專業公司（professional corporation）這兩種型態營運，法界媒體也是此一風氣的推手，對成長快速者喝采叫好、也一定要點出風光不再業績不佳的事務所來哀悼一番。一九九七年《國家法律新聞》宣布將「以類似著名音樂排行榜雜誌Billboard」的版面來公布排名，也就是在事務所名稱後面還會標示出利潤等數字，使大家更清楚哪一間事務所往上爬得最快。

這些媒體也公布出各大事務所的起薪，進去第一年的年輕律師通常都是二十四、二十五歲左右，在大公司的事務所年收入在七萬五千到十萬一千美元間。這麼高的收入代表他們的客戶多半都是大企業，而不是無力取得法律諮詢的一般民眾，或者說是卡特總統擔心的那九成人。

申請就讀法學院的人數下降中，但是法學院卻越來越多也越來越大。市場上畢業生人滿為患，很多人找不到工作，但對於大學而言，法學院賺得到錢，所以尚無跡象顯示大學想要縮減甚至關閉法學院。少部分法學院有些變化，試圖針對學生特質以及教學方式做改變，不過多數法學院還跟上個世代一樣死板，但有個相當大的變化就是女性人數提高極多。

有了錢也有了勢，但現在的律師卻是最不滿意自己工作的一代，這一點從各種調查結果可以得到印證。法學院三年級的學生會努力準備校園人才徵選活動，他們知道若能找到工作機會，就代表之後可以賺很多錢，也就可以還清學生貸款。有些人覺得以後日子就會好過了，但多數人對這份工作抱持的並非感情、熱情、期望，他們擔憂巨大的工作量，也覺得自己為了客戶、為了保住飯碗必須做出很多妥協。倫理規範的文字令人迷糊，讀起來好像前後矛盾，於是無論學生還是律師都無法藉由這套標準得到寬慰——許多規定看起來像是強調律師怎麼做可以不違法，而不是強調律師怎樣做才叫做正確的選擇。

撰寫倫理規範的人時常與第一線距離太遠，根本不知道一般民眾有哪些法律需求。有時候制定規則的人也受到各方壓力，結果規範成為政治問題而非道德問題，真正的良知訴求鮮少得以彰顯。許多人民抱怨，但是執法者受限於經費及堆積的工作量，也只能針對最惡劣的案件加以處理，也就是說律師違反某些規矩會遭到懲處，但是其他一些細微卻同樣重要的問題多半會被忽略。

法官親眼看見問題了，當然可以處罰律師的不當行為，但是法官大半時間也是走捷徑：只規勸不懲罰、只告誡不譴責。事實上雖然聲稱司法中立，可是法官一旦對於勢力較大的律師或當事人採取強硬態度，很有可能自己淪為攻訐對象，引發立場不公的輿論，甚至因此必須從該案中退出。

還有很多法官根本欠缺倫理問題的經驗與素養。積極辯護這種從一九八〇年代便已經從各州規範中消失的準則，卻因法官一再引述過時的當事人原則定義而得以不斷延續；許多對於社會有重大負面衝擊的事件或許是由律師所為，但通常法庭那一邊也脫不了關係。

這就是司法制度的現況，顯然需要重大變革，但筆者依舊認為當前所應為並非汰舊換新、直接採用新體制，而是好好整頓一番。即便現行制度出現許多缺失，但美國採用的制度是為了將司法大門敞開給所有需要法律、法院幫助的人，以及如麥迪遜總統所言保護民眾不受「占有權力」者所欺壓。這個目標非常崇高，也不該有所動搖。

根據現行制度，案件之中每一方都會有律師作為代表、掌旗，律師的最重要職責是服務客戶，不是服務政府也不是追求他個人的信念。美國憲法保障所有遭控有罪者的權利，每個人都能得到有效的法律諮詢，同時我國的陪審團制度適用於民事與刑事兩方面，也就是結果並非由法官一人斷定。此外美國的規定雖奠基於英國司法發展之上，但與英國卻又有所不同，因此容許勝訴者的律師費，不強迫敗訴者支付對方的訴訟費用，並且准許集體訴訟這種手段。這些設計的目的是希望窮苦的人只要站得住腳，就有辦法找到律師願意為他們賭一把，否則便難以對抗那些有錢有勢的人。

溫斯頓．邱吉爾對於民主政治的見解，也同樣可以用於美國的司法制度上——我們都知道很糟糕，但比其他嘗試過的都要好。然而，東縫西補、不斷更改的結果使這套制度在這幾十年之間距離原本的當事人原則越來越遠，以某些層面來說根本認不出來了。

該用什麼方法修正呢？有些部分需要的努力比較小，例如刑事部分是有進步空間，特別是貧富、黑白及其他膚色人種間的平等還能夠更上層樓，但大體而言一個人遭到指控時，當事人制度確實可以保障他的權益。

其他有些筆者希望可以實現的改變未必實際。好比最高法院已經鞏固了企業體的客戶對律師關係，書中提出反對意見也難以扭轉這個結果；當然我們同樣很難期待會忽然修法，禁止事務所以最低收費時數來規範旗下人員，並限制事務所只可以聘請五十位以下的律師等。其實還有很多筆者樂見的變化，但發生的機會微乎其微。

不過在另外一些部分則有可能出現重要的契機，包括制度本身、機構部分、運作規則、社會大眾的角色，以及律師自身在內。之前各章中筆者已經提出一些明確意見，此處則著重在大方針，目標是要使美國的司法系統更能呼應人民與社會的需求。

法學院

美國各地的法學院可以對整個司法體系造成最快速也最深遠的變化，事實上前面各章所提到的觀念，也已經在部分法學院中成為課程內容。

律師行為成為教學要點是在約三十年前發生水門案後的事情，之前法律專業倫理通常是高年級選修課程，只有對此感興趣的學生會去研究。水門案發生後，案情不只涉及政客貪腐，也牽涉律師違反道德的行為，牽連所及上至尼克森總統及其司法部長約翰·密契爾，下至專門幫他們出「賤招」的唐諾·賽格里堤。事件造成巨大衝擊，也因此社會開始重視律師的操守，許多法學院增開倫理課程，而一九七〇年代末許多州政府實行簡答題考試，測試學生是否瞭解美國律師公會的專業責任規範，也造成學校將這套規範納入必修課程之中。

但是在很多方面，狀況改變並不大。三十年前，幾乎每所法學院都設計了核心必修課程給學生做一整年的進修，內容包括契約、房地產、刑法、民事、侵權、憲法等，與其他的必修學分搭配起來，大致上就是法學院學生前兩年的課表。這些課程以判例法上課，也就是針對某一主題，學生從實際案例中瞭解法官做出何種重大決定、衍生出什麼觀念。三十年後的今天，同樣的課程還是同樣的教授方式，但看看法律專業倫理或近似的專業責任，上課方式卻大不相同。

第一個不同點就在於其他核心必修課程多半是三至四學分且每學期都開課，並求該領域的專家指導，可是倫理課程一般來說只有單學期兩學分，任教者是正好課表有空缺被拱上去的教授。這種情況，自然使學生認為專業倫理比起侵權、契約等學科來得不重要。

倫理課程與其他課程另一個不同點在於上課方式多半是靜態的研讀條文而已，學生會知道條文內容，卻不一定真正明白其「意義」——他們不知道規定的背後有什麼概念、什麼理論，也因此缺乏學習脈絡，學生修習之後，最大的成就只在於可以通過白紙黑字的選擇題考試。這種教學法並不會使學生思考倫理困境與衝突，他們不會知道如何自己對於客戶、對於司法制度、對於整個社會的不同責任如何兼得，也沒有機會對一些基本的道德問題進行評估。多數學校裡，這門課程也不叫做「法律倫理」，而是叫做「專業責任」，就字面來看的確只是閱讀規定，也因此造成許多學生認為研究倫理問題的目的是要瞭解自己做哪些事情不會被處罰，而不是面對真正核心的議題：律師到底該如何展現責任感。

這種現象在少數學校中已經漸漸轉變，越來越多法律教授將倫理問題當成自己的主研究領域，所以許多法學院也將與倫理有關的課程授課時數提高。少數州律師公會的考試中出現倫理方面的申論題，而學校中的教學法也逐漸傾向從實務層面來檢驗倫理問題、判斷律師行為與道德價值間的關係，不再只是填鴨式灌輸條文而已。

習得概念比起背誦條文來得有效，若能將這些觀念與實務上如何運用結合，那麼更是相得益彰。鮮少有律師自稱是在法學院中學會怎樣執業，這難道不該是學校授業的目的？令人訝異的是，很多學者確實不這麼想，他們擔心法學院淪為「職業學校」，於是忽略了根本的法學理論，學生無法養成「律師的思考」。很遺憾這樣的觀點並不正確，否則何不批判醫學院要求學生進入醫院實習一年的制度呢？指導學生如何將工作做好，這並沒有什麼不對。

而且法律跟醫學不同，法學這塊領域的學界與業界之間出現鴻溝，也因此影響教學效果。學者還是有重要的意義，他們與醫學研究員一樣是理論家，同時（理論上）也是最懂得如何教學的人。只不過理論家在學校內的影響力應該有個上限，醫學界也是如此，所以實際執業過的人也應該有一席之地。

法學院的課表應當更實際一點，刑法、侵權這些課程對所有學生都是必修，可是有些人畢業了一輩子也不會碰到人身傷害案件，甚至大部分人其實沒機會處理刑案。反過來說，每位律師都一定會與客戶會談或者進行談判，因此針對面談或者談判技巧的課程才更應該置於必修中，不只能夠使學生對實務更有準備，也讓學生不僅懂得應付對手，也懂得應付客戶。

而法學院學生也該進行「實習」，將所學用於實務之上。學校方面反對這種看法，指出實習課程所費過高；針對每位學生提供訓練及督導，若與集中在教室上課，當然需要的人力會高出許多，但若學校願意跟執業律師合作，將學生安插在真正的工作場合，那麼也就可以將訓練督導的重擔交棒給執業者。

實習學生應當安排到最需要他們的地方，也就是服務那些請不起律師的人，這包括各種收費低廉的法律服務機構、法律諮詢中心、公眾律師中心等。學校對於學生有很大影響力，可以要求學生在這些單位服務足夠時數，甚至可以比照一些已經走在前面的學校，對於畢業後願意以相對低薪擔任公職律師的人提供就學貸款的減免補助。

上述這些實務問題與律師的行為有什麼關聯？答案是有很大的關聯。越來越多法學院跟著事務所一起將法律專業當成商業在經營，甚至有不少學校提供法律跟商業合在一起的學位。此外法學院也跟事務所一樣對於排名相當計較，因為排名越前面，那些龍頭事務所就更有可能會聘用畢業生，然後又會因此招收到更多也更佳的新生。

法律若能回歸專業，一定也要從法學院本身做起。第一個步驟就是要在自己的領土中，強調教育優先於商業，並且塑造出學生可以學會倫理「以及」道德的環境，並傳授可用於實務也可滿足所有人需求的技巧。簡而言之，法學院希望培養學生有「律師思考」，但不能忘記提醒學生「人性思考」，倘若學校不教，大家只能奢望事務所那麼一丁點可能性了。

事務所

年輕律師踏出校園以後，追隨的導師就會是事務所內的前輩。律師事務所與其他很多機構一樣，試圖將員工——包括律師在內——與外界隔絕開來，而事務所規模越大，這種隔絕就會更深，於是律師很容易就接受了內部的價值觀。無論言教或身教，有些事務所傳達出的訊息就是打官司絕對不可以手軟，服務的對象只有客戶而沒有社會，只要沒有明目張膽地撒謊那扭曲事實、轉移焦點都沒關係。一旦面對兩難的抉擇，年輕的律師也跟常人無異，多半是上級怎麼推、他們就怎麼走。本書前面章節已經討論過這個現象，而結果是社會、專業以致於客戶都受到了傷害。想要穿透那層隔閡，進入事務所內開創新氣象，是一件極其艱難的任務。

不過有個方法可行，那就是要求事務所為旗下律師不道德的行為負起責任。其中一種作法：加以懲戒，這是九〇年代中期紐約州確實採取的方式。該州的規定中，雖然懲處時不可能要求事務所停工，但罰金和緩刑這兩種手段使紀律人員得以進入事務所內部觀察狀況。

州政府也並非一定要用懲處的手段才可以審核事務所的活動，律師公會時常進行考核，多半會檢查銀行帳戶。更甚者，並沒有任何法規阻止政府的審查小組強行抽檢各事務所的操守水準——可以檢視的有攬客過程、費用設定、收款方法等，只要在保護客戶私密的前提下都可以進行。這些檢查當然並不受歡迎，但卻不失為一項優秀的防護措施，而且事務所越是巨大越是對外隔絕，這些作法的效果就越好。

目前美國只有百分之七十五的地區強制要求律師繼續進修，這些法律課程稱為MCLE。MCLE立意甚佳，督促律師持續接受教育，內容包括專業主題以及法律倫理，且由相當熟練的教學者提供課程或舉辦讀書會。在部分地區律師事務所可以自行提供MCLE課程，但這是應當改變的作法，因為如此一來事務所依舊是個密閉環境，也就會一再犯下同樣的錯誤。給律師機會與其他同業一起在公開的課程內討論，就算只有幾小時，也可以打破那層藩籬。

筆者在此更提出另外一項對於事務所的要求，拉丁文稱之為*pro bono publico*，意思就是公眾服務。卡特總統說有九成的人都得不到適當的律師服務，這句話還真的不算差太多，倘若以律師人數乘以五十小時的方式計算，要求事務所每年提供固定時數的服務給那些請不起律師的人，會發現雖然一樣是律師太多，但至少未獲得服務的人卻不見了。這觀念一點都不新，美國律師公會都還有一項條文強烈建議這種作法：「律師不分地位高低、工作多寡，都應提供法律服務給予貧困難以負擔者。」可惜律師公會並沒有強制實行，想當然爾律師樂觀其成；多數律師的說法是他們也覺得公益很好、自己很想去做，可是強制實行的話會導致意願低落，結果這些請不起律師的人還是只會得到二流服務。

這樣的論調既不誠實也只是開脫罷了。律師執業不是權利，而是受到規範的專業資格，既然律師公會可以強制所有律師在職進修，那當然也可以要求所有律師將百分之三的時間用在無償工作上。而大家口口聲聲說支持公益，但事實上參與的人數距離所需數字還差得太遠。

強制公益服務會有很多好處。第一就是會有足夠的律師將時間投入，足夠滿足需求。第二是一旦律師接受這個觀念，他們的自尊心自然會要求他們將事情做好。從歷史來看，律師都很重視這個機會，能夠為活生生的人解決最切身的問題，足以成為最有成就的經驗，而且對於法律專業整體很有幫助，這一點已經在要求學生做志工服務的學院中得到見證。

法律機構

美國各種重要法律機構中，特別值得關注的是美國律師公會、美國法律協會、各種專門領域律師公會、各州或以下地區級公會等。美國律師公會與美國法律協會都有很大的影響力，譬如美國律師公會是僅次於最高法院的法律機構，其倫理規範在加州以外地區都是立法基礎；此外各州也都相當注意美國法律協會每次公布的「律師相關法條之重申」。

但是這兩大機構也都受到追尋特定利益的政治壓力所影響，壓力來源包括大型律師事務所、保險公司、企業內律師、不當行為責任險的保險公司、原告訴訟律師等，以美國律師公會而言還要加上各類法務團體等。政治壓力從美國法律協會所遭遇的爭議及角力可見一斑，不過律師公會亦有同樣的問題，而一旦影響到操守規範和相關意見時便成為嚴重弊病。

各州、各級地區律師公會更容易受到政治衝擊，雖有部分地區律師公會根本就是商業組織，但其他地區的律師公會則強調公益服務，提供法律志工以求滿足貧民需求，甚至還有一些地方會請資深律師擔任督導。在這些服務中，大型律師事務所扮演重要角色，所提供者雖然與其收益不成比例，但可作為很好的公關工具，同時也使當地律師公會與事務所就道德面有意見衝突時很難貫徹到底。

而上述各單位最大問題在於始終抗拒公眾參與，美國律師公會內可謂毫無一般民眾置喙餘地，而會員需經提名選舉過程的美國法律協會更是完全排除外人。雖然替窮苦民眾服務的律師在美國律師公會中是一支遊說能力很強的團隊，而且美國律師公會也設有大型的法律服務單位，但各種幹部及委員中完全只有律師參與，沒有任何客戶或社會大眾代表，這一點在最開放的地區性公會也相同。

近年各類例行法務交給法律助理及其他非律師人員處理的狀況大幅提高，但各級律師公會依舊不願准許此類專業輔助人員直接服務客戶，目的是保護律師的財源。此心態令人感到遺憾，若能容許這些人員提供服務並且適當加以規範，將可使社會大眾更容易獲得法律服務，且相較於聘請律師是更為便宜的選擇。

專業規範

由於不可能創造出絕對清楚、毫無模糊地帶的倫理規範，因此律師也不可能對自己行為毫無質疑。兩難的情境總是會出現，最棘手的便是在對客戶負責、對社會負責兩者之間取得平衡，無論規範文字如何修訂，這些複雜的問題不會因此解決。然而制定規範的人確實還有努力的空間，一部分的規範條文詮釋空間太廣，而律師所受的訓練就是以不同角度詮釋律法，當然會善用這些彈性空間爭取自己的優勢。

以下舉出一些可以改變的規則：

- 現行規範規定律師不可「呈現不實證據」、「對實證做出不實詮釋」等，可是指引價值不高，反倒製造很多「何謂實證」的紛爭。這樣的規範應當擴大，直接清楚點明律師「不可有任何欺騙行為」，除非有其他條文特別准許。加州的規定中便明確陳述：律師言行必須「與事實一致」，不可有所虛假，言論、「手段」都不可。而例外狀況也需明確：刑事案件中針對檢方提出的證據加以考驗並非意欲隱瞞事實，而本質上不應開誠布公的談判過程也可以容許律師有所保留。

- 律師為客戶保密的責任應該要有更清楚的界線，如果客戶的行為可能導致任何個體或「公眾」的重大威脅，那麼無論這項行為是否構成犯罪、也不論這項行為造成的危害是否迫在眉睫，律師都應當免除保密責任。定時炸彈並不會對人造成立即的傷害，但放著不管後果也不堪設想，而傾倒有毒廢棄物可說是同樣性質的問題。此外，若大眾的健康、安全可能遭到負面影響，則應禁止律師採用祕密和解這種手段。
- 「積極辯護」已經使當事人原則延伸到不合理的境界，該是放手的時候，法院也該避免在意見函中繼續使用這個詞彙。律師還是應當對客戶保持「信任責任」，一些基本理念與現在無異，好比勤勞與幹練的服務、與客戶溝通時應誠實、而最重要的大概便是對客戶忠心，然而律師滿足這些形容時，並不需要將客戶的福利當作至高無上的神主牌。
- 最後，現行規範中對於律師收取費用是否「合理」有十數項主觀的評估標準，相關規定可以更簡單、更清楚，例如同樣時段內對兩個以上客戶收費、或者是收取超過實際花費時間的鐘點費，這些行為都應徹底禁止，除非律師可以對客戶提出完整的解釋，且客戶認為該狀況合理並表示同意。

需要改變的並非只有倫理規範。法庭受理案件之後便有十足影響力，加上每個法庭有自己的規定，所以可以在規定中清楚定義出不可接受的行為，例如因枝微末節或偏執固執的理由便拒絕將資訊透露給對手便是一例。若法院肯以公權力在違規行為發生時加以懲處，而且不只是單純處以罰金（因大事務所已將罰金視作成本），而是以行使真正影響官司結果的「議題制裁」，那麼願意冒險的人想必很少。

法院也應負起先驅責任，要求早期和解協商、鼓勵調解取代訴訟。一旦進入調解，則爭端便可以脫離當事人對抗的體系，以中立客觀角度達成對人人都有利的結果。有人認為調解程序對於大事務所及大企業來說必然是重複過程，也就因此更加放大貧富差距問題，但事實上調解僅在雙方都同意時才可以完成，若調解早日有結果，也就代表被告早日會付帳，否則原告可能要等上好幾年；當然調解也使雙方都省下巨額的律師費。

除了法院以外，每個州的律師紀律單位也應該採取更強硬的態度，對更多不同的違規行為加以懲罰。律師鮮少因為收費問題遭到責難，但此問題屢見不鮮；另外律師接案出現利益衝突時也很少遭到制止，大事務所時常為立場互有衝突的好幾方客戶同時服務，但事務所並不會清楚解釋立場並取得所有客戶同意，最後必然有某個客戶的權益受到損害。

律師公會不能只處理簡單的問題，倘若違反規定不受到處罰，規範便沒有意義。不過當紀律單位討論某位律師是否應受處分時，必須確保該單位不受到公會中其他成員施壓，以求紀律單位可以政治中立；紀律單位做判斷時應以客戶的觀點為考量，因為所有規範是為了保護客戶而存在，保障的對象不是律師也並非律師公會。

小型事務所的律師相較於大型事務所而言，受到的規範制裁不成比例。即便某一間大事務所內有二十幾位律師在同一案內出現操守問題，結果律師公會還是很難做出懲罰，原因也很簡單：事務所那麼大，很難判斷真正該負責的人是誰——常見的狀況有扣留文件、未與客戶充分溝通、超收費用、利益衝突等。事務所將律師自外界窺視隔絕，於是紀律委員也就得找到辦法撬開這層防護罩，律師本身若想對事務所提出告訴也會遭到威脅。但也就是因為存在這樣的癥結，所以律師公會更應該投入時間與資源去搜出違規者，只有將他們抓出來加以懲罰才可以讓大家知道紀律之前人人平等，只要操守不佳便必須付出代價。

假使律師傷害到自己的客戶，規則中最有效果的作法便是對這位律師提起瀆職起訴。雖然多數規範中並不將違反倫理規則與瀆職視為同等，但在多數州中，客戶可以將律師違反倫理規則的事實用以「證明」律師瀆職。律師長久以來一直希望修改這樣的規定，但這條規定大大保障了客戶的重要權益，而未來改進的方向則應該包括禁止律師利用協議方式要求客戶不追究日後可能的不當行徑，以及要求客戶放棄出庭面對陪審團的機會而強制接受與對方律師間的協議結果。

公眾參與

若美國的司法制度想要得救，則必須仰仗社會大眾一起伸出援手。首先律師和法業組織必須敞開大門接受民眾參與，同時大眾也必須帶著興趣與決心跨進這道門。雖然法律專業是律師獨占的地盤，但這並不代表其他民眾的智力、理解力比較差；有些人宣稱外人無法瞭解律師面對的倫理議題，但事實上大眾絕對有足夠的思考能力。律師進行自我評估時時常欠缺兩方面的視野，這就是民眾所能提供的幫助——其一是客戶的角度，其二是社會的角度。

大眾參與必須全面而普遍，也就是說各種重要的法律專業團體中，只要與律師的行為有關，就應當有公眾代表參與在內，而這樣的單位包括負責制定規範並提出闡釋意見的倫理委員會、司法人員的遴選委員會、美國律師公會與美國法律協會以及其他機構中負責設立行為準則的小組等等。各州可以設立一個公家機關，類似人民組成的大陪審團，由這個小組負責監督相關立法的大方向以及該州的律師紀律制度。成立這樣一個單位的目的是確保所有的規定、意見、變更都可以接受大眾檢視，所有的見解考量了大眾立場，而非法律圈內人閉門造車。

遴選一般民眾代表的過程，正如同其他程序一樣，也很可能受到政治勢力干預。但只要真心服務的人願意堅持下去，一定能夠受到大眾注意，而社會大眾從中得到的益處就是可以進入法律專業體系中，扮演關鍵性的角色。

律師個人責任

法學院、事務所、法律專業組織都改革了，制度規範也清清楚楚並強力執行，甚至大眾得以參與決策過程，但若律師本身不願對自身行為負起責任，那麼任何變革的意義都大打折扣。美國律師公會內起草制度者三十年前已經有所認知，他們當時制定的專業責任規範現在雖已過時，但是序言中即提到「每位律師皆應秉持良知檢驗自身言行」，以此作為個人的操守標準。

律師的定位必須回歸專業，而不是商人。身為專業人士，代表律師必須對於客戶有其忠誠，但同時也代表律師應認知自身存在也需服務社會整體。律師依舊應當忠實並勤奮地為客戶辯護，且以客戶的角度為主，不過也身兼服務社會的角色，並不是只侷限在法庭上的身分。

這段話是什麼意思？現在許多人鄙視律師，裘瑟夫森法律道德學會會長邁可・裘瑟夫森認為這是因為在外人眼中律師可謂「擇惡固執」。道德上兩難的情境與難以抉擇的場合很多，律師可說每天都碰上，但是律師好像總能自欺欺人，裘瑟夫森覺得：「律師是我見過各種要做決策的人之中，最有自信的那一種。只要局勢對自己有利，我們律師好像就會裝成什麼都不知道。律師確實不是每一次都知道事實真相，但是我們都知道哪些東西是謊言；律師也許不確定怎樣叫做公平，但是我們一定知道怎樣叫做不公平。」律師不只應當承認自己具有判斷力，同時還必須接受道德責任、本著良知做事。

想要達成這樣的目標，比較簡單的方式就是放下律師界一直以來與外界疏離的專業形象，不要再藉由這樣的偽裝避免思考更高層次的道德成本。若能以同理心取代疏離感，就算要執行強制驅逐令，律師也可以在法律容許範圍內協助對方。裘瑟夫森就說：「如果我真的要動手我也會記住自己強制驅逐的是個活生生的人，我所採取的行動對於這個人的生活很可能造成永久又嚴重的衝擊。」簡而言之，律師跟地球上其他人一樣，思考自己的行為時還是要記住自己也是人。

博雅文庫128

走鋼索的律師

The Moral Compass of the American Lawyers: Truth, Justice, Power, and Greed

作　　者　理查．席川（Richard A. Zitrin）、卡羅．朗佛（Carol M. Langford）
譯　　者　陳岳辰
企劃主編　劉靜芬
責任編輯　林佳瑩
封面設計　姚孝慈
出 版 者　五南圖書出版股份有限公司
發 行 人　楊榮川
總 經 理　楊士清
總 編 輯　楊秀麗
地　　址　106 臺北市大安區和平東路二段 339 號 4 樓
電　　話　（02）2705-5066
劃撥帳號　01068953
戶　　名　五南圖書出版股份有限公司
網　　址　https://www.wunan.com.tw
電子郵件　wunan@wunan.com.tw
法律顧問　林勝安律師
出版日期　2009 年 2 月初版一刷
　　　　　2015 年 5 月二版一刷
　　　　　2024 年 9 月三版一刷
定　　價　新臺幣 380 元

國家圖書館出版品預行編目資料

走鋼索的律師 / 理查.席川(Richard A. Zitrin), 卡羅.朗佛(Carol M. Langford)作 ; 陳岳辰譯. -- 三版. -- 臺北市 : 五南圖書出版股份有限公司, 2024.09
面； 公分
譯自 : The moral compass of the American lawyer： truth, justice, power, and greed.
ISBN 978-626-393-566-2(平裝)

1.CST: 法律倫理 2.CST: 律師 3.CST: 美國

198.58　　113010431